高职高专"十二五"规划教材
21世纪高职高专能力本位型系列规划教材·财务会计系列

财务管理

（第2版）

主　编　翟其红
副主编　柴晓星　谢月丹
主　审　徐振发

北京大学出版社
PEKING UNIVERSITY PRESS

内容简介

本书根据高职高专教育的特点,结合编者多年的教学经验和企业实践经历编写而成,在阐述财务管理基本理论知识的基础上,介绍了财务管理的基本价值观念、筹资管理、项目投资管理、证券投资管理、营运资金管理、收益与分配管理和财务报表分析。本书内容简洁、重点突出,阐述方式新颖,可读性强。

本书可作为高职高专经管类专业的基础课教材,也可作为财会专业、管理专业及金融专业的主干课教材,还可作为企业财务管理人员的参考资料。

图书在版编目(CIP)数据

财务管理/翟其红主编. —2版. —北京:北京大学出版社,2015.5
(21世纪高职高专能力本位型系列规划教材·财务会计系列)
ISBN 978-7-301-25725-8

Ⅰ.①财… Ⅱ.①翟… Ⅲ.①财务管理—高等职业教育—教材 Ⅳ.①F275

中国版本图书馆CIP数据核字(2015)第084432号

书　　　名	财务管理(第2版)
著作责任者	翟其红　主编
策划编辑	蔡华兵
责任编辑	陈颖颖
标准书号	ISBN 978-7-301-25725-8
出版发行	北京大学出版社
地　　　址	北京市海淀区成府路205号　100871
网　　　址	http://www.pup.cn　　新浪微博:@北京大学出版社
电子信箱	pup_6@163.com
电　　　话	邮购部 62752015　发行部 62750672　编辑部 62750667
印　刷　者	北京鑫海金澳胶印有限公司
经　销　者	新华书店
	787毫米×1092毫米　16开本　15.5印张　358千字
	2011年7月第1版
	2015年5月第2版　2015年5月第1次印刷
定　　　价	35.00元

未经许可,不得以任何方式复制或抄袭本书之部分或全部内容。
版权所有,侵权必究
举报电话:010-62752024　电子信箱:fd@pup.pku.edu.cn
图书如有印装质量问题,请与出版部联系,电话:010-62756370

前　　言

随着我国市场经济的不断深化和金融市场的健康发展，投资、融资分析等财务决策业务在企业决策中的地位越来越重要。另外，公司制企业的大量涌现，现代企业的经济活动日益复杂，再加上会计电算化的普及，企业对会计人才的要求不断提高，迫切需要会计人员参与到企业的生产经营、日常管理和战略管理中去。这就迫使高职高专院校财务会计专业不得不从传统的"核算型"会计人才培养模式向"管理型"会计人才培养模式转变。

关于本课程

"财务管理"是高职高专财经类专业的岗位能力核心课程之一，也是一门理论性和实践性都很强的课程，前期课程有"会计学基础""管理学原理""经济学原理"和"经济法"等。"财务管理"课程的设计思路是培养学生的财务理念，使其掌握企业各种财务活动的财务管理方法。财务理念是学生从事财务管理工作和更高层次的经济管理工作所必需的，因为企业的财务活动每天都在发生，是学生就业后每天所必须面对的工作内容。

企业财务管理的工作岗位包括融资专员、资金管理专员、投资分析专员、预算专员、成本控制专员、财务分析专员、财务主管等。因此，"财务管理"课程内容设计必须以满足工作岗位的能力要求为前提，关注学生专业知识的完整性、连续性以及学生未来人生规划的需要。

众所周知，岗位职业能力的培养依赖于工作任务的变化，依赖于工作过程这一载体。"财务管理"课程教学应针对行业特点，序化教学内容，基于工作过程的学习领域课程标准，以"立德树人，培养职业能力"为己任，把财务管理专业学习从"应试"引向"应用"，从"学业"引向"就业"，以促进学生的全面发展。

关于本书

本书根据高职高专教育和"财务管理"课程教学的基本要求，科学、系统地阐述了现代企业财务管理的基本理论、基本方法与技能。本书的编写以企业财务活动为主线，基于企业生产经营过程中客观存在的财务活动来展开，并紧密围绕企业价值最大化这一关键点，以企业资金运动为核心，以资金的筹集、投放、营运、分配及财务分析为对象，重点解决企业资金筹集的方式、资金结构的确定，项目投资的选择，运营资金管理，收益分配的方法及财务分析的方法等问题。

本书体系完整、逻辑严密，编者结合多年的教学和实践经验编写，在内容设计上基本涵盖了企业财务管理工作岗位的各个方面。采用本书进行教学，能有效地为学生树立正确的理财理念，培养其熟练运用筹资管理、投资管理、营运资金管理、收益分配管理及财务分析的基础知识与基本技能，形成独立思考问题、解决财务问题的能力，并具有较强的语言表达、团队合作、文字撰写、诚实守信及企业综合财务分析能力，直接提高岗位适应力。

本书在延续第1版编写风格简明扼要的基础上，对导入案例、陈旧内容进行了替换，对内容计算中出现的差错进行了修改,并适当补充了一些新知识点。从整体上看,本书较第1版更加层次分明、重点突出、详略得当。

如何使用本书

本书内容可按照48~64学时安排,推荐学时分配为:第1章2~4学时,第2章8~10学时,第3章10~12学时,第4章6~8学时,第5章4~6学时,第6章6~8学时,第7章6~8学时,第8章6~8学时。教师可根据不同的专业灵活安排学时,课堂重点讲解财务管理的基本概念和基本原理;同时,要特别注重引导学生以财务管理的基本原理认识、分析和把握企业从事经营活动存在的财务问题,培养学生的财务管理理论素养和分析解决实际问题的能力。

推荐阅读网站

1. 中国注册会计师协会,http://www.cicpa.org.cn
2. 中国证券网,http://www.cnstock.com
3. 厦门大学财务管理与会计研究院,http://ifas.xmu.edu.cn

本书编写队伍

本书由太原学院翟其红副教授担任主编,由太原学院柴晓星、山西经贸职业学院谢月丹担任副主编,由广州大学市政技术学院的徐振发老师担任主审。本书编写队伍成员均来自教学一线,教学实践经验丰富,同时具有企业实践经验,主编翟其红老师曾获山西省第三届高职高专"双师型"优秀教师称号。

本书具体编写分工为:第1章、第2章、第7章由翟其红编写;第3章、第6章、第8章由柴晓星编写;第4章、第5章由谢月丹编写。本书初稿完成后,由翟其红、柴晓星进行校对和修改,最后由翟其红负责定稿。

在本书编写过程中,得到了上市公司、银行等业界人士的热情指导,同时也参考了大量的有关教材及文献资料,在此向相关人士致以诚挚的谢意!

由于编者水平有限,书中难免存在不妥之处,敬请广大读者批评指正。您的宝贵意见请反馈到电子信箱 zaiqihong@163.com。

编 者
2015年1月

目 录

第1章 财务管理总论 ………………… 1
1.1 企业财务管理概述 ……………… 2
1.1.1 企业财务管理的对象 ……… 2
1.1.2 财务活动 ………………… 3
1.1.3 财务关系 ………………… 4
1.2 企业组织形式与财务管理目标 … 6
1.2.1 企业组织形式 …………… 6
1.2.2 企业财务管理目标 ……… 7
1.2.3 财务管理目标的矛盾与协调 …………………… 9
1.3 财务的职业机会 ……………… 10
1.3.1 货币与资本市场 ………… 10
1.3.2 投资 ……………………… 11
1.3.3 财务管理 ………………… 11
1.4 公司组织架构中的财务 ……… 12
1.4.1 公司组织架构的含义及其作用 …………………… 12
1.4.2 典型公司组织中的财务角色 …………………… 12
1.4.3 财务人员的职责 ………… 13
本章知识结构图 …………………… 14
课后练习题 ………………………… 14

第2章 财务管理的基本价值观念 …… 17
2.1 资金时间价值 ………………… 18
2.1.1 资金时间价值的含义 …… 18
2.1.2 时间线 …………………… 19
2.1.3 一次性收付款项的终值和现值 …………………… 20
2.1.4 年金的终值和现值 ……… 21
2.1.5 利率(折现率)和期间的计算 …………………… 26
2.2 风险与收益 …………………… 28
2.2.1 风险收益的概念 ………… 28
2.2.2 单项资产的风险收益 …… 29
2.2.3 资产组合的风险收益 …… 31
本章知识结构图 …………………… 34
课后练习题 ………………………… 34

第3章 筹资管理 ……………………… 38
3.1 筹资管理概述 ………………… 39
3.1.1 筹资的概念与目的 ……… 39
3.1.2 企业筹资的渠道与方式 … 39
3.1.3 企业筹资的基本原则 …… 41
3.1.4 企业资金需要量的预测 … 42
3.2 权益资金的筹集 ……………… 43
3.2.1 吸收直接投资 …………… 43
3.2.2 发行股票 ………………… 45
3.2.3 留存收益 ………………… 48
3.3 负债资金的筹集 ……………… 48
3.3.1 银行借款 ………………… 48
3.3.2 发行债券 ………………… 51
3.3.3 融资租赁 ………………… 55
3.3.4 商业信用 ………………… 58
3.4 资本成本及其计算 …………… 60
3.4.1 资本成本概述 …………… 60
3.4.2 个别资本成本 …………… 61
3.4.3 综合资本成本 …………… 64
3.5 杠杆原理 ……………………… 65
3.5.1 杠杆原理的基础知识 …… 65
3.5.2 经营杠杆 ………………… 69
3.5.3 财务杠杆 ………………… 70
3.5.4 综合杠杆 ………………… 72
3.6 资本结构及其优化 …………… 73
3.6.1 资本结构的概念 ………… 73
3.6.2 优化资本结构的方法 …… 74
本章知识结构图 …………………… 77
课后练习题 ………………………… 77

第4章 项目投资管理 ………………… 82
4.1 项目投资概述 ………………… 83
4.1.1 项目投资的含义与类型 … 83
4.1.2 项目投资的特点 ………… 84
4.1.3 项目计算期 ……………… 84
4.1.4 项目投资的程序 ………… 85
4.2 现金流量的确定 ……………… 85
4.2.1 现金流入量 ……………… 85

4.2.2　现金流出量 …………… 86
　　　4.2.3　确定现金流量时的基本
　　　　　　假设 …………………… 87
　　　4.2.4　现金净流量 …………… 88
　4.3　财务可行性分析指标的计算及其
　　　评价 ………………………………… 90
　　　4.3.1　非折现指标 …………… 90
　　　4.3.2　折现指标 ……………… 92
　4.4　项目投资决策方法及应用 ………… 97
　　　4.4.1　独立方案的对比与选优 … 97
　　　4.4.2　互斥方案的对比与选优 … 99
　　　4.4.3　其他方案的对比与选优 … 101
　本章知识结构图 …………………………… 102
　课后练习题 ………………………………… 103

第5章　证券投资管理 …………………… 107
　5.1　证券投资概述 …………………… 108
　　　5.1.1　证券投资的概念和目的 … 108
　　　5.1.2　证券投资的种类和风险 … 109
　　　5.1.3　证券投资的一般程序 …… 111
　5.2　股票投资 ………………………… 112
　　　5.2.1　股票投资的目的 ……… 112
　　　5.2.2　股票的价值 …………… 112
　　　5.2.3　股票投资的收益率 …… 114
　　　5.2.4　股票投资的优缺点 …… 116
　5.3　债券投资 ………………………… 116
　　　5.3.1　债券投资的目的 ……… 117
　　　5.3.2　债券的价值 …………… 117
　　　5.3.3　债券投资的收益率 …… 118
　　　5.3.4　债券投资的优缺点 …… 120
　5.4　证券投资的风险与组合 ………… 121
　　　5.4.1　证券投资风险 ………… 121
　　　5.4.2　证券投资组合 ………… 123
　本章知识结构图 …………………………… 127
　课后练习题 ………………………………… 127

第6章　营运资金管理 …………………… 131
　6.1　营运资金管理概述 ……………… 132
　　　6.1.1　营运资金的概念 ……… 132
　　　6.1.2　营运资金的特点 ……… 132
　　　6.1.3　营运资金管理的基本要求 … 133
　6.2　现金管理 ………………………… 133
　　　6.2.1　持有现金的动机和成本 … 134

　　　6.2.2　最佳现金持有量的确定 … 135
　　　6.2.3　现金的日常管理 ……… 138
　6.3　应收账款管理 …………………… 139
　　　6.3.1　应收账款的功能及成本 … 140
　　　6.3.2　信用政策的制定 ……… 141
　　　6.3.3　应收账款的日常管理 … 143
　6.4　存货管理 ………………………… 144
　　　6.4.1　存货的成本 …………… 144
　　　6.4.2　存货管理的技术 ……… 145
　本章知识结构图 …………………………… 149
　课后练习题 ………………………………… 149

第7章　收益与分配管理 ………………… 153
　7.1　收益与分配管理概述 …………… 154
　　　7.1.1　收益与分配管理的意义 … 154
　　　7.1.2　收益与分配管理的原则 … 155
　　　7.1.3　收益与分配管理的内容 … 156
　7.2　收入管理 ………………………… 158
　　　7.2.1　销售预测分析 ………… 158
　　　7.2.2　销售定价管理 ………… 161
　7.3　成本费用管理 …………………… 166
　　　7.3.1　成本归口分级管理 …… 166
　　　7.3.2　标准成本管理 ………… 167
　　　7.3.3　责任成本管理 ………… 173
　7.4　收益分配管理 …………………… 177
　　　7.4.1　收益分配应考虑的因素 … 177
　　　7.4.2　收益分配政策的评价与
　　　　　　选择 …………………… 179
　　　7.4.3　股利支付的方式 ……… 181
　　　7.4.4　股利分配的程序 ……… 183
　本章知识结构图 …………………………… 184
　课后练习题 ………………………………… 185

第8章　财务报表分析 …………………… 189
　8.1　财务报表分析概述 ……………… 190
　　　8.1.1　财务报表分析的目的 … 190
　　　8.1.2　财务报表分析的内容 … 191
　8.2　财务报表分析的基本方法 ……… 192
　　　8.2.1　比较分析法 …………… 192
　　　8.2.2　比率分析法 …………… 193
　　　8.2.3　趋势分析法 …………… 193
　　　8.2.4　因素分析法 …………… 196
　8.3　财务比率分析 …………………… 198

  8.3.1 偿债能力比率分析 ·········· 200
  8.3.2 营运能力比率分析 ·········· 204
  8.3.3 盈利能力比率分析 ·········· 208
  8.3.4 发展能力比率分析 ·········· 212
 8.4 财务报表的综合分析 ············ 214
  8.4.1 杜邦财务分析体系 ·········· 214
  8.4.2 综合系数评分法 ············ 217
 本章知识结构图 ··················· 220

 课后练习题 ····················· 220

附录 资金时间价值系数表 ·········· 226
 附录1 1元复利终值表 ············ 226
 附录2 1元复利现值表 ············ 229
 附录3 1元年金终值表 ············ 232
 附录4 1元年金现值表 ············ 235

参考文献 ······················· 238

第 1 章

财务管理总论

CAIWU GUANLI ZONGLUN

【学习目标】

(1) 理解企业财务管理的概念。
(2) 掌握财务活动的内容。
(3) 明确企业财务管理的目标。
(4) 了解在公司组织中涉及财务管理的职位。
(5) 了解有关财务经理与公司中其他职能部门,包括会计、营销以及生产部门之间的关系。
(6) 清楚作为经济管理类专业的学生,毕业之后可以做什么。

【本章提要】

本章是财务管理的开篇之章,旨在介绍财务管理的重要概念及职业应用。

财务涉及的领域包括:货币与资本市场;投资;财务管理。财务人员的职责是帮助公司获得并且运用相关资源,实现公司价值的最大化。财务人员要做好工作,必须熟悉这 3 个领域。本书将重点介绍企业财务管理。

企业财务管理就是对企业财务所进行的管理,是企业组织财务活动、处理财务关系的一项经济性管理工作。财务管理活动通过对现金及其流转进行有效的管理来实现企业价值的最大化。

财务管理的目标是企业进行财务活动所要达到的根本目的,在不同时期,对于不同企业,财务管理的目标是有所不同的。理解各种财务管理目标的优缺点,根据企业所处环境选择适当的财务管理目标是做好财务管理工作的重要前提。

【导入案例】

2008 年 9 月 15 日，拥有 158 年悠久历史的美国第四大投资银行——雷曼兄弟(Lehman Brothers)公司正式申请破产……

雷曼兄弟公司正式成立于 1850 年，在成立初期，公司主要从事利润比较丰厚的棉花等商品的贸易，公司性质为家族企业，且规模相对较小。随着利润的增加，雷曼兄弟公司开始转型经营美国当时最有利可图的大宗商品期货交易，其后，公司又开始涉足股票承销、证券交易、金融投资等业务。1899—1906 年的 7 年间，雷曼兄弟公司从一个金融门外汉成长为纽约当时最有影响力的股票承销商之一。

雷曼兄弟自 1984 年上市以来，公司的所有权和经营权实现了分离，所有者与经营者之间形成委托代理关系。上市之后的雷曼兄弟公司，实现了 14 年连续盈利的显著经营业绩和 10 年间高达 1 103%的股东回报率。为了提高集团公司的整体竞争力，1993 年，雷曼兄弟公司进行了战略重组，改革了管理体制。雷曼兄弟的母公司(美国运通公司)为了支持其上市，将有盈利能力的优质资产剥离后注入上市公司，而将大量不良资产留给了集团公司，在业务上实行核心业务和非核心业务分开，上市公司和非上市公司分立运行。

雷曼兄弟公司自 2000 年开始连续 7 年将公司税后利润的 92%用于购买自己的股票，此举虽然对抬高公司的股价有所帮助，但同时也减少了公司的现金持有量，降低了其应对风险的能力。另外，将税后利润的 92%全部用于购买自己公司而不是其他公司的股票，无疑是选择了"把鸡蛋放在同一个篮子里"的投资决策，不利于分散公司的投资风险；过多关注公司股价短期的涨和跌，也必将使公司在经营上的精力投入不足，经营重心发生偏移，使股价失去高位运行的经济基础。由于股东财富最大化的财务管理目标利益主体单一(仅强调了股东的利益)、适用范围狭窄(仅适用于上市公司)、目标导向错位(仅关注现实的股价)等原因，雷曼兄弟最终也无法在百年一遇的金融危机中幸免于难。

那么，在企业管理中，财务管理的目标如何定位？对企业的财务活动会产生什么影响？雷曼兄弟公司破产带给我们什么启示呢？

1.1 企业财务管理概述

企业财务管理顾名思义就是对企业财务所进行的管理，而企业财务是指企业在生产经营过程中客观存在的资金运动及其所体现的经济利益关系。前者称为财务活动，后者称为财务关系。

1.1.1 企业财务管理的对象

企业是依法设立的以盈利为目的的独立核算的社会经济组织。企业生产一定数量和一定质量的商品是为了获得一定量的价值增值。因此，企业的生产经营过程具有两重性，既是使用价值的生产和交换过程，又是价值的形成和实现过程。

使用价值的生产和交换过程如图 1.1 所示。随着实物商品的采购、生产和销售的进行，货币资金(G)依次转化为商品资金(W——表现为一定数量的劳动力 A 和生产资料 P_m)、生产资金(P)、产成品资金(W')和更多的货币资金(G')。

图 1.1 使用价值的生产和交换过程

随着使用价值的生产和交换，物资的形态和价值在不断地发生变化，当物资由一种形态转化为另一种形态的同时，其价值也会发生转移和增加。显然，企业管理的目的在于通过优化使用价值的生产和交换过程，促进价值的顺利形成和实现价值的最大增值。在价值转移和增值的过程中，物质资料占用的货币数量固然重要，但最为重要的是资金运用的质量。而决定资金运用质量的标准是现金的流动，包括现金的流入、流出和结存。只有流动的资金（即现金）才能促使价值顺利形成和实现最大增值。

从现代财务观点看，现金是指能够给企业创造未来价值的能为企业所控制的各种资源的变现价值。从一定意义上讲，并不强调现金存量对企业价值增值的影响，而着重强调其流动（包括流向、流量及时间三要素）对企业价值的影响。因此，财务管理的对象就是现金及其流转。现金的流转是企业生产经营过程的价值方面，它以价值创新的形式综合地反映企业的生产经营过程。企业的现金流转构成企业经济活动的一个独立方面，具有自己的运动规律，这就是企业的财务活动。企业的现金流转示意图如图1.2所示。

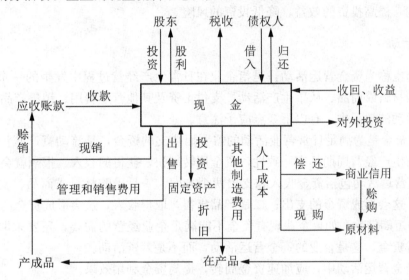

图1.2 企业的现金流转示意图

如果你是财务经理，你认为现金重要还是利润重要？

1.1.2 财务活动

如图1.2所示，随着企业生产经营过程的不断进行，企业的资金也处在不断运动的过程中。从货币资金形态开始，依次通过投资、采购、生产、销售、分配等阶段，又回到货币资金形态。因此，财务活动是指资金的筹集、投放、使用、收回及分配等一系列行为，包括筹资活动、投资活动、营运活动以及资金分配活动4项基本的经济内容。

1. 筹资活动

企业要开展生产经营活动，首先必须从各种渠道筹集资金，因资金筹集而产生的资金收支就是筹资活动。通过筹资活动，会形成两种性质的资金来源：一是通过吸收直接投资、发行股票等方式形成企业的自有资金；二是通过向银行借款、发行债券、应付款项等方式形成企业的债务资金。

在筹资活动中，企业一方面要预测筹资的数量，以满足投资的需要；另一方面，通过对筹资渠道、筹资方式或工具的选择，合理确定资金的结构，降低筹资的成本和风险，提高企业价值。

2. 投资活动

投资是指企业根据项目资金需要投出资金的行为，资金经过投放形成经营资产。投资有广义、狭义之分。广义的投资是指企业将筹集的资金投入使用的过程，既包括在企业内部使用资金（如购置原材料、机器设备等），也包括对外使用资金（如购买股票、债券等）。狭义的投资仅指对外投资。

企业在投资过程中，必须考虑投资规模，必须通过选择投资方向和投资方式，来确定合理的投资结构，提高投资的效益，降低投资的风险。

3. 营运活动

营运活动也称为资金营运活动，是指企业在日常生产经营过程中发生的一系列资金收付运动，如采购材料或商品、从事生产活动、支付工资及其他营业费用、销售产品或商品。

在营运活动的学习中，有以下3点应予注意。

（1）营运资金是为满足日常营业活动的需要而垫支的资金，是流动资产减流动负债的差额。其周转与生产经营周期具有一致性，资金周转越快，获得的收入、报酬就会越多。

（2）资金营运活动包括资金收入和支出两个方面：一是采购材料或商品、支付工资和其他营业费用，这会形成资金的支出；二是产品出售，取得收入，这会形成资金的收入。

（3）关于短期借款。如果企业现有资金不能满足企业经营的需要，还要采取短期借款方式来筹集所需资金，这是企业的资金营运活动，而不是筹资活动。

企业在资金营运活动中，应加速资金周转，提高资金利用效果。

4. 资金分配活动

企业通过投资和营运活动可以取得相应的收入，并实现资金的增值。取得收入实现增值之后，接下来的问题就是资金分配活动。广义的分配是指企业对各种收入进行分割和分派的过程；狭义的分配仅指对净利润的分配。

值得说明的是，企业在对两种性质不同的资金，即自有资金和债务资金进行分配时，前者是按利润的形式进行分配的，属于税后分配；后者是在将利息等计入成本费用的基础上进行分配的，属于税前分配。

在分配活动中，企业应依据一定的法律原则，合理确定分配的规模和分配的方式，确保企业取得最大的长期利益。

1.1.3 财务关系

企业在组织筹资活动、投资活动、营运活动以及资金分配活动的过程中，会与有关各方发生经济利益关系，这就是财务关系。企业中的财务关系主要包括以下几种。

1. 企业与投资者之间的财务关系

这主要是指企业的投资者向企业投入资金、企业向投资者支付投资报酬所形成的经济利益关系，具体表现为受资与投资的关系。

2. 企业与债权人之间的财务关系

这主要是指企业向债权人借入资金，并按借款合同的规定按时支付利息和归还本金所形成的经济利益关系，具体表现为债务与债权的关系。

3. 企业与受资者之间的财务关系

这主要是指企业以购买股票或直接投资的形式向其他企业投资所形成的经济利益关系，具体表现为投资与受资的关系。

4. 企业与债务人之间的财务关系

这主要是指企业将其资金以购买债券、提供借款或商业信用等形式出借给其他单位所形成的经济利益关系，具体表现为债权与债务的关系。

5. 企业与供货商、企业与客户之间的关系

这主要是指企业购买供货商的商品或接受其服务，以及向客户销售商品或在提供服务的过程中所形成的经济利益关系，具体表现为购销活动中的资金结算关系。

6. 企业内部各单位之间的财务关系

这主要是指在企业内部各单位之间在生产经营各环节中互相提供产品或劳务所形成的分工合作的经济利益关系，具体表现为内部资金结算关系。

7. 企业与职工之间的财务关系

这主要是指职工为企业提供劳务、企业向职工支付劳动报酬的过程中所形成的经济利益关系，具体表现为对劳动成果的分配关系。

8. 企业与政府之间的财务关系

这主要是指政府作为社会管理者，通过收缴各种税款的方式与企业形成的经济利益关系，具体表现为强制与无偿地对劳动成果的分配关系。

以上8种财务关系企业必须处理好，任何一种财务关系处理不好，都会影响企业目标的实现和长远发展。

综上所述，财务管理就是企业组织财务活动、处理财务关系的一项经济性的管理工作，是企业管理的一个独立方面。搞好财务管理对于改善企业经营管理、提高企业经济效益具有独特的作用。

1.2 企业组织形式与财务管理目标

1.2.1 企业组织形式

企业的组织形式主要有3种：个体企业、合伙企业和公司。我国的国有独资企业既具有公司的大部分特性，但又是独资的，它也是企业的一种类型。随着我国现代企业制度的建立，公司制将成为大部分国有企业的基本形式。就企业的数量而言，个体企业最多；就销售额而言，公司的销售额占全国销售额的绝大部分。由于绝大多数业务由公司经营，本书主要以公司为研究背景，但财务管理中的概念、原则和方法同样适用于个体和合伙企业。

1. 个体企业

个体企业又称为独资企业，它是由单一的业主独自拥有，一般是一人所有的企业。个体企业不是法人，业主对企业的经营有绝对控制权。企业的所有利润归业主个人，并向国家缴纳个人所得税。

个体企业的优点如下：

(1) 企业组建简单、费用低，只要向工商管理部门申请营业执照即可。

(2) 无须向社会公布企业的财务报表。

(3) 所有权和经营权合一，经营者有最大的激励因素。

(4) 政府对个体企业的管制较少，没有直接针对个体企业的法律。个体企业只要遵守政府的相关规定即可。

个体企业的缺点如下：

(1) 个体企业对自己的债务负有无限责任，当个人投入企业的资产不足以抵偿债务时，业主的个人财产也将被追索。

(2) 个体企业的寿命最长的情况是随业主的死亡而结束，因此企业只具有有限的寿命。

(3) 个体企业的资本由业主个人筹集，一般为个人积蓄、企业利润的再投资及银行个人贷款，很难筹集到大笔资金用于企业的扩展。

由于以上原因，个体企业建立得多，消失得也快，其规模较小。当个体形式妨碍企业的进一步发展时，企业会转向其他更有利的形式。

2. 合伙企业

由两个人或更多的人合伙经营的企业称为合伙企业。每个合伙人各自出资，按共同商定的合约决定每人分担的责任和分享的利润。合伙企业不是法人，它与个体企业一样要承担无限责任，缴纳个人所得税。按每个合伙人所承担的责任的差别，合伙企业可分为一般合伙和有限合伙两种。前者的每个合伙人均可代表企业，以企业的名义签订合同。每个人都负有无限责任，即当企业的资产不足以抵债时，每个合伙人都有连带责任，要以自己的个人财产承担公司的债务；而有限合伙企业只有一个合伙人负有无限责任，其他人负有有限责任，但企业只能由负无限责任的合伙人经营,其他合伙人不得干预。有限合伙人类似于一般投资者,他们不参与企业经营,仅以自己投入的资本对企业的债务负责。

合伙企业的组建也比较容易,它的寿命也是有限的。当某个合伙人退出或死亡时,合伙关系即终止,此合伙企业消失。只要形成新的合伙关系,即预示着一个新的合伙企业的诞生。

合伙企业可把不同个人的资本、技术和能力聚合起来,形成比个体企业更强、更有创造力的经营实体,但它在无限责任和有限生命这两点上与个体企业是一致的。此外,合伙企业的资本不以股票形式出现,不能转让和变现,因此与公司相比,所有权的转移比较困难,也较难筹集大量资金,故合伙企业适合于小型企业。一般高技术的风险投资刚起步时,往往采用合伙形式。会计师事务所和律师事务所一般也是合伙企业。中介服务行业的特点要求其必须保持其声誉,而合伙企业无限责任这一点对维护声誉是很有效的。

3. 公司

公司是由股东集资建立的、经政府批准的合法经济实体。公司是法人,具有企业法人财产权并承担企业的法律责任。公司归全体股东所有,其所有权与经营权是分离的。

公司的组建比较复杂,要向政府有关部门提出申请,要有公司章程和章程细则,经国务院授权的部门或者省级人民政府批准后方能设立。公司的开办费用也比较大,但公司这种组织形式有较多的好处。

(1) 公司的债务责任与股东个人财产无关。股东的偿债责任只限于他们投资在公司资产上的资本,因此只负有限责任。

(2) 公司通过发行股票和债券筹集资金,这些证券可在金融市场上流通,所以公司的所有权能方便地进行转移,因为公司的股票有很好的流动性。

(3) 公司容易筹集到资金,因此具有较多的增长机会。

(4) 公司有无限的寿命,即使所有权转移仍能保持其法人地位,因此公司能保持经营的连续性。

(5) 公司所有权和经营权的分离使企业能聘用管理素质高的经理人员,提高经营管理的效率。

公司组织形式的主要缺点如下:

(1) 双重纳税。公司在经营活动中获得的利润要缴纳公司所得税,股东分红所得还要缴纳个人所得税。

(2) 股票上市的公司要定期公布财务报表。

(3) 政府对公司的法律管制也较严密。

(4) 公司的代理成本加大。企业经营权和所有权的分离在提高企业管理效率的同时,也给经营者利用职权为自己和职工谋利而损害所有者利益带来可乘之机。为此必须加强对经营者的监督和激励,但这会加大企业的代理成本。

1.2.2 企业财务管理目标

财务管理目标是指企业组织财务活动,处理财务关系所要达到的根本目的,它是评价财务活动是否合理有效的基本标准。财务管理目标一方面要相对稳定,因为财务管理目标是财务管理的根本,是与企业长期发展战略相匹配的,在一定时期内应保持相对稳定;另一方面财务管理目标要有层次性。层次性是指把企业财务的总目标分解到企业的各个部门,形成部门目标,甚至再进一步分解到班组和岗位。目前,人们对财务管理目标的认识尚未统一,主要有3种观点:利润最大化、资本利润率(每股利润)最大化和企业价值最大化。

1. 利润最大化

利润最大化目标,就是假定在投资预期收益确定的情况下,财务管理行为将朝着有利于企业利润最大化的方向发展。这里的利润是指企业一定时期实现的税后利润。以利润最大化作为财务管理的目标具有一定的合理性,因为利润反映了企业一定时期的经营成果,利润越多,企业创造的剩余价值就越大。但以利润最大化作为财务管理的目标在实践中存在以下难以解决的问题:

(1) 利润作为时期指标,没有区分不同时期的收益,没有考虑资金的时间价值,因为早取得收益,就能早进行再投资,进而早获得新的收益。

(2) 利润作为绝对数指标,没有反映创造的利润与投入资本之间的关系(投入产出关系)。

(3) 利润作为会计指标,对企业经营活动中面临的风险考虑不够。如由应收账款形成的利润是有风险的。

(4) 作为会计指标的利润,容易被粉饰,片面追求利润最大化,可能导致企业的短期行为,如忽视产品开发、人才培训、生产安全等。

2. 资本利润率(每股利润)最大化

资本利润率是指净利润与投入资本之比。每股利润是企业实现的归属于普通股股东的当期净利润与发行在外普通股的加权平均股数的比值。资本利润率(每股利润)作为相对数指标,其优点是可以反映投资者投入的资本获取回报的能力,可在不同资本规模的企业之间或同一企业的不同时期之间进行比较,揭示出盈利水平的差异。缺点是该指标仍然没有考虑资金的时间价值和风险因素,也不能避免企业的短期行为。

3. 企业价值最大化

企业价值不是企业资产的账面价值,而是企业全部资产的市场价值,是企业所能创造的预计未来现金流量的现值,反映了企业潜在或预期的获利能力和成长能力。对于股份有限公司来说,股票市价在一定程度上能反映企业价值。投资者在评价企业价值时,是以投资者预期投资时间为起点,并将未来收入按预期投资时间的同一口径进行折现,企业所得收益越多,实现收益的时间越近,应得报酬越确定,企业价值越大。

以企业价值最大化作为财务管理的目标,其优点主要表现在以下几方面:

(1) 该目标考虑了资金的时间价值和投资的风险价值,有利于统筹安排长短期规划,合理选择投资方案,有效筹资,合理制定股利政策等。

(2) 该目标反映了对企业资产保值增值的要求,追求企业价值最大化,有利于企业资产的保值和增值。

(3) 企业价值是市场价值，有利于克服管理上的片面性和短期行为。

(4) 该目标有利于社会资源的合理配置。

这种观点的最大缺陷是企业价值的计量问题，主要表现在以下几方面：

(1) 尽管对于股票上市企业，股票价格的变动在一定程度上揭示了企业价值的变化，但是股价是受多种因素影响的结果，股票价格很难反映企业所有者权益的价值。

(2) 为了控股或稳定购销关系，现代不少企业采用环形持股的方式，相互持股。法人股东对股票市价的敏感程度远不及个人股东，对股票价值的增加没有足够的兴趣。

(3) 对于非股票上市企业，只有对企业进行专门的评估才能真正确定其价值。而在评估企业的资产时，由于受评估标准和评估方式的影响，这种估价不易做到客观和准确，这也导致确定企业价值比较困难。

综上所述，以上3种观点各有优劣，但一般认为追求企业价值最大化在现阶段作为企业财务管理的目标更为合理。

课堂思考

什么是企业价值？有人说："对股份公司而言企业价值就是股票价值。"你同意这种观点吗？

1.2.3 财务管理目标的矛盾与协调

企业财务管理目标是企业价值最大化，根据这一目标，财务活动所涉及的不同利益主体之间如何进行协调就成为财务管理必须解决的问题。

1. 所有者与经营者之间的矛盾与协调

企业价值最大化直接反映了企业所有者的利益，与企业经营者没有直接的利益关系。对所有者来说，支付给经营者的薪酬、别墅、小轿车及闲暇时间就是所有者支付给经营者的享受成本，但问题的关键不是享受成本的多少，而是在增加享受成本的同时，是否极大地提高了企业价值。因此，经营者和所有者的主要矛盾就是经营者希望在提高企业价值和股东财富的同时，能更多地增加享受成本；而所有者和股东则希望以较小的享受成本支出带来更高的企业价值和股东财富。为了解决这一矛盾，应采取将经营者的报酬与绩效联系起来的方法，并辅之以一定的监督措施。

1) 解聘

这是一种通过所有者约束经营者的办法。所有者对经营者予以监督，如果经营者未能使企业价值达到最大，就解聘经营者。为此，经营者会因为害怕被解聘而努力实现财务管理目标。

2) 接收

这是一种通过市场约束经营者的办法。如果经营者经营决策失误、经营不力，未能采取一切有效措施提高企业价值，该公司就可能被其他公司强行接收或吞并，那么经营者也会被解聘。为此，经营者为了避免这种接收，必须采取一切措施提高股票市价。

3) 激励

激励是将经营者的报酬与其绩效挂钩，使经营者自觉地采取能够满足企业价值最大化的措施。激励有两种基本方式。一是"股票选择权"方式。采用这种方式时允许经营者以固定的价格购买一定数量公司股票,当股票的价值高于固定价格时,经营者所得的报酬就增多。经营者为了获取更大的股票涨价益处,就必然主动采取能够提高股价的行动。二是"绩效股"方式。采用这种方式时公司运用每股利润、资产利润率等指标来评价经营者的业绩,视其业绩大小给予经营者数量不等的股票作为报酬。如果公司的经营业绩未能达到规定目标,经营者也将丧失部分原先持有的"绩效股"。这种方式使得经营者不仅会为了多得"绩效股"而不断采取措施,提高公司的经营业绩,而且为了使每股市价最大化,也会采取各种措施使股票市价稳定上升。

2. 所有者与债权人之间的矛盾和协调

所有者的财务目标可能与债权人期望实现的目标发生矛盾。首先,所有者可能要求经营者改变举债资金的原定用途,将其用于风险更高的项目,这会增大偿债的风险,债权人的负债价值也必然会降低。若高风险的项目成功,额外的利润就会被所有者独享,但若失败,债权人却要与所有者共同负担由此而造成的损失,这对债权人来说风险与收益是不对称的。其次,所有者或股东可能未征得现有债权人同意,而要求经营者发行新债券或举借新债,致使旧债券的价值降低(因为相应的偿债风险增加)。

为了协调所有者与债权人之间的上述矛盾,通常可采用以下方式:

(1) 限制性借债。即在借款合同中加入某些限制性条款,如规定借款的用途、借款的担保条款和借款的信用条件等。

(2) 收回借款或停止借款。即当债权人发现公司有侵蚀其债权价值的意图时,采取收回债权和不给公司增加放款的方法,从而保护自身的权益。

1.3 财务的职业机会

财务包括3个相互关联的领域:货币与资本市场,主要涉及证券市场与金融机构;投资,主要涉及个人或者机构投资者如何选择证券和设计其投资组合;财务管理或者称为"公司理财",主要涉及公司内部的财务决策。在每个领域中,具体的职业机会有许多,而且差别很大,但有一点必须明确,要做好相关工作,财务人员必须熟悉这3个领域。

1.3.1 货币与资本市场

许多财务专业的学生毕业后进入金融机构工作,包括银行、保险公司等。在金融机构工作,要想取得成功,需要掌握价值评估技术,影响利率升降的因素,金融机构必须要遵守有关法律、法规、政策、职业道德,以及各种各样的金融工具(抵押、汽车信贷、存单等)。同样应该掌握有关企业管理各个方面的知识,因为金融机构的管理涉及会计、营销、人事和计算机系统,也涉及财务管理。沟通的能力,包括口头的和书面的也都很重要,而与人交往的能力,或者能够调动别人去完成工作的能力也是非常关键的。

在银行,一种常见的入门工作是柜员岗位。在这个职位上,可以接触到银行操作,了解银行业务,包括出纳、会计和储蓄工作。在这个职位上的员工可能会花费一年时间在各个不同的岗位上进行轮训，轮训完毕后可能会被安排到某一个部门，通常是到一个支行作为部门经理；或者也有可能成为某一个领域的专家，比如房地产领域，并有可能得到授权做出以百万元计的贷款决策；或者去管理信托资产或企业年金；在保险公司、投资公司等也有类似的职位。

1.3.2 投资

财务专业的毕业生可以到证券公司从事投资业务，既可以做经纪业务，也可以做证券分析师；也可以进入金融咨询公司，向投资者建议投资策略；也可以进入投资银行，基本职能是帮助企业融资；也可以成为财务顾问，帮助个人和企业制定长期目标，确定投资组合。在投资领域的3种主要职位是销售证券、分析单个证券以及确定证券的最优组合。

1.3.3 财务管理

在3个领域中，财务管理是最为宽泛的一个领域，也是工作机会最多的一个领域。对于各种类型的企业，包括银行和其他金融机构以及制造业和商业企业来说，财务管理都非常重要。在政府机关，包括学校、医院等单位，财务管理也同样重要。在财务管理领域，工作机会涉及从企业扩张的决策到发行何种证券来为扩张融资等方面。财务人员同样要负责制定面向客户的信用政策，企业应该留有多少库存，手中应该保留多少现金，是否收购其他公司（并购分析），公司的收益留多大部分在公司内，又有多少作为股利发放出去。

作为财务专业的毕业生，不管具体做什么工作，都应该了解上述3个领域的知识。例如，银行的信贷管理人员如果不了解企业的财务管理，就不能做好本职工作，因为信贷决策依赖于对企业经营状况的判断。对于证券分析师和股票经纪人来说，情况也是一样的，要想给客户提供明智的建议，就必须对一般财务原理有深入的理解。与此类似，公司的财务经理应该了解银行所考虑的问题，应该了解投资者如何判断公司的业绩，并由此决定公司股票的价格。因此，如果决定从事财务方面的职业，就必须了解上述3个领域的有关知识。

但是，即使不打算从事财务工作，财务课程仍然非常重要。原因有两个：①需要财务知识来做出许多个人决策，比如租赁房子还是购买房子的决策，投资股票还是债券的决策，租赁汽车还是购买汽车的决策，退休金的投资决策，等等；②从根本上讲，所有重要的企业决策都包含财务意义。企业的重要决策通常都由团队做出，团队的成员包括会计、财务、法律、营销、人事、技术以及生产部门的员工。因此，如果想在经营领域获得成功，就必须在自己的领域有很强的实力，比如市场营销领域，但是同样也需要熟悉其他基本的管理原理，包括财务领域的知识。

因此，非财务领域的经理必须具备足够的财务知识，以便将这些财务知识结合到自己专业领域的分析中。正因为如此，学习经济管理的学生，不管其具体专业如何，都应该重视财务管理。

> **课堂思考**
>
> 1. 财务的3个主要领域是什么？
> 2. 对于学习管理的学生来说，如果不打算从事财务工作，为什么还要理解财务的基本知识？

1.4 公司组织架构中的财务

1.4.1 公司组织架构的含义及其作用

公司组织架构是指公司按照国家有关法律、法规、股东(大)会决议和公司章程,明确董事会、监事会、经理层和公司内部各层级机构设置、人员编制、职责权限、工作程序和相关要求的制度安排。也就是说,组织架构通过界定组织的资源和信息流动的程序,明确组织内部成员相互之间关系的性质,为每个成员在这个组织中具有什么地位、拥有什么权力、承担什么责任、发挥什么作用,提供一个共同约定的框架。其作用和目的是通过这种共同约定的框架,保证资源和信息流通的有序性,并通过这种有序性,稳定和提升这个组织所共同使用的资源在实现其共同价值目标上的效率和作用。这里的资源不仅仅是指物质资源,也包括加入这个组织的每个成员的体力和脑力——人力资源。任何一个组织都是由一个个独立的个人组成的。如果没有一个共同约定的框架,对众多的独立个人在这个特定的社会群体中的相互关系和地位作用明确地做出界定,这个组织也就不能称为组织,而只能是一种随聚随散的社会群体,也就是一个没有共同目标、人员行为无法协调的群体。所以从这个意义上讲,组织架构是公司组织的骨骼,是让公司挺立起来、有效运行的基础和保障。

1.4.2 典型公司组织中的财务角色

公司的组织架构随着公司的不同而不同,图1.3所示的是股份公司中有关财务角色

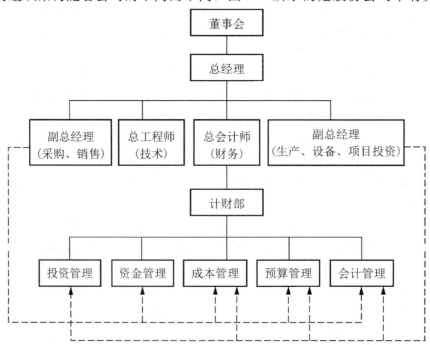

图1.3 典型公司组织中的财务角色

的典型实例。公司的总会计师直接向总经理负责，分管公司的财务管理工作。计财部的关键业务包括投资管理、资金管理、成本管理、预算管理和会计管理。计财部部长直接负责管理公司的现金以及有价证券，规划公司的资本结构，通过发行公司的股票和债券筹集资金，进行财务风险管理；同时还要监控公司的信用经理、库存经理以及资本预算经理。

1.4.3 财务人员的职责

财务人员的职责是帮助公司获得并且运用相关资源实现公司价值的最大化，实现公司的战略发展和长远目标。具体职责包括以下几个方面。

1. 预测与计划

财务人员必须参与并协调计划过程，必须与其他部门的人员接触，如需要预测现金流量以决定是否需要贷款来满足现金要求或者为现金盈余寻找投资渠道。

2. 重大的投资与融资决策

公司的成功通常表现为销售收入快速增长，这就要求公司不断投资于设备以及存货。财务人员必须帮助确定最优的销售增长率，协助决定应该获取哪些具体资产，并选择最佳的途径为获取这些资产筹集相应的资金。例如，公司应该通过债务融资或通过股权融资，或者进行这两者的结合，而如果选择了债务融资，其中多少部分采用长期债务融资，多少部分采用短期债务融资。

3. 协调与控制

财务人员必须与公司的其他人员交流，以保证公司尽可能有效地运作。公司的所有业务决策都会牵涉到财务问题，所有的经理人员(无论是财务领域的还是其他领域的)都必须考虑这个问题。例如，营销决策会影响销售收入的增长，这反过来又会影响对投资的需求。因此，营销决策的制定者必须考虑他们的行为与有关因素之间的相互影响，比如资金是否有保障、存货政策以及生产能力利用率等。

4. 金融市场运作

财务人员必须与货币市场和资本市场打交道。在金融市场中，当公司筹集资金、公司证券在市场上被交易以及投资者盈利和亏损时，公司都不能避免与金融市场之间的相互影响。

5. 风险管理

所有的公司都面临着风险，包括自然灾害(比如火灾和水灾)、商品市场和证券市场的不确定性、利率的波动以及外汇汇率的波动。然而，许多这类的风险都可以通过购买保险或者通过衍生证券市场的套期保值来规避。财务人员应该对整个公司的风险管理负责任，包括识别风险以及通过最有效的方式来管理风险。

本章知识结构图

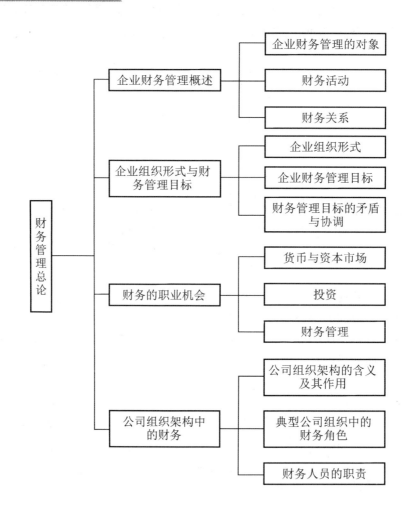

课后练习题

一、单项选择题

1.（　　）是指企业在生产经营过程中客观存在的资金运动及其所体现的经济利益关系。
   A. 企业财务　　B. 财务活动　　C. 财务关系　　D. 财务管理

2. 在财务管理中，企业将所筹集到的资金投入使用的过程称为（　　）。
   A. 广义投资　　B. 狭义投资　　C. 对外投资　　D. 间接投资

3. 下列各项经济活动中，属于企业狭义投资的是（　　）。
   A. 购买设备　　　　　　　　B. 购买供企业内部使用的专利权
   C. 购买零部件　　　　　　　D. 购买国库券

4. （　　）是资金运动的前提。
   A. 投资活动　　B. 筹资活动　　C. 营运活动　　D. 资金分配活动

5. 企业在组织财务活动的过程中与有关各方形成的经济利益关系称为（   ）。
   A. 企业财务管理   B. 企业财务活动
   C. 企业财务关系   D. 企业财务
6. 从甲公司的角度看，能够形成"本企业与债务人之间财务关系"的业务是（   ）。
   A. 甲公司购买乙公司发行的债券   B. 甲公司归还所欠丙公司的货款
   C. 甲公司从丁公司赊购产品   D. 甲公司向戊公司支付利息
7. 相对于每股利润最大化目标而言，企业价值最大化目标的不足之处是（   ）。
   A. 没有考虑资金的时间价值   B. 没有考虑投资的风险价值
   C. 不能反映企业潜在的获利能力 D. 在某些情况下确定比较困难
8. 在下列各项中，能够反映上市公司价值最大化目标实现程度的最佳指标是（   ）。
   A. 总资产报酬率   B. 净资产收益率
   C. 每股市价   D. 每股利润
9. 企业价值最大化目标强调的是（   ）。
   A. 实际获利能力   B. 潜在获利能力
   C. 现有生产能力   D. 潜在销售能力
10. 财务经理的职责不包括（   ）。
    A. 投资、融资决策   B. 资本结构规划
    C. 风险管理   D. 产品营销

二、多项选择题

1. 企业财务活动主要包括（   ）。
   A. 筹资活动   B. 投资活动   C. 营运活动   D. 资金分配活动
2. 企业在筹资活动中需要考虑的问题包括（   ）。
   A. 筹资规模   B. 筹资渠道   C. 筹资方式   D. 筹资结构
3. 下列各项中，属于企业资金营运活动的有（   ）。
   A. 采购原材料   B. 销售商品   C. 购买国库券   D. 支付利息
4. 利润最大化目标和每股利润最大化目标存在的共同缺陷是（   ）。
   A. 不能反映资本的获利水平   B. 不能用于不同资本规模的企业间进行比较
   C. 可能会导致企业的短期行为   D. 没有考虑风险因素和时间价值
5. 下列财务关系中（   ）属于企业购销商品或接受、提供劳务形成的财务关系。
   A. 企业与供货商之间的财务关系   B. 企业与债务人之间的财务关系
   C. 企业与客户之间的财务关系   D. 企业与受资者之间的财务关系
6. 所有者与经营者之间矛盾的解决方法有（   ）。
   A. 解聘   B. 激励   C. 接收   D. 收回借款或不再借款
7. 债权人与所有者的矛盾表现在未经债权人同意，所有者要求经营者（   ）。
   A. 投资于比债权人预期风险更高的项目
   B. 发行新债券而致使旧债券价值下降
   C. 扩大赊销比重
   D. 改变资产与负债及所有者权益的比重

8. 下列各项中，可用来协调公司债权人与所有者矛盾的方法有（　　）。
A. 规定借款用途　　　　　　　B. 规定借款的信用条件
C. 要求提供借款担保　　　　　D. 收回借款或不再借款

9. 企业的财务经理要做好工作，必须熟悉（　　）方面的知识。
A. 货币与资本市场　　　　　　B. 投资
C. 财务管理　　　　　　　　　D. 市场营销

10. 财务经理的职责包括（　　）。
A. 投资、融资决策　　　　　　B. 资本结构规划
C. 协调与控制　　　　　　　　D. 风险管理

三、判断题

1. 在确定企业财务管理目标时，只需要考虑所有者或股东的利益，企业价值最大化实际上就意味着所有者或股东利益最大化。（　　）

2. 民营企业与政府之间的财务关系体现为一种投资与受资关系。（　　）

3. 如果资金不能满足企业经营的需要，还要采取短期借款方式来筹集所需资金，这属于筹资活动。（　　）

4. 在协调所有者与经营者之间矛盾的方法中，"接收"是一种通过市场来约束经营者的方法。（　　）

5. 企业是由股东投资形成的，因此，在确定企业财务管理目标时，只需要考虑股东的利益。（　　）

第 2 章

财务管理的基本价值观念

CAIWU GUANLI DE JIBEN JIAZHI GUANNIAN

【学习目标】

(1) 理解资金时间价值的含义。
(2) 掌握资金时间价值的计算方法。
(3) 能运用资金时间价值的基本原理进行简单的财务决策分析。
(4) 理解风险的含义及其类型。
(5) 掌握风险衡量的方法。
(6) 了解风险与报酬的关系。
(7) 掌握资本资产的定价模式。

【本章提要】

　　在第 1 章中讲述了财务管理的基本目标是实现企业价值的最大化,而企业价值主要取决于企业未来自由现金净流量的现值,另外,企业价值还受到未来企业面临的风险大小的影响。因此,对于财务经理来说,理解资金时间价值和投资的风险价值观念及其对企业价值的影响非常重要。
　　资金时间价值分析的基本原理可以应用到许多方面,从用于估测证券投资的价值,确定偿还贷款本息的时间安排,到用于决定是否购置新设备等。这一价值观念的使用将贯穿本书后面各章,是财务领域最重要的价值观念。
　　风险与收益是财务管理中一对不可避免的矛盾,企业要想获得满意的经济效益,就必须研究风险与收益的均衡问题,在防范控制风险的同时尽可能获得最大的收益。本章 2.2 节将从投资者喜欢收益而厌恶风险这一基本假设开始,定义风险的概念,介绍度量风险的方法,并进一步讨论风险和收益的关系。

【导入案例】

呵护、关心下一代是中国人的传统美德,中国的父母总是望子成龙、望女成凤,坚信教育是世界上最好的投资。为此,平安保险公司和泰康保险公司同时推出两款大学教育年金保险。平安保险公司推出"平安少儿大学教育年金保险":零岁孩子投保,基本保险金额为8万元,交至15岁,年交保险费为5 872元。到孩子18—20周岁时每年领取24 000元大学教育金,21周岁领取8 000元学业有成祝贺金和24 000元大学教育金。泰康保险公司推出"阳光旅程"少儿教育金:零岁孩子投保,每年交3 140元,交至10岁,到孩子18—21周岁时每年领取10 000元大学教育金。如果排除意外事件及分红因素,保险公司的投保金额以及返还金额是如何算出的?和储蓄相比,投这样的保险合算吗?

2.1 资金时间价值

2.1.1 资金时间价值的含义

资金时间价值是指资金在周转使用中随着时间的推移而产生的增值,是一定量资金在不同时点上的价值量差额,即现在的1元钱的价值要高于将来的1元钱。

资金时间价值产生的前提是商品经济的高度发展和借贷关系的普遍存在。随着商品经济的高度发展,出现了资金所有权和使用权的分离,资金的所有者把资金使用权转让给使用者,使用者必须把资金增值的一部分支付给资金的所有者作为报酬。资金占用的金额越多,使用时间越长,资金的所有者要求的报酬就越高。资金在周转过程中的价值增值是资金时间价值产生的根本源泉。

由于利润平均化规律的作用,通常认为资金时间价值是在没有风险和没有通货膨胀条件下的社会平均资金利润率。通货膨胀很低时,资金时间价值可用政府债券的利率表示。而一般的利息率除了包括资金时间价值因素外,还包括风险价值和通货膨胀因素。资金时间价值可以用绝对数(利息额)表示,也可以用相对数(利息率)表示,实际工作中常用利息率进行计量。

在资金时间价值的学习中有以下3点应予以注意:

(1) 资金时间价值产生于生产领域和流通领域,消费领域不产生时间价值,因此企业应将更多的资金或资源投入生产领域和流通领域而非消费领域。

(2) 资金时间价值产生于资金运动的过程中,只有运动着的资金才能产生资金时间价值,处于停顿状态的资金不会产生资金时间价值,因此企业应尽量减少资金停顿的时间和数量。

(3) 资金时间价值的大小取决于资金周转速度的快慢,资金时间价值与资金周转速度成正比,因此企业应采取各种有效措施加快资金周转速度,提高资金使用效率。

资金时间价值是经济活动中的一个重要概念,也是资金使用中的一个必须认真考虑的标准。如果银行贷款的年利率为8%,而企业某项经营活动的年息税前资金利润率低于8%,那么这项经营活动将被认为是不合算的。此时,银行的利率就成为企业资金利润率的最低界限。

课堂思考

1. 人们口袋里的货币与银行金库中的货币有何不同？企业保险柜中的货币与银行金库中的货币又有何不同？
2. 企业采取措施加快资金周转速度是否一定会产生资金时间价值？

2.1.2 时间线

由于等量的资金在不同时点上具有不同的价值，那么不同时点上的资金就不能直接进行比较，必须换算到相同时点上才能进行比较。在资金的时间价值分析中运用的重要工具之一是时间线，它是分析人员使用的直观图形，用于描述特定问题下现金流量的发生情况，有助于确定和解决问题。时间线的概念如图 2.1 所示。

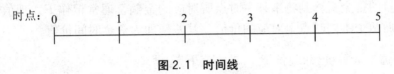

图 2.1　时间线

时点 0 是今天的时点；时点 1 是距离今天一个时期之后的时点，或者说是第一期期末的时点；时点 2 是距离今天两个时期之后的时点，或者说是第二期期末的时点；以此类推。因此，在每一个刻度上的数字代表每期的期末时点。这里的时期单位通常为年，但有时也会采用其他时期单位，比如以半年为一期，或者以季度、月份，甚至以天为一期等。如果以 1 年时间为一期，那么从时点 0 到时点 1 之间就是第一年，从时点 1 到时点 2 之间就是第二年，以此类推。每一个时点既对应着这一期的期末，也对应着下一期的期初。换句话说，时点 1 既代表第一年的年末，也代表第二年的年初。

现金流量标示在相应的刻度下面，而利率则标示在时间线上面（如果每一期的利率都相等，也可以不标）。未知的现金流量，也就是在时间价值分析中需要求解的数据，通常用问号表示，如图 2.2 所示。

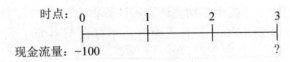

图 2.2　时间线分析

图 2.2 所示的 3 个时期中，每一时期的利率都为 5%，一次性的现金流出发生在时点 0，而在时点 3 有现金流入，但其数额未知。由于初始的 100 元是现金流出（投资），因此前面加负号。由于时期 3 的数额是现金流入，因此前面是正号（省略）。为减少数据的长度，时间线中通常不写明现金流量的货币单位。

课堂自测

画出 3 年的时间线，并表明以下情况：①在时点 0 发生了 10 000 元的现金流出；②在第一年年末、第二年年末和第三年年末分别发生了 6 000 元的现金流入；③3 年中的年利率均为 8%。

2.1.3 一次性收付款项的终值和现值

因资金在周转使用中随着时间的推移产生价值的增值与利息的计算原理类似，因此，资金时间价值的计算方法广泛应用了有关利息的计算方法。在财务管理中，一般按复利来计算终值与现值。复利是指每经过一个计息期，要将当期所产生的利息加入下期的计息基础重复计算利息，通常称"利滚利"。这里的计息期是指相邻两次计息的时间间隔。除非特别指明，计息期一般为一年。

资金时间价值的计算包括一次性收付款项的计算和年金的终值和现值的计算。

一次性收付款项是指在某一特定时点上一次性支出或收入，经过一段时间后再一次性收入或支出的款项。例如，现在将一笔10 000元的现金存入银行，5年后一次性取出本利和。

资金时间价值的计算涉及两个重要的概念，即现值和终值。现值又称本金，是指未来某一时点上一定量的资金折算到现在所对应的金额，通常记作P。终值又称将来值或本利和，是指现在一定量的资金折算到将来某一时点所对应的金额，通常记作F。现值和终值是一定量的资金在前后两个不同时点上对应的价值，其差额即为资金时间价值。

1. 复利终值的计算（已知现值P，求终值F）

复利终值是指一定量的本金按复利计算若干期后的本利和。复利终值计算示意图如图2.3所示。

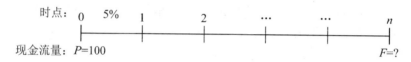

图2.3 复利终值计算示意图

复利终值的计算公式为：

$$F = P(1+i)^n = P(F/P, i, n)$$

式中：i为利率，也称折现率；n为计息期数；$(1+i)^n$为"复利终值系数"或"1元的复利终值"，表示现在的1元钱相当于将来的多少钱，可用符号$(F/P, i, n)$表示，其数值可查阅"1元复利终值表"（附录1）或用多功能计算器计算得出。

【例2-1】 李某现在将10 000元存入银行，年存款利率为3%，则经过3年后的本利和为多少？

解： $F = 10\,000 \times (1+3\%)^3$
$= 10\,000 \times (F/P, 3\%, 3)$
$= 10\,000 \times 1.092\,7$
$= 10\,927(元)$

上式中的$(F/P, 3\%, 3)$表示利率为3%、期限为3年的复利终值系数。在附录1中，先在横行中找到利率3%，再在纵列中找到期数3，纵横相交处，可查到$(F/P, 3\%, 3) = 1.092\,7$。该系数表明，在利率为3%的条件下，现在的1元与3年后的1.092 7元在经济上是等效的。

附录1的作用不仅在于已知i和n时查找1元的复利终值，而且可在已知1元复利终值和n时查找i，或已知1元复利终值和i时查找n。

2. 复利现值的计算(已知终值 F，求现值 P)

复利现值是复利终值的对称概念，是指未来一定时点的资金按复利计算的现在价值，或者说是为将来取得一定的本利和而现在所需要的本金。复利现值计算示意图如图 2.4 所示。

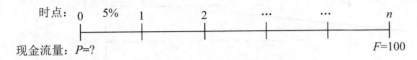

图 2.4 复利现值计算示意图

复利现值的计算与复利终值的计算互为逆运算，通过复利终值的计算可知：

$$F = P(1+i)^n$$

所以

$$P = \frac{F}{(1+i)^n} = F(1+i)^{-n} = F(P/F, i, n)$$

式中：$(1+i)^{-n}$ 为"复利现值系数"或"1 元的复利现值"，表示将来的 1 元钱相当于现在的多少钱，可用符号 $(P/F, i, n)$ 表示，其数值可查阅"1 元复利现值表"(附录 2)或用多功能计算器计算得出。如 $(P/F, 4\%, 3) = 0.889\,0$，表明在利率为 4% 时，3 年后的 1 元和现在的 $0.889\,0$ 元在经济上是等效的。复利现值系数与复利终值系数互为倒数。

【例 2-2】 李某希望 6 年后获得 100 万元收益，按年利率(折现率)为 4% 计算，则这笔收益的现值为多少？

解：$P = 100 \times (1+4\%)^{-6} = 100 \times (P/F, 4\%, 6) = 100 \times 0.790\,3 = 79.03$(万元)

2.1.4 年金的终值和现值

年金是指一定时期内每次等额收付的系列款项，通常用 A 表示。年金的形式有保险费、养老金、直线法下计提的折旧、租金、等额分期收款、等额分期付款等。年金具有等额性和连续性的特点，但年金的间隔期不一定是 1 年。

年金根据其每次收付发生的时点的不同，可分为普通年金、预付年金、递延年金和永续年金。在财务管理中提到年金时，除非特别指明，一般是指普通年金。

1. 普通年金

普通年金是指一定时期内从第一期开始发生在每期期末的年金，又称为后付年金。

1) 普通年金终值(已知年金 A，求年金终值 F)

普通年金终值是一定时期内每期期末等额收付款项的复利终值之和。普通年金终值计算示意图如图 2.5 所示。注意：普通年金终值为最后一个年金所在的时点的价值。

由图 2.5 可知，普通年金终值的计算公式为：

$$F = A + A(1+i) + A(1+i)^2 + \cdots + A(1+i)^{n-1}$$

等式右边为一个以 $(1+i)$ 为公比的等比数列，对其求和可得：

$$F = A\frac{(1+i)^n - 1}{i} = A(F/A, i, n)$$

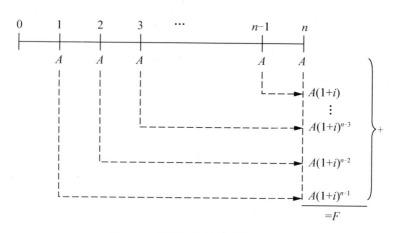

图 2.5　普通年金终值计算示意图

式中：$\dfrac{(1+i)^n-1}{i}$ 为"年金终值系数"或"1元的年金终值"，表示普通年金1元在利率为 i 的条件下经过 n 期的年金终值，即 n 个1元的终值，可用符号 $(F/A,i,n)$ 表示。其数值可查阅"1元年金终值表"（附录3）。

【例2-3】　假设某项目在5年建设期内每年年末从银行借款100万元，借款年利率为6%，则该项目竣工时应付本息的总额为多少？

解：$F=100\times\dfrac{(1+6\%)^5-1}{6\%}=100\times(F/A,6\%,5)=100\times5.637\,1=563.71$（万元）

2) 年偿债基金的计算（已知年金终值 F，求年金 A）

偿债基金是指为了在约定的未来某一时点清偿某笔债务或积聚一定数额的资金而必须分次等额形成的存款准备金。由于每次形成的等额准备金类似年金存款，因而同样可以获得按复利计算的利息，所以债务实际上等于年金终值，每年提取的偿债基金等于年金。偿债基金的计算实际上是年金终值的逆运算，其计算公式为：

$$A=F\dfrac{i}{(1+i)^n-1}=F(A/F,i,n)=F[1/(F/A,i,n)]$$

式中：$\dfrac{i}{(1+i)^n-1}$ 为"偿债基金系数"，可用符号 $(A/F,i,n)$ 来表示，是年金终值系数的倒数。

【例2-4】　李某在第5年年末要偿还一笔10 000元的债务，银行利率为5%。要求计算为归还这笔债务，李某每年年末应存入银行多少钱？

解：$A=10\,000\times\dfrac{5\%}{(1+5\%)^5-1}=10\,000\times(A/F,5\%,5)$

$=10\,000\times[1/(F/A,5\%,5)]=\dfrac{10\,000}{5.525\,6}\approx1\,809.76$（元）

3) 普通年金现值（已知年金 A，求年金现值 P）

普通年金现值是指一定时期内每期期末等额收付款项的复利现值之和。普通年金现值计算示意图如图2.6所示。

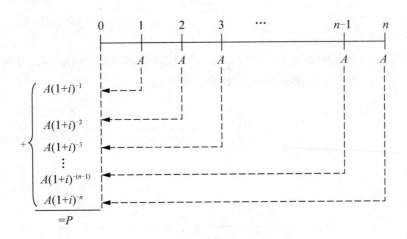

图 2.6　普通年金现值计算示意图

由图 2.6 可知，普通年金现值的计算公式为：
$$P = A(1+i)^{-1} + A(1+i)^{-2} + \cdots + A(1+i)^{-(n-1)} + A(1+i)^{-n}$$
整理上式可得：
$$P = A\frac{1-(1+i)^{-n}}{i} = A(P/A, i, n)$$

式中：$\frac{1-(1+i)^{-n}}{i}$ 为"年金现值系数"或"1 元的年金现值"，表示普通年金 1 元在利率为 i 的条件下经过 n 期的年金现值，可用符号 $(P/A, i, n)$ 来表示，其数值可查阅"1 元年金现值表"（附录 4）。

【例 2-5】 A 公司租入某设备，每年年末需要支付租金 10 000 元，年复利率为 10%，则 5 年内应支付的租金总额的现值为多少？

解： $P = 10\,000 \times \dfrac{1-(1+10\%)^{-5}}{10\%} = 10\,000 \times (P/A, 10\%, 5)$

$= 10\,000 \times 3.790\,8 = 37\,908（元）$

4) 年资本回收额的计算（已知年金现值 P，求年金 A）

资本回收额是指在给定的年限内为收回初始投入资本而每年应收回的金额。年资本回收额的计算是年金现值计算的逆运算，其计算公式为：
$$A = P\frac{i}{1-(1+i)^{-n}} = P(A/P, i, n) = P[1/(P/A, i, n)]$$

式中：$\dfrac{i}{1-(1+i)^{-n}}$ 为"资本回收系数"，可用符号 $(A/P, i, n)$ 表示，其数值可直接查阅"资本回收系数表"或利用年金现值系数的倒数求得。

【例 2-6】 A 公司现在对某项目投资 2 000 万元，该项目投资期限为 8 年，假设利率（折现率）为 10%，计算每年收回的金额为多少时才能收回投资本金？

解： $A = 2\,000 \times \dfrac{10\%}{1-(1+10\%)^{-8}} = 2\,000 \times [1/(P/A, 10\%, 8)]$

$= 2\,000 \times [1/5.334\,9] \approx 374.89（万元）$

2. 预付年金

预付年金是指一定时期内从第一期开始在每期期初等额收付的年金，又称为先付年金。n 期预付年金和 n 期普通年金之间的区别如图 2.7 所示。

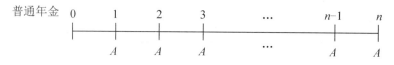

图 2.7　预付年金与普通年金的区别

1) 预付年金终值（已知年金 A，求预付年金终值 F）

从图 2.7 可以看出，n 期预付年金与 n 期普通年金的收付款次数相同，但由于收付款时间的不同，n 期预付年金终值比 n 期普通年金终值多计算一期利息。所以，可以先求出 n 期普通年金终值，然后再乘以 $(1+i)$ 便可求出 n 期预付年金的终值，其计算公式为：

$$F = A\frac{(1+i)^n - 1}{i}(1+i) = A\left[\frac{(1+i)^{n+1} - 1}{i} - 1\right] = A[(F/A, i, n+1) - 1]$$

【例 2-7】　A 公司决定连续 5 年于每年年初存入银行 100 万元作为住房基金，银行存款利率为 3%，则该公司在第 5 年年末能一次取出的本利和为多少？

解：$F = A[(F/A, i, n+1) - 1]$　　　或　$F = A(F/A, i, n)(1+i)$
　　　$= 100 \times [(F/A, 3\%, 6) - 1]$　　　　$= 100 \times (F/A, 3\%, 5) \times (1+3\%)$
　　　$= 100 \times (6.468\,4 - 1)$　　　　　　$= 100 \times 5.309\,1 \times 1.03$
　　　$= 546.84$（万元）　　　　　　　　　≈ 546.84（万元）

2) 预付年金现值（已知年金 A，求预付年金现值 P）

从图 2.7 可以看出，n 期预付年金与 n 期普通年金的收付款次数相同，但由于 n 期普通年金是期末收付款，n 期预付年金是期初收付款，在计算现值时，n 期普通年金现值比 n 期预付年金现值多折现一期。所以，可先求出 n 期普通年金现值，然后再乘以 $(1+i)$，便可求出 n 期预付年金现值。其计算公式为：

$$P = A\left[\frac{1-(1+i)^{-n}}{i}\right](1+i) = A\left[\frac{1-(1+i)^{-(n-1)}}{i} + 1\right] = A[(P/A, i, n-1) + 1]$$

【例 2-8】　李某打算购买一辆汽车，付款方式为 6 年分期支付，每年年初付 20 000 元，假设银行利率为 5%，则该项分期付款相当于购买时一次支付的购价是多少？

解：$P = A[(P/A, i, n-1) + 1]$　　　或　$P = A(P/A, i, n)(1+i)$
　　　$= 20\,000 \times [(P/A, 5\%, 5) + 1]$　　　　$= 20\,000 \times (P/A, 5\%, 6) \times (1+5\%)$
　　　$= 20\,000 \times (4.329\,5 + 1)$　　　　　　$= 20\,000 \times 5.075\,7 \times 1.05$
　　　$= 106\,590$（元）　　　　　　　　　　　$\approx 106\,590$（元）

3. 递延年金

递延年金是指第一次收付款发生的时间与第一期无关,而是间隔若干期(假设为 m 期,$m \geqslant 1$)后才开始发生在各期期末的年金,是普通年金的特殊形式。递延年金与普通年金的区别如图 2.8 所示。

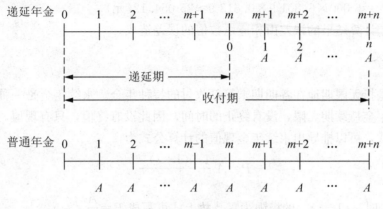

图 2.8 递延年金与普通年金的区别

1) 递延年金终值(已知年金 A,求递延年金终值 F)

由图 2.8 可知,递延年金终值与递延期无关,递延年金终值是指第 $m+n$ 期期末的资金价值,如果把 m 点当作 0 点,则递延年金终值就是第 n 期期末的价值,其计算方法和普通年金终值的计算方法类似,其计算公式为:

$$F = A \frac{(1+i)^n - 1}{i} = A(F/A, i, n)$$

式中:n 为年金的个数或有年金收付的期数。

【例 2-9】 A 公司于第一年年初投资某一项目,预计从第 3 年开始至第 10 年,每年年末可获得收益 100 万元,假定折现率为 6%,要求计算投资项目年收益的终值。

解: $F = 100 \times (F/A, 6\%, 8) = 100 \times 9.8975 = 989.75$(万元)

2) 递延年金现值(已知年金 A,求递延年金现值 P)

由图 2.8 可知,递延年金现值是指第 0 期或第 1 期期初的价值,递延年金现值的计算有 3 种方法。

(1) 补充法:先计算出 $m+n$ 期的普通年金现值,然后减去前 m 期(补充)的普通年金现值,即得递延年金的现值,计算公式为:

$$P = A \left[\frac{1-(1+i)^{-n-m}}{i} - \frac{1-(1+i)^{-m}}{i} \right] = A[(P/A, i, m+n) - (P/A, i, m)]$$

(2) 分段法:站在 m 点上,先将递延年金视为 n 期普通年金,求出在第 m 期期末的普通年金现值,将其视为终值,然后再折算为第 0 期的现值,其计算公式为:

$$P = A(P/A, i, n)(P/F, i, m)$$

(3) 先求出递延年金的终值,再将其折算为现值,其计算公式为:

$$P = A(F/A, i, n)(P/F, i, m+n)$$

【例 2-10】 李某在年初存入银行一笔资金,存满 4 年后每年年末取出 6 000 元,至第 10 年年末取完,银行存款利率为 5%,则此人应在最初一次存入银行的钱数为多少?

解法一： $P = 6\,000 \times [(P/A, 5\%, 10) - (P/A, 5\%, 4)]$
$= 6\,000 \times (7.721\,7 - 3.546\,0) = 25\,054.20(元)$

解法二： $P = 6\,000 \times (P/A, 5\%, 6) \times (P/F, 5\%, 4)$
$= 6\,000 \times 5.075\,7 \times 0.822\,7 \approx 25\,054.67(元)$

解法三： $P = 6\,000 \times (F/A, 5\%, 6) \times (P/F, 5\%, 10)$
$= 6\,000 \times 6.801\,9 \times 0.613\,9 \approx 25\,054.12(元)$

备注：以上计算结果的误差由相应系数值的误差造成。

4. 永续年金

永续年金是指无限期地在各期期末等额收付的特种年金。永续年金是一种特殊的普通年金。由于永续年金持续期无限，没有终止的时间，因此没有终值，只有现值。通过普通年金现值的计算公式，可以推导出永续年金现值的计算公式为：

$$P = A \frac{1-(1+i)^{-n}}{i}$$

当 $n \to +\infty$ 时，$(1+i)^{-n}$ 的极限为零，故上式可写成 $P = \frac{A}{i}$。

【例 2-11】 A 公司拟建立一项永久性扶贫基金，计划每年拿出 10 万元帮助失学儿童，年利率为 5%。要求计算现在应筹集多少钱？

解： $P = \dfrac{10}{5\%} = 200(万元)$

2.1.5 利率(折现率)和期间的计算

1. 复利计息方式下的利率(折现率)计算

复利计息方式下，利率(折现率)与现值(或终值)系数之间存在一定的数量关系。若已知现值(或终值)系数，即可以通过内插法计算对应的利率(折现率)，其计算公式为：

$$i = i_1 + \frac{\beta - \beta_1}{\beta_2 - \beta_1} \times (i_2 - i_1)$$

式中：i——所求利率(折现率)；
β——对应的现值(或终值)系数；
β_1、β_2——现值(或终值)系数表中与 β 相邻的系数；
i_1、i_2——与 β_1、β_2 对应的利率(折现率)。

(1) 对于一次性收付款项，若已知 F、P、n，即可通过公式计算得出 i，其计算公式为 $i = (F/P)^{1/n} - 1$，或者通过查阅"复利终值(现值)系数表"，利用内插法计算得出 i。

【例 2-12】 李某现有 10 000 元，拟在 19 年后使其达到原来的 3 倍，则选择投资机会时最低可接受的报酬率为多少？

解： $F = 10\,000 \times 3 = 30\,000$
$F = 10\,000 \times (F/P, i, 19)$
$30\,000 = 10\,000 \times (F/P, i, 19)$
则：$(F/P, i, 19) = 3$

查阅"复利终值系数表",在 $n=19$ 的行中寻找 3,无法找到恰好等于 3 的系数值,这时,为提高计算的准确性,就应采用内插法计算报酬率。内插法的具体计算过程如下:

① 在表中第 19 行找与 3 最接近的两个左右临界系数值,当利率(折现率)为 5% 时,系数是 2.527 0;当利率(折现率)为 6% 时,系数是 3.025 6。

② 假定折现率同相关的系数值在较小范围内线性相关,因而可根据临界系数和临界利率(折现率)计算出折现率。

折现率	复利终值系数
5%	2.527 0
i	3
6%	3.025 6

则:$\dfrac{i-5\%}{6\%-5\%}=\dfrac{3-2.527\,0}{3.025\,6-2.527\,0}$ $i=5.95\%$

所以当投资机会的最低报酬率为 5.95% 时,才可以使现有货币在 19 年后达到原来的 3 倍。

(2) 对于普通年金的折现率,必须利用"年金现值(或终值)系数表"查得,有时需要运用内插法计算得出。

【例 2-13】 A 公司第一年年初借款 2 400 万元,每年年末还本付息额均为 400 万元,若连续 9 年付清,则借款利率为多少?

解: 据题意,已知 $P=2\,400$,$A=400$,$n=9$

则:

$(P/A,i,9)=P/A=2\,400/400=6$

查表可得:当 $i=8\%$ 时,$(P/A,i,9)=6.246\,9$;当 $i=9\%$ 时,$(P/A,i,9)=5.995\,2$。

利用内插法计算得 $i=8\%+\dfrac{6-6.246\,9}{5.995\,2-6.246\,9}\times(9\%-8\%)\approx 8.98\%$。

(3) 对于永续年金的折现率,通过公式 $i=A/P$ 得出。

2. 复利计息方式下的期间计算

复利计息方式下,期间与现值(或终值)系数之间存在一定的数量关系。若已知现值(或终值)系数,即可以通过内插法计算对应的期间。期间计算的原理与利率(折现率)类似。

【例 2-14】 A 公司拟购置一台柴油机,以更新目前使用的汽油机,每月可节约燃料费用 60 元,但柴油机价格较汽油机高出 1 500 元,则柴油机应使用多长时间才合算(假设月利率为 1%)?

解: 已知 $P=1\,500$,月利率 $=1\%$,$A=60$

则:

$1\,500=60\times(P/A,1\%,n)$

$(P/A,1\%,n)=25$

查阅"年金现值系数表"可知:$n\approx 29$。

因此,柴油机的使用寿命至少应达到 29 个月,否则不如购置价格较低的汽油机。

2.2 风险与收益

 案例阅读

随着＊ST 远洋、＊ST 鞍钢先后被"披星戴帽",一批大型央企、国企加入到＊ST 板块中,引起投资者广泛关注。根据沪深两市修订的股票上市规则,连续两年亏损实施退市风险警示,连续三年亏损实施暂停上市,连续四年亏损终止上市。截至 2013 年 4 月 13 日,已披露年报公司中,包括＊ST 远洋、＊ST 鞍钢在内的 17 家上市公司出现 2011 年度、2012 年度连续两年亏损,依照规定被实施退市风险警示。其中,不少公司 2013 年一季度业绩仍未见改观。例如,＊ST 株冶连续两年亏损额达 6 亿元左右,2013 年一季度仍旧延续以前颓势,亏损 4 565.29 万元;二重重装 2012 年亏损 28.89 亿元,2013 年一季度亏损 3.04 亿元。

二重重装将业绩不振归咎于宏观环境不利。该公司认为,在全球经济复苏乏力、国内经济增速放缓的背景下,重型机械行业仍处于周期低谷,景气度不高,下游行业普遍低迷,主导产品订单量严重不足,国内同行业产能过剩以及全球化竞争加剧,市场争夺异常激烈。

同样为央企控股上市公司的＊ST 锌业 2012 年前三季度亏损已经达到 8 亿元以上。公司此前预告,2012 年全年净利润为-34.83 亿元,与 2011 年同期亏损 10.85 亿元相比,亏损额大幅增大。对于亏损的原因,＊ST 锌业解释称,受国际宏观经济影响,国内有色金属锌市场价格全年处于低位,原材料价差低于加工费,导致公司业绩出现亏损。此外,致使公司亏损额度增加的原因还包括,预计计提资产减值准备 22.5 亿元和淘汰落后工艺,预计报废固定资产损失 3.29 亿元。为了规避退市风险,＊ST 锌业目前正加紧重整进程……

那么,风险是什么?企业应该如何控制风险?

2.2.1 风险收益的概念

1. 风险的含义

风险是现代企业财务管理环境的一个重要特征,在企业财务管理的每一个环节都不可避免地要面对风险。风险是指对企业目标产生负面影响的事件发生的可能性。从财务角度来看,风险就是企业在组织财务活动过程中,由于各种难以预料或无法控制的因素的作用,使企业的实际收益与预期收益发生背离而有蒙受经济损失的可能性。

企业的财务活动经常是在有风险的情况下进行的,由于各种难以预料和无法控制的因素,可能会使企业遭受风险,蒙受损失,但如果只有损失,就没有人会去冒风险,企业冒险投资的最终目的是为了得到额外收益。

一项资产的风险可以通过以下两种方式分析。

(1) 以单项资产为基础的独立风险。在这种情况下,资产被单独地加以分析。

(2) 以投资组合为基础的投资组合的风险。在这种情况下,单项资产只是投资组合中一系列资产中的一项。

2. 风险收益的含义

如上所述,企业的财务管理活动总是在有风险的状态下进行的,只不过风险有大有小。

投资者冒险投资是为了获得更多收益，冒的风险越大，要求获得的收益就越高。

风险收益是指某资产持有者因承担该资产的风险而要求的超过无风险收益的额外收益。风险收益的表现形式通常是风险收益率。

2.2.2 单项资产的风险收益

1. 独立风险的衡量

如果投资者只有一项资产，则资产的独立风险是必须要面对的。资产的风险是资产收益率的不确定性，其大小可用资产收益率的离散程度来衡量。离散程度是指资产收益率的各种可能结果与预期收益率的偏差。独立风险的衡量指标主要有收益率的方差、标准差和标准离差率等。衡量独立风险的步骤如下所述。

1) 确定随机事件的概率分布

随机事件是指某一事件在完全相同的条件下可能发生也可能不发生，既可能出现这种结果又可能出现那种结果。随机事件用 X 表示，X_i 表示随机事件的第 i 种结果，P_i 为出现该种结果的相应概率。同时，所有可能结果出现的概率之和必定为 1。因此，概率必须符合下列两个条件：① $0 \leqslant P_i \leqslant 1$；② $\sum P_i = 1$。

将随机事件各种可能的结果按一定的规则进行排列，同时列出各种结果出现的相应概率，这一完整的描述称为概率分布。

2) 计算收益率的期望值

收益率的期望值是一个概率分布中的所有可能的收益率，以各自相应的概率为权数计算的加权平均值，通常用符号 E 表示，其计算公式为：

$$E = \sum_{i=1}^{n}(X_i P_i)$$

收益率的期望值反映预计收益的平均化，在各种不确定性因素的影响下，其代表投资者对未来收益的合理预期，但还不能衡量风险的大小。

3) 计算收益率的标准差

收益率的标准差是反映某资产收益率的各种可能结果对其期望值的偏离程度的一个指标，也叫均方差，是方差的平方根，其计算公式为：

$$\sigma = \sqrt{\sum_{i=1}^{n}[(X_i - E)^2 \times P_i]}$$

标准差是以绝对数衡量某资产的全部风险，在收益率的期望值相同的情况下，标准差越大，风险越大；反之，标准差越小，则风险越小。

4) 计算收益率的标准离差率

标准离差率是标准差同期望值之比，也称为变异系数，通常用符号 V 表示，其计算公式为：

$$V = \frac{\sigma}{E}$$

标准离差率是一个相对指标，是以相对数来衡量某资产的全部风险。对于期望值不同的决策方案，评价和比较各自的风险程度只能借助于标准离差率这一相对数值。标准离差率越大,风险越大;反之,标准离差率越小,风险越小。

【例 2-15】 A 公司打算进行股票投资,现有甲科技公司、乙钢铁公司的股票可供选择,在对甲、乙公司产品的不同需求下,各种可能的股票收益率及概率见表 2-1。

表 2-1 两种股票投资的风险比较

对公司产品的需求	需求发生的概率	需求发生时的股票收益率	
		甲科技公司	乙钢铁公司
旺盛	0.3	100%	20%
正常	0.4	15%	15%
不足	0.3	−60%	10%
	1.0		

要求:
(1) 计算甲、乙公司股票收益率的期望值。
(2) 计算甲、乙公司股票收益率的标准差。
(3) 计算甲、乙公司股票收益率的标准离差率。

解:
(1) 先计算甲、乙公司股票收益率的期望值。
$E_甲=0.3×100\%+0.4×15\%+0.3×(-60\%)=18\%$
$E_乙=0.3×20\%+0.4×15\%+0.3×10\%=15\%$

(2) 计算甲、乙公司股票收益率的标准差。
$\sigma_甲=\sqrt{(100\%-18\%)^2×0.3+(15\%-18\%)^2×0.4+(-60\%-18\%)^2×0.3}$
$=\sqrt{0.3846}≈62.02\%$
$\sigma_乙=\sqrt{(20\%-15\%)^2×0.3+(15\%-15\%)^2×0.4+(10\%-15\%)^2×0.3}$
$=\sqrt{0.0015}≈3.87\%$

(3) $V_甲=\dfrac{62.02\%}{18\%}≈3.45$,$V_乙=\dfrac{3.87\%}{15\%}≈0.26$。

2. 风险收益率的衡量

风险收益率是衡量投资者将资金从无风险资产转移到风险资产而要求得到的"额外补偿",它的大小取决于以下两个因素:一是风险的大小,二是投资者对风险的偏好。它等于必要收益率与无风险收益率之差。例如,资金时间价值为 10%,某项投资期望收益率为 15%,如不考虑通货膨胀,该项投资的风险收益率为 5%。

如果用 R_R 表示风险收益率,b 表示风险价值系数,V 表示标准离差率,则风险收益率的计算公式为:

$$R_R=bV$$

风险价值系数 b 的数学意义是指某项投资的风险收益率与该项投资的标准离差率的比率,通常为经验数据。

投资者冒险进行投资所希望得到的投资收益率是无风险收益率与风险收益率之和，即：

投资收益率＝无风险收益率＋风险收益率

【例2-16】 已知无风险收益率为3%，如果某项投资收益率的期望值为20%，标准差为10%，则在风险价值系数为0.2的情况下，该项投资的必要收益率为多少？

解： 必要收益率 $= 3\% + 0.2 \times \dfrac{10\%}{20\%} = 13\%$

2.2.3 资产组合的风险收益

1. 资产组合

两个或两个以上资产所构成的集合称为资产组合。如果资产组合中的资产均为有价证券，则该资产组合也可称为证券组合。

2. 资产组合的风险

1）资产组合的风险类别

资产组合的风险包括非系统性风险和系统性风险两种。

非系统性风险又称为企业特有风险或可分散风险，是指由于某种特定原因对某特定资产收益率造成影响的可能性。它是可以通过有效的资产组合来消除掉的风险，是特定企业或特定行业所特有的，与政治、经济和其他影响所有资产的市场因素无关。

对于特定企业而言，企业特有风险可进一步分为经营风险和财务风险。经营风险是指因生产经营方面的原因给企业目标带来不利影响的可能性。如由于原材料供应地的政治经济情况变动、新材料的出现等因素带来的供应方面的风险；由于生产组织不合理带来的生产方面的风险；由于销售决策失误带来的销售方面的风险。财务风险又称为筹资风险，是指由于举债而给企业目标带来不利影响的可能性。当企业息税前资金利润率高于借入资金利息率时，使用借入资金获得的利润除了补偿利息外还有剩余，因而使自有资金利润率提高。但是，若企业息税前资金利润率低于借入资金利息率，使用借入资金获得的利润还不够支付利息，需要动用一部分自有资金来支付利息，从而使自有资金利润率降低。

一般来讲，随着资产组合中资产个数的增加，资产组合的非系统性风险会逐渐降低，当资产的个数增加到一定程度时，组合风险的降低速度将非常缓慢直到不再降低。

系统性风险又称为市场风险或不可分散风险，是影响所有资产的、不能通过资产组合而消除的风险。这部分风险是由那些影响整个市场的风险因素引起的，包括宏观经济形势的变动、国家经济政策的变化、企业会计准则改革、税制改革、世界能源状况、政治因素等。

2）资产组合的风险衡量

投资者承担风险会要求额外的收益，一种证券的风险越大，其期望收益就必须足够大，才能引起投资者投资的兴趣。由于非系统性风险可以通过形成投资组合来分散，所以投资者只能对其面临的系统性风险要求得到补偿。

(1) 资产组合中单项资产的相关风险。资产组合中单项资产的相关风险是指由单项资产带来的投资组合风险的增加，通常用 β 系数来衡量。单项资产的 β 系数是指可以反映单项资产收益率与市场平均收益率之间变动关系的一个量化指标，它表示单项资产收益率的变动受市场平均收益率变动的影响程度,换句话说,就是相对于市场组合的平均风险而言,单项资产系统风险的大小。作为整体的证券市场的 β 系数为 1。对于某种资产,当 $\beta=1$ 时,说明该资产的收益率与市场平均收益率呈同方向、同比例的变化,即如果市场平均收益率增加(或减少)1%,那么该资产的收益率也适当地增加(或减少)1%,也就是说,该资产所含的系统风险与市场组合的风险一致;当 $\beta<1$ 时,说明该资产收益率的变动幅度小于市场组合收益率(或称市场平均收益率)的变动幅度,因此其所含的系统风险小于市场组合的风险;当 $\beta>1$ 时,说明该资产收益率的变动幅度大于市场组合收益率的变动幅度,因此其所含的系统风险大于市场组合的风险。

(2) 资产组合的 β 系数。资产组合的 β 系数是指所有单项资产 β 系数的加权平均数,权数为各种资产在资产组合中所占的价值比例,其计算公式为:

$$\beta_p = \sum_{i=1}^{n}(W_i \times \beta_i)$$

式中:β_p——资产组合的 β 系数;

　　W_i——第 i 项资产在组合中所占的价值比重;

　　β_i——第 i 项资产的 β 系数。

由于单项资产的 β 系数不尽相同,因此通过替换资产组合中的资产或改变不同资产在组合中的价值比例,可以改变组合的风险特性。

【例 2-17】 某资产组合中有 3 种股票,其相关的信息见表 2-2,计算资产组合的 β 系数。

表 2-2　某资产组合的相关信息

股　　票	β 系　数	股票的每股市价/元	股票的数量/股
A	0.7	4	200
B	1.1	2	100
C	1.7	10	100

解:首先计算 A、B、C 这 3 种股票所占的价值比例。
A 股票比例=(4×200)÷(4×200+2×100+10×100)=40%
B 股票比例=(2×100)÷(4×200+2×100+10×100)=10%
C 股票比例=(10×100)÷(4×200+2×100+10×100)=50%
然后,计算加权平均 β 系数,即资产组合的 β 系数。
β_p=40%×0.7+10%×1.1+50%×1.7=1.24

3. 资本资产定价模型

资本资产定价模型由哈里·马科维茨(美国经济学家)和威廉 F. 夏普(美国著名投资大师)于 1964 年提出。所谓资本资产主要指股票,该模型试图解释资本市场如何决定股票收益率,其核心关系式为:

$$K = R_f + \beta(K_m - R_f)$$

式中:K——某资产的必要收益率;

β——该资产的系统风险系数；

R_f——无风险收益率，通常以短期国债的利率来近似替代；

K_m——市场组合平均收益率，通常用股票价格指数的平均收益率来代替。

(K_m-R_f)称为市场风险溢酬，它是附加在无风险收益率之上的。由于承担了市场平均风险所要求获得的补偿，风险厌恶程度越高，要求的补偿就越高，所以市场风险溢酬的数值就越大。很显然，某资产的风险收益率是市场风险溢酬与该资产β系数的乘积，即：

$$风险收益率=\beta\times(K_m-R_f)$$

【例2-18】 A公司持有由甲、乙、丙3种股票构成的证券组合，3种股票的β系数分别是2.0、1.3和0.7，它们的投资额分别是60万元、30万元和10万元。股票市场平均收益率为10%，无风险利率为5%。假定资本资产定价模型成立，则有以下要求：

（1）确定证券组合的预期收益率。

（2）若公司为了降低风险，出售部分股票，使甲、乙、丙3种股票在证券组合中的投资额分别变为10万元、30万元和60万元，其余条件不变，试计算此时的风险收益率和预期收益率。

解：

（1）首先，计算各股票在组合中的比例。

甲股票的比例=60÷(60+30+10)=60%

乙股票的比例=30÷(60+30+10)=30%

丙股票的比例=10÷(60+30+10)=10%

其次，计算证券组合的β系数。

证券组合的β系数=2.0×60%+1.3×30%+0.7×10%=1.66

再次，计算证券组合的风险收益率。

证券组合的风险收益率=1.66×(10%-5%)=8.3%

最后，计算证券组合的预期收益率。

证券组合的预期收益率=5%+8.3%=13.3%

（2）首先，调整组合中各股票的比例。

甲股票的比例=10÷(60+30+10)=10%

乙股票的比例=30÷(60+30+10)=30%

丙股票的比例=60÷(60+30+10)=60%

其次，计算证券组合的β系数。

证券组合的β系数=2.0×10%+1.3×30%+0.7×60%=1.01

再次，计算证券组合的风险收益率。

证券组合的风险收益率=1.01×(10%-5%)=5.05%

最后，计算证券组合的预期收益率。

证券组合的预期收益率=5%+5.05%=10.05%

本章知识结构图

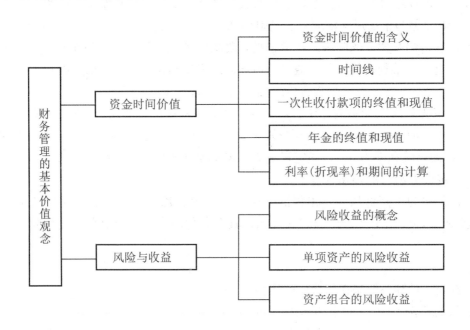

课后练习题

一、单项选择题

1. 资金的时间价值相当于没有风险和没有通货膨胀情况下的（　　）。
   A. 企业利润率　　　　　　　　B. 社会平均资金利润率
   C. 单利下的利息率　　　　　　D. 复利下的利息率

2. 下列资金时间价值系数中，与资本回收系数互为倒数关系的是（　　）。
   A. $(P/F, i, n)$　　　　　　　B. $(P/A, i, n)$
   C. $(F/P, i, n)$　　　　　　　D. $(F/A, i, n)$

3. 下列各项年金中，只有现值没有终值的年金是（　　）。
   A. 普通年金　　B. 即付年金　　C. 永续年金　　D. 先付年金

4. 有甲、乙两个付款方案：甲方案在5年中每年年初付款6 000元，乙方案在5年中每年年末付款6 000元，若利率相同，则两者在第5年年末的终值（　　）。
   A. 相等　　　　　　　　　　　B. 前者大于后者
   C. 前者小于后者　　　　　　　D. 可能会出现上述3种情况中的任何一种

5. 下列关于资金时间价值的叙述错误的是（　　）。
   A. 年金终值系数×偿债基金系数=1
   B. 年金现值系数×资本回收系数=1
   C. 复利终值系数×复利现值系数=1
   D. 年金终值系数×年金现值系数=1

6. 已知甲方案投资收益率的期望值为15%，乙方案投资收益率的期望值为12%，两个方案都存在投资风险。比较甲、乙两方案风险大小应采用的指标是(　　)。

A. 方差　　　　B. 净现值　　　　C. 标准差　　　　D. 标准离差率

7. 某企业拟进行一项存在一定风险的完整工业项目投资，有甲、乙两个方案可供选择：已知甲方案净收益的期望值为1 000万元，标准差为300万元；乙方案净收益的期望值为1 200万元，标准差为330万元。下列结论中正确的是(　　)。

A. 甲方案优于乙方案　　　　　　B. 甲方案的风险大于乙方案
C. 甲方案的风险小于乙方案　　　D. 无法评价甲乙方案的风险大小

8. 如果某单项资产的系统风险大于整个市场投资组合的风险，则可以判定该项资产的 β 值(　　)。

A. 等于1　　　B. 小于1　　　C. 大于1　　　D. 等于0

9. 下列因素引起的风险中，投资者可以通过资产组合予以消减的是(　　)。

A. 宏观经济状况变化　　　　B. 世界能源状况变化
C. 发生经济危机　　　　　　D. 被投资企业出现经营失误

10. 已知无风险利率为5%，市场组合的风险收益率为10%，某项资产的 β 系数为2，则下列说法正确的是(　　)。

A. 该资产的风险小于市场风险　　　B. 该资产的风险等于市场风险
C. 该资产的必要收益率为25%　　　D. 该资产所包含的系统风险小于市场组合的风险

二、多项选择题

1. 下列各项中，(　　)表示资金时间价值。

A. 纯利率
B. 社会平均资金利润率
C. 通货膨胀率极低情况下的国库券利率
D. 不考虑通货膨胀下的无风险收益率

2. 下列各项中属于年金形式的有(　　)。

A. 在租赁期内每期支付的等额租金
B. 在设备折旧期内每期按照直线法计提的折旧额
C. 等额分期付款
D. 零存整取的整取额

3. 递延年金具有的特点包括(　　)。

A. 年金的第一次收付发生在若干期以后
B. 没有终值
C. 年金的现值与递延期无关
D. 年金的终值与递延期无关

4. 下列表述正确的有(　　)。

A. 复利终值系数与复利现值系数互为倒数
B. 偿债基金系数是普通年金现值系数的倒数
C. 递延年金的终值与递延期无关
D. 永续年金无终值

5. 以下关于收益率的标准离差率的说法正确的有（　　）。
   A. 收益率的标准离差率是收益率的标准差与期望值之比
   B. 收益率的标准离差率以绝对数衡量资产全部风险的大小
   C. 收益率的标准离差率表示每单位预期收益所包含的风险
   D. 收益率的标准离差率越大，资产的相对风险越大

6. 投资收益率的构成要素有（　　）。
   A. 资金的时间价值　　　　　　　B. 风险价值系数
   C. 风险程度　　　　　　　　　　D. 通货膨胀率

7. 企业举债经营而导致的风险属于（　　）。
   A. 可分散风险　　B. 财务风险　　C. 企业特有风险　　D. 非系统风险

8. 下列指标中可以用来衡量投资风险的有（　　）。
   A. 收益率的期望值　　　　　　　B. 收益率的方差
   C. 收益率的标准差　　　　　　　D. 收益率的标准离差率

9. 影响系统性风险的因素包括（　　）。
   A. 国家经济政策的变化　　　　　B. 税制改革
   C. 企业会计准则改革　　　　　　D. 政治因素

10. 在下列各项中，能够影响特定投资组合 β 系数的有（　　）。
    A. 该组合中所有单项资产在组合中所占比重
    B. 该组合中所有单项资产各自的 β 系数
    C. 市场投资组合的无风险收益率
    D. 该组合的无风险收益率

三、判断题

1. 在通货膨胀率很低的情况下，公司债券的利率可视为资金时间价值。（　　）
2. 在年金终值和计息期一定的条件下，折现率越高，则年金现值越大。（　　）
3. 普通年金是指从第一期起，在一定时期内每期期末等额发生的系列收付款项。（　　）
4. 年金是指每隔一年，金额相等的一系列现金流入或流出量。（　　）
5. 对于多个投资方案而言，无论各个方案的期望值是否相同，收益率的标准离差率最大的方案一定是风险最大的方案。（　　）
6. 风险和收益是对等的，风险越大，获得高收益的机会越多，期望的收益率也越高。（　　）
7. 经营风险是指因生产经营方面的原因给企业目标带来的不利影响。（　　）
8. 如果一个企业的息税前利润率必定高于其借入资金的利息率，则该企业不存在财务风险。（　　）
9. 证券组合风险的大小等于组合中各个证券风险的加权平均数。（　　）
10. 在资产组合中资产数目增加的初期，风险分散的效应比较明显，但当增加到一定程度时，风险分散的效应就会逐渐减弱。（　　）

四、计算分析题

1. 张先生打算购房，开发商提出两个付款方案：方案一是现在一次性付 80 万元；方案二是 5 年后付 100 万元。若目前银行贷款利率为 7%（复利计息），要求计算比较哪个付款方案对张先生较为有利。

2. 某投资项目于 2014 年年初动工，假设当年投产，从投产之日起每年可得收益 80 000 元。按年利率为 6% 计算预期 10 年收益的现值。

3. A 公司拟购置一处房产，开发商提出两种付款方案。
(1) 从现在起，每年年初支付 20 万，连续支付 10 次。
(2) 从第 5 年开始，每年年末支付 25 万元，连续支付 10 次。
假设 A 公司的资金成本率为 8%，则该公司应选择哪个方案？

4. 李先生现在向银行存入 20 000 元，则年利率 i 为多少时，才能保证在以后的 9 年中每年可以取出 4 000 元？

5. 某投资项目，计划投资额为 1 000 万元，其收益率的概率分布见下表。

市场状况	概率	投资项目的收益率
好	0.2	20%
一般	0.6	10%
差	0.2	5%

要求：
(1) 计算该项目收益率的期望值。
(2) 计算该项目收益率的标准差。
(3) 计算该项目收益率的标准离差率。

6. 某公司欲投资购买 A、B、C 这 3 种股票构成证券组合，A 股票投资额 50 万元，B 股票投资额 30 万元，C 股票投资额 20 万元，它们目前的 β 系数分别为 1.2、1.6 和 0.6，若目前的市场平均收益率为 14%，无风险收益率为 4%。

要求：
(1) 按照资本资产定价模型分别计算投资 A 股票、B 股票、C 股票的必要收益率。
(2) 按照资本资产定价模型计算投资组合的 β 系数及其必要收益率。

第3章

筹资管理

CHOUZI GUANLI

【学习目标】

(1) 了解筹资的目的、渠道和原则。
(2) 掌握企业资金需要量的预测方法。
(3) 理解权益资金、负债资金筹集方式的特点。
(4) 掌握债券发行价格和融资租赁租金的计算方法。
(5) 理解资本成本、杠杆效应及资本结构的概念。
(6) 掌握资本成本的计算方法。
(7) 掌握杠杆效应的衡量方法。
(8) 掌握资本结构的优化方法。

【本章提要】

筹资管理是企业财务管理的首要环节,资金既是企业正常经营的前提,又是企业谋求发展的基础。筹资管理工作做得好,不仅能降低资本成本,给企业的投资和经营活动创造可行和有利的条件,而且能降低财务风险,提高企业的价值。因此,作为企业的经营管理者必须把握企业需要多少资金、以何种筹资方式取得资金最合理以及如何优化资本结构等问题,而本章就将解决这些问题。

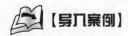【导入案例】

2014年1月15日,四川创意信息技术股份有限公司就首次公开发行股票并在创业板上市发行公告称:在剔除最高报价部分后,发行人与主承销商招商证券股份有限公司综合考虑剩余报价及拟申购数量、所处行业、市场情况、同行业上市公司估值水平、募集资金需求及承销风险等因素,协商确定发行价格、最终发行数量、有效报价、投资者数量及有效拟申购数量,协商确定本次发行价格为18.11元/股。按18.11元/股的发行价格和715万股的新股发行股数计算,扣除分摊的发行费用25 015 070.82元后,本次预计募集资金净额约为104 471 429.18元。所有募集资金将存入募集资金专户,主承销商、存放募集资金的商业银行将与发行人一起对全部募集资金进行三方监管。按18.11元/股的发行价格和713.75万股的股东公开发售股份数量计算,扣除分摊的发行费用11 633 411.25元后,预计发行人股东本次公开发售股份所获金额为117 626 713.75元,股东公开发售股份所得资金不归发行人所有……

2013年12月13日,湖北楚天高速公路股份有限公司发布公告称:2013年9月9日,本公司2013年度第三次临时股东大会审议通过了关于发行公司债券的相关议案。本次股东大会批准公司公开发行不超过人民币12亿元的公司债券。2013年12月13日,中国证券监督管理委员会发行审核委员会对公司本次发行公司债券的申请进行了审核。根据审核结果,公司本次发行公司债券的申请获得通过……

那么,公司在选择筹资方式时需要考虑哪些影响因素?通过发行股票筹资或发行债券筹资各有什么优劣?

 3.1 筹资管理概述

3.1.1 筹资的概念与目的

所谓筹资,是指企业为满足生产经营、对外投资及调整资本结构等活动对资金的需要,通过筹资渠道和资本市场,采取合理的筹资方式,获取企业所需资金的一项财务活动。

企业筹资应服务于企业财务管理的总体目标。其基本目标是满足正常的生产经营需要,主要表现在以下几方面:

(1)满足企业设立的需要。设立新企业的前提是要有充足的开业资金,以便购建厂房和机器设备、购进原材料以及支付开业费等。

(2)满足生产经营的需要。为满足生产经营的需要而进行的筹资活动是企业经常性的财务活动,一方面是为了满足简单再生产的资金需要;另一方面是为了满足扩大再生产的资金需要,如开发新产品、追加对外投资、开拓经营领域和对外兼并等。这些活动都需要大量资金的投入,因此必须确保资金及时到位,否则会影响企业经营成果的获得。

(3)满足资本结构调整的需要。资本结构的调整是企业为降低财务风险、减少资本成本而对权益资本和负债资本之间的比例关系进行的调整,是企业筹资管理的核心问题。

3.1.2 企业筹资的渠道与方式

1. 企业筹资的渠道

筹资渠道是指企业筹集资金的来源与通道。筹资渠道体现了资金的来源和流量,说明了

"资金从哪里来"的问题。现阶段,我国企业的筹资渠道主要有以下几种。

1)国家财政资金

国家财政资金是有权代表国家投资的政府部门或机构以财政拨款、财政贷款、国有资产入股等形式投入到企业中的资金。它是我国国有企业的主要资金来源。

2)银行信贷资金

银行信贷资金是商业银行和政策性银行对企业的各种贷款,是企业重要的资金来源。商业银行是以盈利为目的的,主要为企业提供各种商业性质的贷款。政策性银行是为特定企业提供政策性贷款的银行。

3)非银行金融机构资金

非银行金融机构是指包括保险公司、信托投资公司、证券公司、租赁公司、信用合作社等在内的从事金融业务的金融机构。非银行金融机构的资金供应比较灵活,而且可以提供多种特定服务,具有广阔的发展前景。

4)其他企业和单位资金

企业或非营利组织,如各种基金会、社会团体等,在生产经营活动或其他业务活动过程中会有一部分闲置资金。这些闲置资金为企业单位间相互投资和短期商业信用提供了可能和来源。

5)社会公众资金

社会公众资金是指企业职工和居民个人的节余货币和储蓄,是一种具有潜力的资金来源。企业可通过吸收直接投资、发行股票、发行债券等方式来吸收社会公众资金。

6)企业内部资金

企业内部资金是指企业内部形成的留存收益等资金,包括从税后利润中提取的盈余公积金和未分配利润,以及通过计提折旧而形成的固定资产更新改造资金。这些资金不需要通过任何筹集活动获得,可直接由企业内部自动生成或转移。

7)境外资金

境外资金是指外国投资者以及我国港、澳、台地区投资者投入的资金,是我国外商投资企业资金的主要来源。

2. 企业筹资的方式

企业筹资的方式是指企业筹集资金采用的具体形式,体现在筹资的方法特征上,说明了"如何筹措资金"。由于筹资渠道是客观的,而筹资方式是企业主观的行为,因此选择合理的筹资方式、降低筹资成本、提高筹资效益成为企业筹资管理的主要内容。目前我国企业的筹资方式主要有以下几种。

(1)吸收直接投资。

(2)发行股票。

(3)利用留存收益。

(4)向银行借款。

(5)发行企业债券。

(6)融资租赁。

(7)商业信用。

其中第(1)—(3)种方式筹集的资金为权益资金。权益资金是企业依法筹集并长期拥有的、自主支配且没有还本付息压力的资金。它的所有权归属于所有者，所有者可以参与企业的经营管理，取得收益并承担一定的责任。利用第(4)—(7)种方式筹集的资金为负债资金。负债资金是企业依法筹集并依约使用的、需按期偿还的资金。企业只能在约定的期限内享有使用权，并负有按期还本付息的责任，筹资风险较大。同时债权人有权按期索取利息或要求到期还本，但无权参与企业经营。

3. 筹资渠道与筹资方式的对应关系

筹资渠道是指资金的来源，筹资方式则指企业取得资金采用的方式，两者相互独立却又密不可分。一定的筹资渠道只能匹配相应的筹资方式，而一定的筹资方式可能只适用于特定的筹资渠道。其对应关系见表3-1。

表3-1 筹资渠道与筹资方式的对应关系

筹资渠道	筹资方式						
	吸收直接投资	发行股票	留存收益	银行借款	发行债券	融资租赁	商业信用
国家财政资金	√	√					
银行信贷资金				√			
非银行金融机构资金	√	√			√	√	
其他企业资金	√	√			√	√	√
居民个人资金	√	√			√		
企业自留资金			√				

3.1.3 企业筹资的基本原则

1. 规模适当原则

企业筹资的规模对筹资效益有较大的影响，也会随着生产经营活动的变化而变化。无论通过何种渠道，采用何种方式，企业都需要根据实际生产情况和投资的需要，预测资金的需要量，使筹资量与需要量相互平衡，确定筹资规模。既要防止筹资不足，影响经营和投资的正常运行；又要防止筹资过多，造成资金闲置而降低筹资的效益。

2. 筹资及时原则

筹资的时间不宜过早也不能太迟，筹资和用资的时间要相互衔接。筹资过早，会造成资金的闲置，增加资本成本；筹资过迟，会错过投资的良机，甚至造成投资项目的失败。因此，企业筹资应根据资金的实际需求和投资活动时间上的需要来合理安排，适时获取所需资金。

3. 方式经济原则

企业筹集和占用资金总会付出一定的代价，即资本成本。不同的筹资方式，其资本成本、财务风险是不同的。因此，企业在筹资时必须对各种筹资方式进行比较和分析，尽量选择经济合理的筹资方式来优化资金结构，力求降低资本成本和财务风险。

4. 来源合理原则

企业要注重研究资金来源渠道和资金市场，充分考虑收益和成本的对比，关注政府部门对资金市场和企业筹资行为的宏观调控和管理，遵守相应的法律、法规，实行公开、公平、公正的原则，维护各方的合法权益。

3.1.4 企业资金需要量的预测

1. 定性预测法

定性预测法是指依靠预测者个人的经验、主观分析和判断能力，对未来时期资金的需要量进行估价和推算的方法。该方法一般采用专业技术人员座谈会或专家论证等形式开展，但由于缺乏完整的历史资料，预测结果的可行性和准确性都较差，因此通常只作为预测的辅助方法。

2. 定量预测法

定量预测法是以完备的历史资料为依据，采用数学模型对未来时期资金的需要量进行预测的方法。采用这种方法预测的结果科学而准确，有较高的可行性，但计算往往比较复杂，同时需要完整的历史资料。定量预测法有多种方法，在此主要介绍销售百分比法。

销售百分比法是根据资产负债表中各个项目与销售收入总额之间的依存关系，以未来销售收入变动的百分比为主要参数来预测企业需要从外部追加的资金量的一种方法。

该方法需要两个基本的假设：一是部分资产和负债随销售的变化而成正比例变化，其他资产和负债固定不变，所有者权益中除留存收益变动外，其他项目不变；二是假设未来销售额已知。

企业需要追加资金量的计算公式为：

$$\Delta F = \frac{\Delta S}{S_1} \times (A-B) - S_2 \times P_2 \times E_2$$

式中：ΔF——企业在预测年度需从企业外部筹集资金的数量；

S_1——基期的销售额；

S_2——预测期的销售额；

ΔS——销售变动额；

$\frac{\Delta S}{S_1}$——预测年度销售收入对于基期年度增长的百分比（即销售增长率）；

A——随销售收入变动而成正比例变动的资产项目的基期金额，包括货币资金、应收账款、存货等流动资产项目，即经营性资产项目（对于固定资产，若基期固定资产的利用已经饱和，那么在预测期增加销售就必然要追加固定资产投资，且一般可以认为与销售增长也成正比，因而也将其列入 A 的计量范围内）；

B——随销售收入变动而成正比例变动的负债项目的基期金额，包括应付账款、应付票据、应交税费等流动负债项目，即经营性负债项目，而 B 前的负号则因为它能给企业带来可用资金而减少外部筹集的资金量；

P_2——预测期的销售净利率；

E_2——预测期的留存收益的比率；

$S_2 \times P_2 \times E_2$——在预测年度增加的可用留存收益，是企业内部形成的可用资金，也可以抵减向外界筹集的资金量。

【例3-1】 某企业2013年实现的销售收入为500万元，销售净利率为10%，并按净利润的40%发放股利，假定企业固定资产利用能力已经饱和，2013年年底的资产负债表见表3-2。

表3-2 资产负债表　　　　　　　　　　　　　　　　　　　　单位：万元

资产项目	金　　额	负债及所有者权益	金　　额
货币资金	200	应付账款	550
应收账款	300	应交税费	100
存货	500	长期负债	150
固定资产	1 000	实收资本	1 000
无形资产	100	留存收益	300
资产合计	2 100	负债及所有者权益合计	2 100

若企业计划在2014年将销售收入提高到600万元，销售净利率、股利发放率保持2013年的水平。要求：用销售百分比法预测该企业2014年需要向外界筹措的资金量。

解：$\dfrac{\Delta S}{S_1} = (600 - 500) \div 500 = 20\%$

$A = 200 + 300 + 500 + 1\,000 = 2\,000$（万元）

$B = 550 + 100 = 650$（万元）

$S_2 \times P_2 \times E_2 = 600 \times 10\% \times (1 - 40\%) = 36$（万元）

$\Delta F = 20\% \times (2\,000 - 650) - 36 = 234$（万元）

计算表明，该企业2014年需向外界筹资234万元。

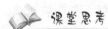

将【例3-1】改为目前企业尚有剩余生产能力，即增加收入不需要增加固定资产方面的投资，其他条件不变，预测2014年该企业需向外界筹措的资金量。

3.2　权益资金的筹集

企业的全部资产由两部分构成：投资者提供的权益资金和债权人提供的负债资金。权益资金代表投资者对企业净资产的所有权，具体表现为实收资本（股本）、资本公积、盈余公积和未分配利润等。权益资金是企业筹资的主要来源，筹集方式主要有吸收直接投资、发行股票、留存收益。

3.2.1　吸收直接投资

吸收直接投资是指企业以合同、协议等形式直接吸收国家、法人、个人、外商投资资金的一种筹资形式。吸收直接投资不以股票作为媒介，不需要公开发行证券，出资者都是企业的所有者，对企业拥有经营管理权，并按出资比例分享利润，共担风险。

1. 吸收直接投资的出资方式

1）现金投资

企业吸收投资者投入的货币资金，是吸收直接投资中最主要的形式。企业拥有现金，可以购买所需物资、支付各项费用，从而满足企业正常经营和日常周转的需要，并具有极大的灵活性。因此，企业应尽可能争取投资者以现金方式出资。

2）非现金投资

吸收非现金投资是指企业吸收投资者投入的实物资产（包括房屋、建筑物、设备、存货等）和无形资产（包括专利权、商标权、专有技术、土地使用权等）等非现金资产。企业在接受这类投资时，应注意做好资产评估、产权转移、财产验收等工作。此外还应注意接受无形资产投资是否符合有关无形资产出资限额的规定。

2. 吸收直接投资的程序

1）确定吸收直接投资的资金数额

对于吸收直接投资的数量，一方面要考虑投资的实际需要，另一方面要关注投资份额对企业经营控制权的影响，因此应考虑对投资者投资份额的控制。

2）寻求投资单位，确定投资数额和出资的具体形式

吸收直接投资是个双向选择的过程。受资单位要选择合适的投资者，投资单位也要选择收益理想或对自身有利的受资者。投资单位确定后，双方要进行具体的协商，确定投资数额和出资的具体形式，落实现金出资计划及实物、无形资产的评估作价。

3）签署投资合同或协议等文件

吸收直接投资的合同要明确双方的权利和义务，包括投资者出资金额、出资形式、资金交付期限、资产违约责任、投资收回、收益分配或损失分摊、控制权分割、资产管理等内容。

4）取得所筹资金

签署投资合同或协议等文件后，受资企业应督促投资人缴纳出资，以便及时办理有关资产验证、注册登记等手续。

3. 吸收直接投资的优缺点

1）优点

（1）筹资速度快、方式简便。由于投资的双方直接磋商，没有中间环节，只要双方达成一致，筹资即可成功。

（2）快速形成生产能力。吸收直接投资可以直接获取先进设备和先进技术，较快形成生产能力，尽早开拓市场。

（3）提高企业的信誉。因为吸收直接投资属于权益资金，与借入资金相比，有利于提高企业的信誉和借款能力。

（4）降低财务风险。企业对于吸收的直接投资可以根据经营状况向投资者分配利润，没

有固定的财务负担,承担的财务风险比较小。

2) 缺点

(1) 资本成本高。企业向投资者分配的利润是根据企业的税后利润和投资者的出资额计算分配的,不能抵减企业所得税,且企业盈利越多,向投资者分配的利润就越多。

(2) 容易分散企业的控制权。吸收直接投资的新投资者一般要求参与企业管理,当企业接受的投资较多时,容易造成控制权分散与减弱。

3.2.2 发行股票

股票是股份公司为筹集权益资金而发行的有价证券,是投资者投资入股、拥有股份及取得股利的凭证,代表了股东在股份公司所享有的权利和应承担的义务。股份公司在设立时要发行股票。此外,在设立之后,为了扩大经营、改善资本结构,也会增资发行新股。

1. 股票的分类

根据不同的标准,股票可以有不同的分类。

1) 按股东享有的权利和承担的义务的不同,股票分为普通股和优先股

普通股是股份公司依法发行的具有管理权、股利不固定的股票。普通股具有股票最一般的特征,是股份公司资本的最基本部分。

优先股是股份公司依法发行的具有一定优先权的股票。公司对优先股不承担法定还本的义务,所筹资金属于权益资金的一部分,其股利分配比例是固定的,与债券的利息类似。因此,优先股是一种具有双重性质的证券,既属于权益资本,又兼有债券的特点。

【知识链接】

根据《中华人民共和国公司法》(以下简称《公司法》)的规定,普通股股东主要享有以下权利:

(1) 经营管理权。一是投票权,股东有权投票选举董事会成员,并有权对公司重大事项进行投票表决;二是查账权,股东有权委托会计事务所查账。

(2) 盈利分享权。公司盈利时,扣除优先股股息后,剩余部分基本上属于普通股股东,并且盈利的具体分配方案可以由股东大会决定。

(3) 优先认股权。当公司增发普通股时,原有股东有权按持有公司股票的比例,优先认购新股票,目的就是要保证原股东的控制权。

(4) 剩余财产要求权。当公司解散、清算时,普通股股东对剩余财产享有要求权,但分配顺序在优先股股东之后。

(5) 股票转让权。股东有权出售或转让股票,但必须符合《公司法》、其他法规和公司章程规定的条件和程序。

优先股股东主要享有以下权利:

(1) 优先分配股利权。优先股股利的分配在普通股之前,其股利是固定的,一般按面值的一定百分比计算。

(2) 优先分配剩余财产权。当企业清算时,优先股的剩余财产要求权位于债权人之后,但在普通股股东之前。

(3) 部分管理权。优先股股东的管理权比普通股股东要小,一般没有投票表决权,只在研究与优先股有关的事项时才有表决权。

2) 按股票票面是否记名，股票分为记名股票和无记名股票

记名股票是股票票面上记载有股东姓名或名称，并将其记入公司股东名册的股票。记名股票要同时附有股东名册，只有同时具备股票和股东名册，才能领取股利。记名股票的转让、继承要办理过户手续。

无记名股票是指在票面上不记载股东姓名或名称的股票。凡持有无记名股票的人都可以成为公司股东。无记名股票的转让、继承无须办理过户手续，只要将股票交给受让人，就产生转让效力，移交股权。

《公司法》规定，股份公司向发起人、国家、法人发行的股票，必须采用记名股票；而对社会公众发行的股票，可以是记名股票，也可以是无记名股票。

3) 按股票票面有无金额，股票分为面值股票和无面值股票

面值股票是在股票的票面上记载每股金额的股票。股票面值的主要功能是确定每股股票在公司所占的份额，也表明在股份有限公司中股东对每股股票所负责任的最高限额。

无面值股票是指股票票面不记载每股金额，只载明其占公司股本总额的比例和股份数的股票。无面值股票的价值会随公司财产的增减而变动，股东的权利和义务的大小直接依据股票票面上标明的比例而定。

课堂思考

无面值股票是否因为没有票面金额而没有价值呢？为什么？

4) 按投资主体不同，股票分为国家股、法人股和个人股

国家股是指有权代表国家投资的部门或机构以国有资产向股份公司投资而形成的股份。

法人股是指企业法人依法以其可以支配的财产向股份公司投资而形成的股份，或具有法人资格的事业单位和社会团体以法律允许用于经营的资产向股份公司投资而形成的股份。

个人股是指个人或公司内部职工将个人合法财产投入股份公司而形成的股份。

5) 按发行对象和上市地区不同，股票分为A股、B股、H股、N股和S股

A股是以人民币标明票面金额并以人民币认购和交易的股票，只供我国境内的机构、组织和个人买卖；B股、H股、N股、S股都属于人民币特种股票，是指以人民币标明面值，以外币认购和交易，专供外国和我国港、澳、台地区的投资者买卖。我国境内居民和单位从2001年2月9日起，可以持币购买B股。B股在上海、深圳证券交易所上市，H股在香港联合交易所上市。S股和N股股票分别是在新加坡交易所和纽约交易所上市挂牌的公司股票。

2. 股票发行的规定与条件

按照《公司法》和《中华人民共和国证券法》（以下简称《证券法》）的相关规定，股份公司发行股票应符合以下规定和条件。

（1）每股金额相等。同次发行的股票，每股的发行条件和价格应当相同。

（2）股票发行价格可以按票面金额，也可以超过票面金额，但不得低于票面金额。

（3）股票应当载明公司名称、公司登记日期、股票种类、票面金额及代表的股份数、股票编号等主要事项。

（4）向发起人、国家授权投资的机构、法人发行的股票，应当为记名股票；向社会公众发行的股票，可以为记名股票，也可以为不记名股票。

(5) 公司发行记名股票时,应当置备股东名册,记载股东的姓名或名称、住所、各股东所持股份、各股东所持股票编号、各股东取得其股份的日期;发行无记名股票时,公司应当记载其股票数量、编号及发行日期。

(6) 公司发行新股,必须具备下列条件:一是具备健全且运行良好的组织结构;二是具有持续盈利能力,财务状况良好;三是最近3年财务会计文件无虚假记载,无其他重大违法行为;四是证券监督管理机构规定的其他文件。

(7) 公司发行新股,应由股东大会做出有关下列事项的决议:新股种类及数额;新股发行价格;新股发行的起止日期;向原有股东发行新股的种类及数额。

3. 股票发行的价格

股票的发行价格是股票发行时所使用的价格,也就是投资者认购股票时所支付的价格。股票发行价格通常由发行公司根据股票面额、股市行情和其他相关因素决定。以募集设立方式设立公司首次发行的股票价格,由发起人决定;公司增资发行新股的股票价格由股东大会做出决议。通常股票的发行价有平价、时价和中间价3种。

平价是以股票的票面额为发行价格,它一般在新创立公司初次发行股票或原有股东认购新股时采用;时价就是以公司股票在流通市场上买卖的实际价格为基准确定的股票发行价格,又称为市价;中间价就是以时价和面值的中间值确定的股票发行价格。

按时价或中间价发行股票,股票的发行价格会高于或低于其面额,前者为溢价发行,后者为折价发行,以面值发行股票为平价发行。

4. 影响股票发行价格的因素

1) 市盈率

市盈率是指股票的每股市价与每股盈利的比值,用于体现投资者期望获取收益的水平,是制定股票股价的重要参数,通常可以把每股净利与市盈率的乘积作为股票的发行价格。

2) 每股净值

每股净值是指股票的每一股份所代表的公司净资产数额。通常认为股票每股净值越高,股票的价格可以定得越高。

3) 公司的市场地位

市场地位较高的公司,其经营水平、盈利能力和发展前景等一般会被认为比较好,股票的发行价格也可以定得比较高。

4) 证券市场的供求水平及股价水平

当证券市场供过于求时股价普遍较低,当供不应求时股价普遍较高。一般而言,股票的发行价格不宜与股票市场的总体水平偏离太多,否则容易使投资者产生怀疑观望的态度。

5) 国家有关政策规定

我国禁止股票的折价发行,并且规定股票的发行价格在同一次发行中不能改变。

5. 普通股筹资与优先股筹资的比较分析

1) 普通股筹资与优先股筹资的共同特点

发行股票筹措的是永久性的权益资金,无到期日,这不仅能保证公司在持续经营期间拥有稳定的资金来源，而且能作为债权人利益保证的基础而提高公司的举债能力；股份公司的股东需要按出资额承担公司的经营损失和经济责任，因而股票筹资具有降低财务负担和分散经济损失的优点；此外，股票持有人作为公司的所有者不具备债权人的破产求偿权，因而股票筹资能避免破产偿债的风险。

股票筹资的不足主要在于资本成本过高。因为股利水平一般要比债务利息高，且股利只能以税后利润支付，不能获得抵税收益，所以股票的资本成本一般是企业资金中最高的。

2）普通股筹资的优缺点

与优先股筹资相比，普通股筹资的主要优点在于股利负担不固定，股利支付与否与支付多少取决于公司有无盈利和经营需要，经营波动给公司带来的财务负担相对较轻，所以筹资风险较小。普通股筹资的主要缺点是普通股股东有经营参与权，新股东可能会分散公司的控制权，削弱原股东对公司的控制。

3）优先股筹资的优缺点

与普通股筹资相比，利用优先股筹资的主要优势在于能增强公司的筹资弹性和保持普通股股东的控制权。由于优先股的种类很多，公司可根据自身情况调整股本数额，改善资本结构，使筹资弹性变大。另外，优先股一般无权参与公司的经营管理，发行优先股既能够筹集长期资金，又不会影响原普通股股东的控制权，还可能由于固定的股利产生的杠杆作用从而提高普通股每股收益。优先股筹资的缺点是当公司大量发行优先股时会给公司造成较大的股息偿还负担，若延期支付，会对公司形象造成不利影响。

3.2.3 留存收益

留存收益主要指企业的盈余公积、未分配利润等。与其他权益资金相比，留存收益属于企业内部资金，取得更加主动简便，它不需要筹资活动，也没有筹资费用，因此这种筹资方式既节约成本，又能提高企业信誉。留存收益的实质是投资者对企业的再投资，但这种筹资方式会受到企业盈利多寡和企业收益分配政策的制约。

3.3 负债资金的筹集

企业通过银行借款、发行债券、融资租赁、商业信用等方式筹集的资金属于企业的负债。负债是能以货币计量的、需要偿还本金和利息的债务，因此也称为借入资金或债务资金。

3.3.1 银行借款

银行借款是企业根据借款合同向银行或非银行金融机构借入的需要还本付息的款项。

1. 银行借款的分类

按照不同的分类标准，可以将银行借款分为几种类型，如图 3.1 所示。

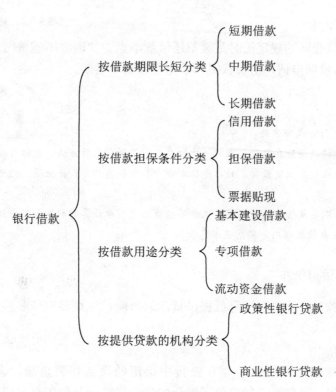

图 3.1 银行借款的分类

2. 银行借款的程序

1) 企业提出借款申请

企业向银行借款时,首先必须向银行提出申请,填写包括借款金额、借款用途、借款时间、还款计划等内容的"借款申请书",并提供能说明企业具备借款条件的相关资料。

2) 银行审批借款申请

银行收到企业借款申请后,按照"按计划发放、择优扶持、有物资保证、按期归还"的原则,从企业的信用条件、基本财务状况、投资项目经济效益、偿债能力等方面审查,决定是否发放贷款。

3) 签订借款合同

借款申请被批准后,借贷双方进行谈判,然后签订规定了借款单位和银行双方的权利义务和经济责任的借款合同。借款合同包括基本条款、保证条款、违约条款及其他附属条款等内容。

【知识链接】

借款合同基本条款:贷款种类;借款用途;借款金额;借款利率;借款期限;还款资金来源及还款方式等。

4) 企业取得借款

借款合同签订后,企业就可以在核定的贷款指标范围内,根据用款计划和实际需要一次或分次将借款转入企业的借款结算户。

5) 企业归还借款本息

企业应按照借款合同的规定按时足额归还借款本息。如因故不能按时归还,应在借款到期之前3~5天提出展期申请,由贷款银行审定是否给予展期。

【知识链接】

银行借款的利息支付方式有3种:

(1) 利随本清法。借款企业在借款到期时一次性向银行支付利息的方法,也称为收款法。

(2) 贴现法。银行在向企业发放贷款时,先从本金中扣除利息部分,企业得到的贷款额只有贷款本金减去利息后的差额。

(3) 加息法。在分期等额偿还的情况下,银行将根据约定利率计算的利息加到贷款本金上,计算出贷款本利和,然后要求企业在贷款期内分期偿还本息和。

3. 银行借款的信用条件

企业向银行借款时,银行为了降低提供贷款的风险,往往要附带一些信用条件,一般包括以下几个方面。

1) 补偿性余额

补偿性余额是银行要求借款企业在银行中保留的最低存款余额,为借款额的10%~20%。对于银行来说,补偿性余额降低了银行的贷款风险,补偿了其可能遭受的损失;但对借款企业来说,补偿性余额提高了借款的实际利率,加重了企业的利息负担。

【例3-2】 某企业按年利率9%向银行借款600万,补偿性余额比例为10%。要求:计算该企业实际的借款利率。

解:实际借款利率$=\dfrac{\text{实际借款利息}}{\text{实际借款额}}=\dfrac{600\times 9\%}{600\times(1-10\%)}=10\%$

2) 信贷额度

信贷额度也称为贷款限额,是借款企业与银行签订的协议中规定的最高借款限额。信贷额度的有效期通常为1年。在信贷额度内,企业可以随时按需要支用借款,但当企业财务状况恶化时,银行可不再提供贷款,并且不承担法律责任。

3) 周转信贷协议

周转信贷协议是银行具有法律义务地承诺提供不超过某一限额贷款的协议。在协议的有效期内,只要企业借款总额未超过最高限额,银行必须满足企业任何时候的借款要求。企业若得到周转信贷协议的支持,要就贷款限额中未使用的部分向银行支付承诺费。

【例3-3】 某企业与银行协定的周转信贷额度为5 000万元,利息率为6%,承诺费率为1%,该企业年度实际借款额为4 000万元,平均使用了9个月。要求:计算该企业应支付的承诺费和利息。

解:应支付承诺费$=(5\ 000-4\ 000)\times 1\%+4\ 000\times 1\%\times 3/12=20$(万元)

应支付利息$=4\ 000\times 6\%\times 9/12=180$(万元)

4) 借款抵押

为减少自己蒙受损失的风险,银行向信誉度低、财务风险较大的企业发放贷款时,往往需要抵押品作担保。短期借款的抵押品一般是企业的房产、有价证券、应收账款、存货等。

银行接受抵押品之后,要根据抵押品的变现价值来决定借款金额,一般是抵押品面值的30%～90%。抵押贷款的资本成本通常高于非抵押贷款,这是因为银行将抵押贷款视为一种风险贷款,因而要收取较高的利息。另外,银行对于抵押贷款的管理相对于非抵押贷款更为困难,为此也要另行收取手续费。

4. 银行借款的优缺点

1) 优点

(1) 筹资速度较快。向银行借款通常只需要银行审批,不需要其他行政机构和社会中介机构的工作。只要具备条件,可在较短时间内筹集到资金,满足企业需要。

(2) 筹资成本较低。相对于发行债券,银行借款利率一般较低,且无须支付发行费用。

(3) 借款比较灵活。企业与银行通过直接接触,可以商谈借款金额、期限和利率等具体条款。借款后,只要双方同意可修改借款合同内容,当企业发生财务困难或其他影响偿债能力的事项,而不能如期还本付息时,还可以与银行协商修改条件,延期归还,缓解财务困境。

2) 缺点

(1) 筹资风险较大。当企业不能按期还本付息且银行不同意修改借款条件时,银行可扣押、拍卖抵押资产,要求企业破产偿债,但这会使企业陷入困境,加大风险。

(2) 限制条件较多。银行借款往往会附加很多限制条款,如资产控制权、再借款自主权等,从而影响企业未来的投资和筹资活动。

(3) 筹资数额有限。银行虽然拥有雄厚的财力,但由于各方面原因,银行不可能将资金过多地集中投放在某一个企业中,与股票、债券等方式相比,其所筹资金量通常十分有限。

【知识链接】

借款合同的限制条款通常包括:持有一定的现金及其他流动资产,保持合理的流动性及还款能力;限制现金股利的支付,限制资本支出的规模;限制借入其他长期债务;定期向银行报送财务报表;及时偿付到期债务;限制资产出售;禁止应收账款出售或贴现;违约责任等。

3.3.2 发行债券

企业债券是企业依照法定程序发行的、承诺按约定利率和日期支付利息和偿还本金的书面债务凭证。它体现了持有人和发行企业之间的债权债务关系。

1. 债券的种类

按照不同分类标准,债券有以下几种不同的分类。

1) 按是否记名,债券可分为记名债券和无记名债券

记名债券是指债券上记载债权人姓名,同时还要在发行企业的债权人名册上进行登记的债券。债券本息只向登记人支付,转让需办理过户手续。这种债券比较安全,相关手续复杂。

无记名债券是指在债券上不记载债权人姓名,也不在发行企业债权人名册上进行登记的债券。债券本息向持有人支付,转让也不需要手续。这种债券比较方便,但安全性较差。

2) 按有无担保，债券可分为信用债券和抵押债券

信用债券又称为无抵押债券，是单纯凭借企业信誉或信托契约发行的债券，一般由一些信誉较好、财务能力较强的企业发行。

抵押债券是指以发行企业的不动产、设备、有价证券等作为抵押品的债券。根据抵押品不同，抵押债券又分为不动产抵押债券、动产抵押债券和信托抵押债券。当企业不能偿还债务时，债权人可将抵押品拍卖出去以获取补偿。

3) 按债券利率是否固定，债券分为固定利率债券和浮动利率债券

固定利率债券是指债券发行时确定的券面利率在债券有效期内不能改变的债券。

浮动利率债券是指债券利率随基本利率（国库券利率或银行同业拆借利率）变动而变动的债券。发行浮动利率债券是为了应对通货膨胀给投资者带来的损失。

课堂思考

引入浮动利率债券是为了解决什么问题？

4) 按是否可转换为普通股，债券分为可转换债券和不可转换债券

可转换债券是指发行人依照法定程序发行的，在一定期间内按照约定条件可以转换为企业股票的债券。这种债券可节约企业的利息支出，但可能会稀释普通股股东的控制权。

不可转换债券是指不能转换为普通股的债券。

2. 发行债券的条件

国有企业、股份公司、有限责任公司只要具备发行债券条件，都可以依法申请发行债券。我国《证券法》规定，公开发行债券必须符合下列条件：

(1) 股份有限公司的净资产额不低于人民币 3 000 万元，有限责任公司的净资产额不低于人民币 6 000 万元。

(2) 累计债券总额不超过公司净资产额的 40%。

(3) 最近 3 年平均可分配利润足以支付公司债券 1 年的利息。

(4) 所筹集资金的投向符合国家产业政策。

(5) 债券的利率不得超过国务院限定的利率水平。

(6) 国务院规定的其他条件。

另外，发行公司债券所筹集的资金，必须用于核准的用途，不得用于弥补亏损和非生产性支出，否则会损害债权人的利益。

3. 发行债券的要素

(1) 债券的面值。债券的面值包括债券币种和票面金额两个基本内容。债券币种可以是本国货币，也可以是外国货币，取决于债券发行的地区及对象；票面金额是债券到期偿还本金的金额，票面金额固定不变，到期时必须足额偿还。

(2) 债券的期限。债券从发行之日起至到期日之间的时间为债券的期限。

(3) 债券的票面利率。债券一般都会注明利率，利率有固定的，也有浮动的。票面金额与利率的乘积即为年利息。

(4) 债券的偿还方式。债券的偿还方式包括分期付息、到期还本和到期一次还本付息两种。前者是按年、半年或季度分期支付利息，债券到期时偿还本金。后者又能分为两种：一是利随本清，债券到期时利息连同本金一次性支付给债权人；二是利息预扣方式，即投资者在购买债券时获取利息，到期只能获得本金。

(5) 债券的发行价格。债券的发行价格是指发行企业发行债券时的价格，也是投资者向发行企业认购债券时实际支付的价格。

4. 债券发行价格的确定

债券发行价格通常有 3 种：等价、溢价和折价。等价是指以债券的票面金额为发行价格；溢价是指以高于债券票面金额的价格为发行价格；折价是指以低于债券票面金额的价格为发行价格。

债券发行价格的形成受到诸多因素的影响，其中最主要的是票面利率与市场利率的一致程度。债券的票面利率在债券发行前已经参照当时市场利率水平确定下来，并标注在债券上。但在发行债券时已确定的票面利率不一定与发行时的市场利率一致。为了协调债券购销双方在债券利息上的利益关系，只有调整债券的发行价格。对于分期付息、到期按面值还本的债券来说，当票面利率高于市场利率时，由于未来投资者的利息多计，导致债券内在价值偏大，投资债券的投资者就会增多，债券供不应求，应溢价发行；当票面利率低于市场利率，未来投资者的利息少计，导致债券内在价值偏小，投资者会放弃投资债券，为了吸引资金流入，应折价发行；当票面利率等于市场利率时，应等价发行。

此外，由于公司债券的还本期限一般在一年以上，所以确定债券发行价格时，不仅应考虑债券票面利率与市场利率的关系，还应考虑债券资金包含的资金时间价值。

1) 标准付息债券发行价格的确定

从理论上来说，投资者能接受的债券发行价格应是以投资者要求的必要收益率为折现率将投资者期望从该债券上获得的现金流入量进行折算得到的总现值。因此，对于标准附息债券，相应的现金流入量包括每年支付的债券利息加上债券到期时归还的本金。若为零息债券，则没有利息支付，只有到期归还的本金。以标准付息债券为例，其现金流量情况如图 3.2 所示。

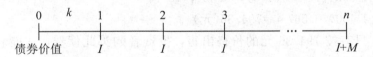

图 3.2 标准付息债券现金流量情况

因此，债券发行价格的计算公式为：

$$V=\sum_{t=1}^{n}\frac{I}{(1+k)^{t}}+\frac{M}{(1+k)^{n}}$$

或

$$V=I(P/A,k,n)+M(P/F,k,n)$$

式中：k——用于计算债券现金流量现值的折现率，相当于市场利率（注意：k 并不是债券的票面利率，票面利率是固定不变的，而代表市场利率的 k 是会发生波动的）；

I——每期利息，标准附息债券 I 等于票面面值与票面利率的乘积；

M——债券的面值，这是债券到期时发行公司必须支付的金额；

n——债券的期限，通常以年计数；

V——债券的发行价格。

【例3-4】 某公司打算发行面值为1 000元、利息率为8%、期限为5年的债券。在公司决定发行债券时，如果市场利率发生变化，就需要调整债券的发行价格。要求：当市场利率分别为8%、12%、5%时，计算债券的发行价格。

(1) 若资金市场利率保持在8%，该公司债券的票面利率也为8%，则债券为等价发行。

发行价格 $=1\,000\times8\%\times(P/A,8\%,5)+1\,000\times(P/F,8\%,5)$
$=80\times3.992\,7+1\,000\times0.680\,6\approx1\,000(元)$

也就是说，按1 000元的价格出售此债券，投资者可以获得与市场利率8%相等的收益率。

(2) 若资金市场利率上升为12%，公司债券票面利率为8%，则应折价发行。

发行价格 $=1\,000\times8\%\times(P/A,12\%,5)+1\,000\times(P/F,12\%,5)$
$=80\times3.604\,8+1\,000\times0.567\,4\approx855.78(元)$

也就是说，只有按855.78元的价格出售，投资者购买此债券，才能获取与市场利率12%相等的收益率。

(3) 若资金市场上的利率下降为5%，公司债券票面利率为8%，则应溢价发行。

发行价格 $=1\,000\times8\%\times(P/A,5\%,5)+1\,000\times(P/F,5\%,5)$
$=80\times4.329\,5+1\,000\times0.783\,5=1\,129.86(元)$

也就是说，债券按1 129.86元的价格溢价出售，投资者就能获取与市场利率5%相等的收益率。

2) 单利计息，到期一次还本付息债券的发行价格的确定

债券发行价格的计算公式为：

$$V=\frac{M(1+i\times n)}{(1+k)^n}$$

或

$$V=M(1+i\times n)\times(P/F,k,n)$$

【例3-5】 某公司打算发行面值为1 000元、利息率为8%、期限为5年的单利计息，到期一次还本付息的债券。要求：当市场利率为12%时，计算债券的发行价格。

发行价格 $=1\,000\times(1+8\%\times5)\times(P/F,12\%,5)$
$=1\,400\times0.567\,4=794.36(元)$

也就是说，只有按794.36元的价格出售，投资者购买此债券，才能获取与市场利率12%相等的收益率。

零息债券是一种无票面利率的、折价发行、到期按面值还本的债券，假设某公司发行了面值为1 000元、期限为5年的零息债券，发行时市场利率为6%，计算该债券的发行价格应为多少。

5. 债券筹资的优缺点

1) 优点

(1) 资本成本较低。与股票筹资相比，债券发行费用较低，债券利息作为财务费用在税

前列支，可抵减企业所得税。因此，资本成本较低。

(2) 保证控制权。债权人无权参与企业的经营管理，因而不会削弱原有股东对企业的控制权。

(3) 发挥财务杠杆作用。由于债权人只能获取固定有限的利息，无论企业赚钱多少，收益增加时就会提高权益资本的收益率。

2) 缺点

(1) 筹资风险高。债券筹资有固定的到期日，企业必须承担还本付息的义务。当企业经营不善时，企业可能因为不能偿还债务而陷入财务危机，甚至导致破产。

(2) 限制条件多。为保证债权人债权的安全，债券合同中往往有一些限制条款，这会给企业造成很大的约束，影响企业财务的灵活性。

(3) 筹资数额有限。债务资金的数额是有限的，因为当负债比率超过一定限度后，资本成本会因资金结构变差而提高。

3.3.3 融资租赁

租赁是承租人向出租人交付租金、出租人在契约或合同规定的期限内将资产的使用权让渡给承租人的一种经济行为。租赁的种类很多，目前我国主要有经营租赁和融资租赁两类。

1. 融资租赁的种类及其特点

融资租赁又称为财务租赁，它是承租人为融通资金而向出租人租用由出租人出资按承租人要求购买租赁物的租赁形式。它是以融物为形式、融资为实质的经济行为，通常是一种长期租赁，特点如下：

(1) 资产所有权形式上属于出租人，但承租人能实质性地控制该项资产，并有权在承租期内取得该项资产的所有权。

(2) 融资租赁是一种不可解约的合同，租赁合同稳定，中途不得退租。

(3) 租赁期较长，一般为租赁资产使用寿命的一半以上。

(4) 出租人一般不提供租赁物的维修、保养等服务。

(5) 租赁期满，承租人可选择留购、续租或退还，通常由承租人留购。

2. 融资租赁的具体形式

1) 直接租赁

直接租赁是指承租人向出租人租入所需要的资产，并向出租人支付租金。直接租赁的出租人主要是制造厂商、租赁公司等。它是融资租赁中的典型形式，其特点是出租人既是租赁设备的购买方，又是设备的出租人。

2) 售后租回

售后租回是指企业将拥有的资产出售给出租人，再以承租人的身份将其租回使用的一种租赁形式。采用这种租赁形式时，承租人既可以通过出售资产获取一笔资金，同时又可以使用资产。但是在此期间承租人需要支付租金，并失去了该项资产的所有权。

3) 杠杆租赁

杠杆租赁涉及承租人、出租人及资金出借人三方当事人。从承租人的角度来看，这种租赁与其他形式的租赁并无区别，同样是在租赁期内定期支付租金，取得资产的使用权。但对于出租人来说却不同，出租人只需支付购买资产的部分资金（20%～40%）作为自己的投资，其余部分是以该资产作为担保向资金出借人借来的。在这种杠杆租赁的形式下，出租人具有三重身份，即资产所有人、出租人和债务人。出租人既向承租人收取租金，又向出借人还本付息，期间的差额就是出租人的杠杆收益。从资金出借人的角度来看，它的资金是由租赁资产作为抵押的，如果出租人不能按期偿还借款，那么资产的所有权就要转归资金出借人。

3. 融资租赁的程序

1）做出租赁决策

当企业需要长期使用某项资产时，一般会有两种选择：一种是筹资直接购买，另一种是融资租入。企业可以通过对现金流量进行分析做出正确的决策。

2）选择租赁公司

当企业决定采用融资租赁设备的方式后，应开始选择租赁公司。主要应从租赁公司的经营范围、业务能力、融资条件、费用水平等方面进行比较，择优办理租赁。

3）办理租赁委托

企业选定租赁公司后，便可向其提出申请，办理委托。一般需要提供企业的财务状况文件，并填写"租赁申请书"。

4）签订购货协议

租赁公司受理委托后，由租赁公司与承租企业选择资产的制造商或销售商，与其进行谈判，签订购货协议。

5）签订租赁合同

融资租赁合同是租赁公司和承租企业双方共同签订的用于明确双方权利与义务的法律文件，具有法律效力。

6）办理验货及投保

承租企业对收到的租赁资产要做好验收工作，签发收据及验收合格证书，并提交租赁公司，同时办理财产投保的相关事宜。

7）支付租金

承租企业在租赁期内按合同规定的租金数额、交付日期和交付方式向租赁公司交付租金。

8）租赁期满时的资产处理

租赁期满时承租企业按照合同规定对租赁资产进行留购、续租或退还处理。

4. 融资租赁租金的确定

1）融资租赁租金的构成

（1）租赁资产的价款，包括资产的购买价格、运杂费、途中保险费等。它是租金的主要组成部分。

（2）融资成本，即租赁公司为购买资产融资而应计的利息或机会成本。

（3）租赁手续费，包括租赁公司承办租赁业务的营业费用和一定的盈利。租赁手续费的高低一般无固定标准，可由承租企业与租赁公司协商确定。

2) 融资租赁租金的支付方式

(1) 按支付时期长短，可分为年付、半年付、季付和月付等。

(2) 按支付时期先后，可分为先付租金和后付租金。先付租金指在每期期初支付，后付租金指在每期期末支付。

(3) 按每期支付金额，可分为等额支付和不等额支付。

3) 融资租赁租金的计算

融资租赁租金的计算方式很多，在我国融资租赁业务中，租金通常是将总租金在租期内分期平均支付，称为"等额支付"。按照是否考虑资金时间价值，一般分为平均分摊法和等额年金法。

(1) 平均分摊法。平均分摊法是指以租赁资产价款、租赁融资成本与租赁手续费之和作为总租金，按租金支付次数平均计算每次应付租金的方法。该方法不考虑资金时间价值。计算公式为：

$$R = \frac{(C-S) + I + F}{N}$$

式中：R——每次应付租金数额；

C——租赁资产的购置成本；

S——租赁设备预计残值或期满时由承租人留购而支付给租赁公司的转让价；

I——租赁期间利息，通常按复利方法计算；

F——租赁期间的手续费；

N——租赁期间租金支付次数。

【例3-6】 某企业向租赁公司融资租入设备，设备原价200万元，租期5年，预计租赁期满企业要支付转让价10万元留购。借款的年利率为10%，手续费为设备原价的4%，租金每年年末支付一次。要求：计算该企业每年应付租金数额。

解：$R = \dfrac{(200-10) + [200\times(1+10\%)^5 - 200] + 200\times 4\%}{5} \approx 64.02(万元)$

(2) 等额年金法。等额年金法是将租赁资产在未来各租赁期内的租金按一定的折现率予以折现，使其等于租赁资产的成本的方法。这种方法通常将利率和手续费率综合在一起确定租金报酬率（租费率），作为折现率。这种方法与平均分摊法相比，计算复杂，但由于考虑了资金时间价值，计算结果更加客观。

在实际租赁中，若是先付租金，就相当于预付年金；若是后付租金，就相当于普通年金。

先付租金的计算公式为：

$$R = \frac{C - S\times(P/F, i, n)}{(P/A, i, n-1) + 1}$$

式中：i——折现率（租费率），其他符号同前。

后付租金的计算公式为：

$$R = \frac{C - S\times(P/F, i, n)}{(P/A, i, n)}$$

【例3-7】 以【例3-6】的资料为背景，分别对以下两种情况用等额年金法计算企业每年应付的租金额：①租费率为 14%，租金在每年年末支付；②租费率为 14%，租金在每年年初支付。

解：第一种情况相当于普通年金的支付，则：

$$R = \frac{200 - 10 \times (P/F, 14\%, 5)}{(P/A, 14\%, 5)} = \frac{200 - 10 \times 0.5194}{3.4331} \approx 56.74(万元)$$

第二种情况相当于预付年金的支付，则：

$$R = \frac{200 - 10 \times (P/F, 14\%, 5)}{(P/A, 14\%, 4) + 1} = \frac{200 - 10 \times 0.5194}{2.9173 + 1} \approx 49.73(万元)$$

5. 融资租赁的优缺点

1) 优点

（1）筹资速度快。融资租赁使企业筹资与资产购置同时进行，缩短了企业购买资产相关环节的时间，有助于迅速形成生产能力。

（2）限制条款少。企业运用债券、银行长期借款等方式往往受到很多限制条款的约束，虽然类似的限制在租赁公司也有，但一般比较少。

（3）可避免资产陈旧淘汰的风险。科学技术日新月异，固定资产更新周期日趋缩短，设备陈旧淘汰的风险很高。在融资租赁情况下，承租人可利用租赁方式避免自行购置资产而发生这种风险。

（4）财务风险小。租金在整个租期内分摊，不用到期归还大量本金，这会减小不能偿付的风险。

（5）税收负担轻。租金费用可以在税前扣除，具有抵扣税费的效用。

2) 缺点

（1）资本成本高。融资租赁的租金总额一般要高于资产价值 30% 左右，租金要比借款和发行债券的利息高很多，在财务困难时，固定的租金也会构成一项较重的财务负担。

（2）资产处置权有限。由于承租企业在租赁期内没有资产所有权，因而不能根据自身需要自行处置租赁资产。

3.3.4 商业信用

商业信用是指商品交易中的延期付款或延期交货形成的借贷关系，是企业之间的直接信用行为，也是商品运动与货币运动相分离后形成的一种债权债务关系。它的应用范围广泛，形式多样，主要有应付账款、应付票据、预收货款等。

1. 应付账款

应付账款是企业赊购货物形成的短期债务，即卖方允许买方在购买货物后的一段时间内交付货款的形式，是一种典型的商业信用形式。卖方通过这种方式促进销售，而买方则通过延期付款，相当于向卖方借款购买货物，从而解决暂时性的资金短缺。在这种形式下，账款的支付主要依赖于卖方的信用条件。卖方为了促使买方尽快付款，一般均给予对方现金折扣。"2/10，n/30" 即表示若买方在 10 天之内付清货款，可以享受货款金额 2% 的现金折扣；若货款在 30 天内付清(信用期为 30 天)，则必须付清全部货款。

1) 应付账款的成本

买方通过商业信用筹资的数量往往与是否享受现金折扣有关。一般来说，企业存在3种选择的可能性：一是享受现金折扣，在现金折扣期内付款，其占用卖方货款的时间较短，信用筹资数量相对较少；二是不享受现金折扣，在信用期内付款，其筹资数量大小取决于信用期长短，但由于不能享受现金折扣，所以会产生放弃现金折扣的机会成本；三是超过信用期逾期付款，其筹资占用时间长，筹资数量最大，但对企业信用的副作用也很大，成本更高，因此不建议企业以拖欠货款的方式来筹资。

【例 3-8】 某企业每年向供应商购买 200 万元的商品，该供应商的信用条件是"2/10，n/30"。要求：计算若企业放弃现金折扣条件，因此产生的机会成本是多少？

解： 由已知条件可知，如果该企业准备在 10 天内付款，则可以享受 2% 的现金折扣，折扣额为 4 万元，免费信用额度是 196 万元（200－4）。如果该企业准备放弃现金折扣，在第 30 天付款，则企业将取得有代价的信用额度 200 万元，这种代价是企业放弃现金折扣的机会成本，相当于企业为了多占用货款 20 天，以 200 万元支付本可以用 196 万元购买的商品，利息代价就是 4 万元。将其转换为年利率（年成本率），计算公式为：

$$放弃现金折扣的成本 = \frac{现金折扣率}{1-现金折扣率} \times \frac{360}{信用期-折扣期} = \frac{2\%}{1-2\%} \times \frac{360}{30-10} \approx 36.73\%$$

这说明当该企业从其他途径取得资金所付出的代价小于 36.73% 时，就应享受现金折扣，在 10 天内把货款付清以取得 2% 的现金折扣。

课堂思考

若将【例 3-8】中的信用期改为 60 天，试计算企业放弃现金折扣的机会成本，企业应如何进行决策？

2) 利用现金折扣的决策

由于不同的供应商规定了不同的信用条件，买方企业要在不同信用条件之间做出决策。

(1) 若买方企业缺乏资金，当短期借款利率低于放弃现金折扣的成本率时，买方企业应借入资金，在折扣期内付款，享受现金折扣；否则，企业应放弃现金折扣。

(2) 若买方企业有资金用于享受现金折扣，但在折扣期内用应付账款进行短期投资，当短期投资收益率高于放弃现金折扣的成本时，则应放弃现金折扣，去追求更高的收益；否则，应享受现金折扣。

(3) 若有两家以上的卖方提供了不同的信用条件，买方准备放弃现金折扣时，应衡量放弃现金折扣成本的大小，选择信用成本较低的卖方；买方准备享受现金折扣时，应选择信用成本较高的卖方，因为此时放弃现金折扣的成本本质上是一种收益。

2. 应付票据

应付票据是企业进行延期付款商品交易时开具的反映债权债务关系的票据，是在应付账款的基础上发展起来的。商业汇票是一种期票，最长期限为 6 个月。对于买方来说，是一种短期融资行为。商业汇票有带息票据和不带息票据两种，即使是带息票据，其利率也比银行借款利率低，且不用保持补偿性余额和支付手续费等，因此它的筹资成本要低于银行借款。但应付票据到期必须偿还，否则要支付罚金，风险较大。

3. 预收货款

预收货款是指卖方按购销合同或协议规定，在发出商品之前向买方预收部分或全部货款的信用行为。它相当于卖方向买方预借一笔款项，然后用商品偿还。通常买方对于紧俏商品愿意采用这种方式，以便顺利获得商品。另外，对于生产周期长、资金需要量较大的商品，如轮船、飞机等，生产企业也经常采用分次预收货款的方式，缓解资金占用过多的矛盾。

4. 商业信用筹资的优缺点

1) 优点

(1) 筹资方便。因为商业信用与商品买卖同时进行，属于自然性融资，无须进行特殊安排。

(2) 限制条件少。在商业信用方面和其他筹资方式相比，无须担保或抵押。如果企业利用银行借款筹资，银行对贷款会有一些限制条件，而商业信用比较少。

(3) 筹资成本较低。如果没有现金折扣或企业不放弃现金折扣，则利用商业信用筹资的成本是较低的，有时甚至没有成本。

2) 缺点

(1) 期限较短。商业信用属于短期筹资方式，不能长期占用资金，如果企业利用现金折扣，则期限会更短。

(2) 风险较大。企业各种应付款项经常发生，次数频繁，因此企业需要随时安排现金调度，一旦安排不及时，可能出现现金短缺的问题。

3.4 资本成本及其计算

3.4.1 资本成本概述

1. 资本成本的概念

资本成本又称为资金成本，是企业为筹集和使用长期资金而付出的代价，包括筹资费用和用资费用两部分。

1) 筹资费用

筹资费用是指企业在筹集资金的过程中为获取资金而支付的费用，如向银行借款的手续费、股票、债券的发行费等。筹资费用通常是在筹集资金时一次性支付的，在用资过程中不再发生，可作为筹资总额的一项扣除。

2) 用资费用

用资费用是指企业在生产经营、投资过程中因使用资金而支付的费用，如向股东支付的股利、向债权人支付的利息等。这是资本成本的主要内容。用资费用与筹资数额的大小、资金占用时间的长短有直接联系。

资本成本是资金使用者对资金所有者让渡资金使用权的价值补偿，也就是说，投资者的期望报酬就是受资者的资本成本。

2. 资本成本的作用

(1) 资本成本是企业筹资决策的主要依据。资本成本的高低是筹资决策需要考虑的主要因素，因为在不同的资金来源和筹资方式下，资本成本各不相同。为了提高筹资效果，就必须分析各种筹资方式资本成本的高低，合理配置，使企业资本成本降到最低。

(2) 资本成本是评价投资项目的重要标准。投资项目的决策通常采用净现值、现值指数和内含报酬率等指标来进行评价。其中，净现值通常就是以资本成本（投资者期望报酬率）为折现率的，当净现值大于零时方案才可行；而采用内含报酬率评价方案时，一般也是以资本成本为基准收益率与内含报酬率进行比较的，当内含报酬率大于资本成本时，说明方案可行。

(3) 资本成本可以作为衡量经营成果的尺度。当企业的经营利润率大于企业占用资金产生的资本成本时，企业才真正盈利和创造价值。

3. 资本成本的表现形式

资本成本可以用绝对数表示，也可以用相对数表示。在财务管理中，一般用相对数表示，即资本成本率。它是用资费用与筹资净额（即筹资总额扣除筹资费用后的差额）的比率。其计算公式为：

$$资本成本率 = \frac{年用资费用}{筹资总额 - 筹资费用} = \frac{年用资费用}{筹资总额 \times (1 - 筹资费率)}$$

3.4.2 个别资本成本

企业总的资本成本是由各项个别资本成本及资本比重所决定的。计算企业资本成本时必须从个别资本成本开始算起。

个别资本成本是指采用各种筹资方式所筹资金的成本，主要包括银行借款资本成本、债券资本成本、优先股资本成本、普通股资本成本和留存收益资本成本。前两者可统称为负债资本成本，后三者统称为权益资本成本。

1. 银行借款资本成本

银行借款资本成本是指借款利息和筹资费用。由于借款利息计入企业税前的成本费用，因此可以起到抵税的作用。计算公式为：

$$K_I = \frac{I(1-t)}{L(1-f)} = \frac{iL(1-t)}{L(1-f)} = \frac{i(1-t)}{1-f}$$

式中：K_I——银行借款资本成本；

I——银行借款年利息；

L——银行借款筹资总额；

t——所得税税率；

f——银行借款筹资费率；

i——借款年利息率。

由于银行借款手续费很低，所以上式中的 f 常常可以忽略不计。

【例 3-9】 某企业从银行取得长期借款 300 万元,年利率为 7%,期限 3 年,每年付息一次。假定筹资费率为 1%,企业所得税税率为 25%。要求:计算银行借款的资本成本。

解:$K_l = \dfrac{300 \times 7\% \times (1-25\%)}{300 \times (1-1\%)} \approx 5.30\%$

2. 债券资本成本

债券资本成本主要指债券的利息和筹资费用。由于债券利息也可以在税前支付,因此也具有抵税效应。债券利息的处理与银行借款相同。债券的筹资费用一般较高,主要包括申请发行的手续费、债券注册费、上市费等。其计算公式为:

$$K_b = \dfrac{I(1-t)}{B_0(1-f)} = \dfrac{Bi(1-t)}{B_0(1-f)}$$

式中:K_b——债券资本成本;
I——每年支付的利息;
t——所得税税率;
B——债券面值;
f——债券筹资费率;
B_0——债券筹资额,按发行价格确定;
i——债券票面利率。

课堂思考

为什么负债资本成本采用的是税后资本成本而不是税前资本成本?

【例 3-10】 某企业按面值发行债券 1 000 万元,筹资费率为 3%,债券票面利率为 10%,每年年末付息,所得税税率为 25%。要求:计算该债券资本成本。

解:$K_b = \dfrac{1\,000 \times 10\% \times (1-25\%)}{1\,000 \times (1-3\%)} \approx 7.73\%$

课堂自测

某企业发行债券,面额为 1 000 元,按溢价 1 050 元发行,筹资费率 4%,债券票面利率为 10%,每年年末付息,所得税税率为 25%。要求:计算该债券资本成本。

3. 优先股资本成本

企业发行优先股,需要支付筹资费用和定期支付股利。它与债券不同的是股利在税后支付,且没有固定到期日。企业破产时,优先股股东的求偿权位于债权人之后,优先股股东的风险大于债权人,这就使得优先股的股利率通常大于债券的利息率。另外优先股股利不能抵减所得税,所以优先股资本成本通常高于债券资本成本。其计算公式为:

$$K_p = \dfrac{D}{P_0(1-f)}$$

式中:K_p——优先股资本成本;

D——优先股年股利；

P_0——优先股筹资总额；

f——优先股筹资费率。

在计算优先股资本成本时，是否需要进行所得税的调整？为什么？

【例3-11】 某公司按面值发行200万元的优先股，年股利率为9%，筹资费率为4%。要求：计算该优先股的资本成本。

解：$K_p = \dfrac{200 \times 9\%}{200 \times (1-4\%)} \approx 9.38\%$

4. 普通股资本成本

普通股资本成本的计算相对复杂。从理论上看，普通股股东的投资期望收益率即为公司普通股成本。在计算上，常常以此作为依据，采用股利折现法。股利折现法是将未来的期望股利收益折为现值，以确定资本成本率的方法。如果假设公司的股利以固定的比例不断增加，则这种普通股资本成本的计算公式为：

$$K_s = \dfrac{D_1}{V_0(1-f)} + g$$

式中：K_s——普通股资本成本；

D_1——预期第一年年末普通股股利；

V_0——普通股筹资额，按发行价计算；

f——普通股筹资费率；

g——普通股年股利增长率。

【例3-12】 某公司发行普通股，每股面值10元，按13元溢价发行，筹资费率为5%，第一年年末预计股利率为15%，以后每年增长2%。要求：计算该普通股资本成本。

解：$K_s = \dfrac{10 \times 15\%}{13 \times (1-5\%)} + 2\% \approx 14.15\%$

【知识链接】

此外，可以利用第2章讲到的资本资产定价模型来计算普通股股东投资报酬率，作为普通股资本成本。资本资产定价模型的含义可以简单描述为：普通股投资报酬率等于无风险报酬率加上风险报酬率。其核心关系式为：

$$K = R_f + \beta(K_m - R_f)$$

其中，K表示某资产的必要收益率；β表示该资产的系统风险系数；R_f表示无风险收益率，通常以短期国债的利率来近似替代；K_m表示市场组合平均收益率，通常用股票价格指数的平均收益率来代替。

例如，某公司普通股股票的β值为1.5，无风险收益率为8%，市场投资组合平均收益率为12%，则该公司普通股资本成本$K = 8\% + 1.5 \times (12\% - 8\%) = 14\%$。

5. 留存收益的资本成本

留存收益是企业资金的一项重要来源，归普通股股东所有。从成本的实际支付来看，留存收益并没有像其他筹资方式一样从市场取得，而是将企业内部的税后利润进行再投资，因此不会产生筹资费用。但它确实存在资本成本，其原理在于相关的机会成本。债权人通过利息支付得到补偿，优先股股东通过优先股股利得到补偿，支付债务利息和优先股股利之后留下的所有利润都归普通股所有，可以作为对普通股股东资本"使用"的补偿。管理层可以以股利的形式全部支付给股东，也可以作为留存收益再投资于公司的经营业务。如果管理层决定保留部分收益，便会存在机会成本——股东如果以股利形式获得这部分收益，可以将其用于购买其他股票、存入银行或进行其他方面的投资，也会获得投资收益，而投资者同意将这部分收益留在企业中，是期望从中取得更高的投资回报。留存收益的实质是普通股股东对企业的追加投资，公司留存收益的盈利应该至少相当于股东自己投资其他项目上的期望收益，所以留存收益的资本成本应更多地参照普通股股东的期望收益率，即普通股资本成本。其计算公式为：

$$K_e = \frac{D_1}{V_0} + g$$

式中：K_e——留存收益的资本成本；

其他符号与普通股相同。

【例 3-13】 某公司留存收益为 100 万元，其余条件与【例 3-12】相同。要求：计算该留存收益成本。

解：$K_e = \dfrac{10 \times 15\%}{13} + 2\% \approx 13.54\%$

普通股与留存收益都属于普通股股东，其股利的支付不固定。企业破产后，普通股的求偿权位于最后。与其他投资者相比，普通股股东承担的风险最大。因此，普通股的报酬也应最高，在各种资金来源中普通股的资本成本最高。

3.4.3 综合资本成本

企业往往从多种渠道，采用多种方式来筹集资金，其筹资成本各不相同。因此，对于整个公司来说，资本成本必须综合反映所使用的多种来源的资金的加权平均成本，即综合资本成本。综合资本成本是以各种资本所占的比重为权数，对各种资本成本进行加权平均计算出来的。其计算公式为：

$$K_w = \sum_{j=1}^{n}(K_j W_j)$$

式中：K_w——综合资本成本（加权平均资本成本）；

K_j——第 j 种资金的资本成本；

W_j——第 j 种资本占全部资本的比重。

【例 3-14】 某企业共有资金 1 000 万元，其中银行借款 100 万元，长期债券 200 万元，普通股 500 万元，优先股 100 万元，留存收益 100 万元。各种资金的资本成本分别为 7%、8%、12%、9% 和 11%。要求：计算该企业的综合资本成本。

解：综合资本成本 $=\dfrac{100\times 7\%+200\times 8\%+500\times 12\%+100\times 9\%+100\times 11\%}{1\,000}=10.3\%$

【例 3-15】 某企业拟筹资 2 000 万元，其中按面值发行债券 1 000 万元，票面利率为 6%，筹资费率为 2%；按面值发行优先股 200 万元，年股利率为 10%，筹资费率为 4%；按面值发行普通股 600 万元，筹资费率为 6%，预计下年度股利率为 12%，并以每年 4% 的速度稳定递增；留存收益为 200 万元。若企业适用的所得税税率为 25%。要求：计算个别资本成本与综合资本成本。

解：债券资本成本 $=\dfrac{6\%\times(1-25\%)}{(1-2\%)}\approx 4.59\%$

优先股资本成本 $=\dfrac{10\%}{(1-4\%)}\approx 10.42\%$

普通股资本成本 $=\dfrac{12\%}{(1-6\%)}+4\%\approx 16.77\%$

留存收益资本成本 $=12\%+4\%=16\%$

综合资本成本 $=\dfrac{1\,000\times 4.59\%+200\times 10.42\%+600\times 16.77\%+200\times 16\%}{2\,000}\approx 9.97\%$

注意： 综合资本成本的权重可以基于资产负债表上的账面价值，也可以基于企业不同证券的市场价值和目标价值。在理论上，权重应当根据市场价值确定，这样资本成本更加客观，但又会因为市场价格的频繁变动而难以确定。因此，当企业账面价值接近于其市场价值的权重（相差不多）时，可以用账面价值代替市场价值。在本书中，如无特殊说明，则表示用账面价值衡量企业资本结构的权重。

3.5 杠杆原理

杠杆原理是物理学中的概念，所谓杠杆作用是指通过使用杠杆以较小的力举起较重的物体。财务管理中也存在杠杆效应，表现为：在其他因素保持不变的情况下，由于特定费用的存在，某财务变量较小幅度的变化会引起另一个相关的财务变量较大幅度的变化。财务管理中的杠杆效应存在 3 种形式，分别为经营杠杆、财务杠杆及综合杠杆。

3.5.1 杠杆原理的基础知识

1. 成本的性态分析

成本总额与特定的业务量之间在数量方面的依存关系称为成本性态，这里的业务量是指企业在一定的生产经营期内投入或完成的经营工作量的统称，一般以绝对量 x 表示，通常泛指生产量、销售量。成本总额是指为取得营业收入而发生的生产成本和推销费用、管理费用等非生产成本。成本按照性态可分为变动成本和固定成本。

1）变动成本

变动成本是指在一定时期内和一定业务量范围内，其总额随着业务量的变动而发生正比例变动的成本。变动成本一般包括：企业生产过程中发生的直接材料费用，直接人工费用，制造费用中的产品包装费、燃料费、动力费等，按销售量多少而支付的推销佣金、装运费等。

变动成本具有单位变动成本(b)的固定不变性和变动成本总额(bx)的正比例变动性，即单位变动成本是不随业务量变动而变动的，但变动成本总额却随业务量的变动而发生正比例的变动。它与业务量的关系如图 3.3、图 3.4 所示。

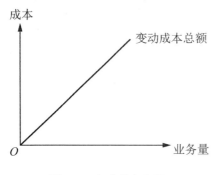

图 3.3　变动成本总额

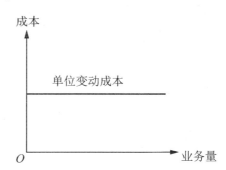

图 3.4　单位变动成本

2) 固定成本

固定成本是指在一定时期内和一定业务量范围内，总额不受业务量变动的影响而保持不变的成本。固定成本一般包括：固定性的制造费用，如直线法计提的固定资产折旧费、办公费等；固定性的销售费用，如销售人员工资、广告费等；固定性的管理费用，如管理人员的工资、财产保险费等。

固定成本具有单位固定成本(a/x)的反方向变动性和固定成本总额(a)的不变性，即固定成本总额是不随业务量的变动而变动的，但单位固定成本却会随着业务量的变动而发生反方向的变动。它与业务量的关系如图 3.5、图 3.6 所示。

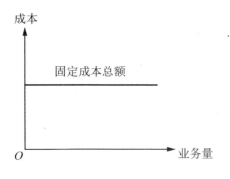

图 3.5　固定成本总额

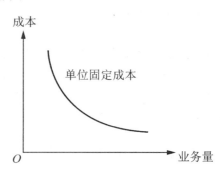

图 3.6　单位固定成本

成本总额采用成本性态形式来表示，都能表示为变动成本与固定成本的总和，即线性方程 $y=a+bx$ 的形式。其中，y 表示成本总额，a 表示固定成本总额，b 表示单位变动成本，bx 表示变动成本总额。

注意：固定成本和单位变动成本所谓的不变性并不是绝对的，而是"某一业务范围"和"某一时间范围"内所呈现出的特点。超过了这一范围，固定成本和变动成本的特点就不存在了。因为从长时间或业务量无限变动的角度来看，没有绝对不变的成本。因此，本书中在谈到固定成本、变动成本时，都是指在它们的相关范围内。

2. 边际贡献指标

1) 边际贡献

边际贡献是指销售收入总额和变动成本总额之间的差额,也称为贡献毛益、边际利润,记作 M。其计算公式为:

$$边际贡献 = 销售收入总额 - 变动成本总额$$
$$= 单价 \times 销售量 - 单位变动成本 \times 销售量$$
$$= (单价 - 单位变动成本) \times 销售量$$

用符号可表示为:
$$M = (p-b)x = mx$$

式中:p 为单价;m 为单位边际贡献;b 为单位变动成本。

2) 单位边际贡献

单位边际贡献是指边际贡献除以销售量,或单价减去单位变动成本后的差额,它表示每一个单位产品销售能够为企业带来的贡献,记作 m,其计算公式为:

$$m = M/x = p - b$$

3) 边际贡献率

边际贡献率是指边际贡献占产品销售收入总额的百分比,表示每增加一元的销售收入可为企业带来的贡献,记作 m_R,其计算公式为:

$$边际贡献率 = 边际贡献/销售收入总额 \times 100\% = 单位边际贡献/单价 \times 100\%$$

用符号可表示为:
$$m_R = M/px \times 100\% = m/p \times 100\%$$

4) 变动成本率

变动成本率是指变动成本总额占销售收入总额的百分比,或单位变动成本占销售单价的百分比,它表示每增加一元的销售收入所增加的变动成本,记作 b_R,其计算公式为:

$$变动成本率 = 变动成本总额/销售收入总额 \times 100\% = 单位变动成本/单价 \times 100\%$$

用符号可表示为:
$$b_R = bx/px \times 100\% = b/p \times 100\%$$

并且有:

$$边际贡献率 + 变动成本率 = (单位边际贡献 + 单位变动成本)/单价$$
$$= (单价 - 单位变动成本 + 单位变动成本)/单价$$
$$= 1$$

即:
$$m_R + b_R = 1 \quad (边际贡献率与变动成本率是互补关系)$$

3. 息税前利润

息税前利润($EBIT$)是指企业尚未支付利息和缴纳所得税之前的利润。息税前利润的多少体现了企业经营活动的效果。按照成本性态的分析方式,其计算公式为:

$$息税前利润 = 销售收入总额 - 成本总额$$
$$= 单价 \times 销售量 - (单位变动成本 \times 销售量 + 固定成本)$$
$$= (单价 - 单位变动成本) \times 销售量 - 固定成本$$

用符号可表示为:
$$EBIT = (p-b)x - a$$

式中:$EBIT$——息税前利润;

p——销售单价;

x——销售量;

b——单位变动成本;

a——固定成本。

式中的变动成本和固定成本不包括利息费用因素。

息税前利润与边际贡献的关系为:

息税前利润＝边际贡献－固定成本总额

＝单位边际贡献×销售量－固定成本

用符号可表示为:
$$EBIT = M - a = mx - a$$

4. 普通股每股利润

普通股每股利润（EPS）是指股份有限公司实现的净利润扣除优先股股利后与已发行在外的普通股股数的比率，也称为普通股每股盈余或普通股每股收益。普通股每股利润越高，股份公司的股价就越高，其计算公式为:

$$普通股每股利润 = \frac{(息税前利润 - 债务利息) \times (1 - 所得税税率) - 优先股股利}{发行在外的普通股股数}$$

用符号可表示为:
$$EPS = \frac{(EBIT - I) \times (1 - t) - D}{N}$$

式中: EPS——普通股每股利润;

I——债务利息;

t——所得税税率;

D——优先股股利;

N——发行在外的普通股股数。

【例 3-16】 大成公司 2014 年投产的新产品，预计单位变动成本为 60 元/件，固定成本总额为 150 万元，变动成本率为 60%，全年销售量为 20 万件。该公司全年的债务利息为 50 万元，没有优先股，发行在外的普通股股数为 100 万股。该公司适用的所得税税率为 25%。

要求:

(1) 计算该产品的单位售价。

(2) 计算该产品的边际贡献、单位边际贡献。

(3) 计算该产品的边际贡献率、息税前利润。

(4) 计算该公司普通股每股利润。

解:

(1) $p = 60 \div 60\% = 100$（元/件）

(2) $m = 100 - 60 = 40$（元/件）

$M = (100 - 60) \times 20 = 800$（万元）或 $M = 40 \times 20 = 800$（万元）

(3) $m_R = 40 \div 100 = 40\%$ 或 $m_R = 1 - 60\% = 40\%$

$EBIT = 800 - 150 = 650$（万元）

(4) $EPS = \dfrac{(650 - 50) \times (1 - 25\%)}{100} = 4.5$（元/股）

3.5.2 经营杠杆

1. 经营杠杆效应含义

在单价和成本水平不变的条件下,由于固定经营成本的存在,销售量的变动会引起息税前利润大幅度的变动,这种效应称为经营杠杆效应。

经营杠杆产生的原理在于固定经营成本的存在。销售量下降不能改变固定成本总额,而会增加单位固定成本,降低单位产品利润,使息税前利润的下降率大于销售量的下降率;反之,销售量的增加会减小单位固定成本,从而提高单位产品利润,使息税前利润的增长率大于销售量的增长率。如果不存在固定经营成本,息税前利润变动率就同销售量的变动率一致了,也就没有经营杠杆的效应。经营杠杆具有放大企业经营风险的作用。

下面来举例说明经营杠杆效应,大成公司连续3年的销售量、盈利情况资料见表3-3。

表3-3 大成公司盈利情况资料 金额单位:元

项 目	第 一 年	第 二 年	第 三 年
单价	150	150	150
单位变动成本	100	100	100
单位边际贡献	50	50	50
销售量	30 000	45 000	22 500
边际贡献	1 500 000	2 250 000	1 125 000
固定成本	1 000 000	1 000 000	1 000 000
息税前利润(EBIT)	500 000	1 250 000	125 000

从表3-3中可以看出,从第一年到第二年,销售量增长了50%,息税前利润增长率达到了150%;但从第二年到第三年,销售量下降了50%,息税前利润就下降了90%,这就是经营杠杆效应在企业中的体现。利用该杠杆效应,企业适当增加销售量会取得更多的息税前利润,获取经营杠杆收益。但同时必须意识到,若企业的销售量下降,息税前利润会以更大的幅度下降。

2. 经营杠杆系数及其计算

企业只要存在固定经营成本,就会存在经营杠杆效应。经营杠杆效应是可以计量的,经营杠杆效应越大,息税前利润的变动幅度相对于销售量的变动幅度就越大,企业经营风险也就越大。通常用经营杠杆系数(DOL)来计量经营杠杆效应,它是指息税前利润的变动率相对于销售量变动率的倍数,其定义公式为:

$$经营杠杆系数(DOL) = \frac{息税前利润变动率}{销售量变动率} = \frac{\dfrac{\Delta EBIT}{EBIT_0}}{\dfrac{\Delta x}{x_0}}$$

式中:DOL——经营杠杆系数;
$\Delta EBIT$——息税前利润的变动额;
$EBIT_0$——基期的息税前利润;

Δx——销售变动量；

x_0——基期销售量。

【例 3-17】 相关资料见表 3-3。要求：计算第二年和第三年的经营杠杆系数。

解：第二年经营杠杆系数 $DOL_2 = \dfrac{(1\ 250\ 000 - 500\ 000)/500\ 000}{(45\ 000 - 30\ 000)/30\ 000} = \dfrac{150\%}{50\%} = 3.0$

第三年经营杠杆系数 $DOL_3 = \dfrac{(125\ 000 - 1\ 250\ 000)/1\ 250\ 000}{(22\ 500 - 45\ 000)/45\ 000} = \dfrac{-90\%}{-50\%} = 1.8$

如果大成公司想要预测第四年的经营杠杆系数，以便衡量未来的经营风险，那么利用上式似乎是束手无策的，因为利用定义公式就必须掌握计划期和基期的息税前利润和销售量，这显然不利于对未来年度的预测。为此，要设法推导出一个更实用的公式。

假定企业的成本、销量、利润保持线性关系，变动成本比例不变，固定成本保持稳定，推导过程如下：

$$\text{经营杠杆系数}(DOL) = \dfrac{\dfrac{\Delta EBIT}{EBIT_0}}{\dfrac{\Delta x}{x_0}} = \dfrac{EBIT_1 - EBIT_0}{EBIT_0} \times \dfrac{x_0}{x_1 - x_0}$$

$$= \dfrac{m(x_1 - x_0)}{EBIT_0} \times \dfrac{x_0}{x_1 - x_0} = \dfrac{mx_0}{EBIT_0} = \dfrac{M}{M - a}$$

式中：变量下标为 0 或不加下标时代表是基期数据；下标为 1 代表是计划期数据。

从上式推导的结果来看，只要知道基期销售的相关收入和成本数据，就能预测下期企业的经营杠杆效应的大小。根据表 3-3 的资料，大成公司第四年的经营杠杆系数计算如下：

$$DOL_4 = \dfrac{(150 - 100) \times 22\ 500}{(150 - 100) \times 22\ 500 - 1\ 000\ 000} = 9$$

可见大成公司的经营杠杆系数已经很高了，这意味着企业的经营风险很大，来年销售量的微小变动，都会引起息税前利润的大幅波动。

企业可以从哪些方面控制他们的经营杠杆呢？从推导公式可以看出，企业能够通过提高产品销售额、降低产品单位变动成本、降低固定成本比重等措施来使经营杠杆系数下降，降低经营风险，但这往往会受到客观条件的制约。

3.5.3 财务杠杆

1. 财务杠杆效应的含义

在资本总额及其结构既定的情况下，由于特定财务费用的存在，息税前利润的变动会引起普通股每股利润以更大的幅度变动，这就是财务杠杆效应。

财务杠杆效应产生的原理在于企业固定的债务利息和优先股股利的存在。不论企业营业利润是多少，债务的利息和优先股的股利通常是固定不变的。当息税前利润增长时，每一元利润负担的固定财务费用就会相对减少，这样普通股每股利润就会产生额外收益，导致普通股每股利润比息税前利润的增加要更快；反之，当息税前利润减少时，每一元利润负担的固定财务费用相对增加，普通股利润大幅减少，导致其比息税前利润减少得更快。这种由于债务利息和优先股股利的存在而给普通股股东收益带来的影响，就是财务杠杆效应。如果企业没有此类固定财务费用，也就意味着企业没有财务杠杆效应，没有财务风险。

下面举例说明企业的财务杠杆效应。大成公司年债务利息为 300 000 元，所得税税率为 25%，无优先股，普通股为 250 000 股，连续 3 年普通股每股利润的相关资料见表 3-4。

表 3-4 大成公司普通股每股利润的相关资料　　　　　　　　　单位：元

项　　目	第　一　年	第　二　年	第　三　年
息税前利润（EBIT）	600 000	900 000	500 000
债务利息	300 000	300 000	300 000
税前利润	300 000	600 000	200 000
所得税（税率 25%）	75 000	150 000	50 000
税后利润	225 000	450 000	150 000
普通股每股利润（EPS）	0.9	1.8	0.6

由表 3-4 可以看出，从第一年到第二年，大成公司的 $EBIT$ 增加了 50%，EPS 增长了 100%；从第二年到第三年，$EBIT$ 减少了 44.44%，而 EPS 减少了 66.67%，显然这就是财务杠杆效应的体现。必须认识到，当企业负债经营时，在盈利增加的情况下财务杠杆可以给普通股股东带来更多的收益；但当企业盈利减少的情况下，财务杠杆对普通股股东的收益的影响将是"雪上加霜"的打击。

2. 财务杠杆系数及其计算

如前所述，只要企业的筹资方式中存在债务利息和优先股股利这样的固定财务费用支出，就会存在财务杠杆效应。财务杠杆效应同样是可以计量的，而且这种效应越大，普通股每股利润承受的波动性就越大，企业财务风险也就越大。对财务杠杆效应计量的指标是财务杠杆系数（DFL），是指普通股每股利润的变动率相对于息税前利润变动率的倍数。根据定义，其计算公式为：

$$财务杠杆系数(DFL) = \frac{普通股每股利润变动率}{息税前利润变动率} = \frac{\dfrac{\Delta EPS}{EPS_0}}{\dfrac{\Delta EBIT}{EBIT_0}}$$

式中：$\Delta EBIT$——息税前利润的变动额；
　　　$EBIT_0$——基期的息税前利润；
　　　ΔEPS——普通股每股利润变动额；
　　　EPS_0——基期普通股每股利润。

【例 3-18】 资料见表 3-4，要求：计算大成公司第二年和第三年的财务杠杆系数。

解：第二年财务杠杆系数 $DFL_2 = \dfrac{(1.8-0.9)/0.9}{(900\,000-600\,000)/600\,000} = \dfrac{100\%}{50\%} = 2.0$

第三年财务杠杆系数 $DFL_3 = \dfrac{(0.6-1.8)/1.8}{(500\,000-900\,000)/900\,000} \approx \dfrac{66.67\%}{44.44\%} \approx 1.5$

同样，要利用上述定义公式计算财务杠杆系数必须掌握基期和计划期的普通股每股利润和息税前利润，这只能是事后反映，不能进行 DFL 的预测活动。为此，仍需要推导出一个实用的计算公式。由于企业资本结构不变，所以利息费用、优先股股利相对不变，普通股股数也保持不变，推导过程如下：

$$DFL = \frac{\Delta EPS/EPS_0}{\Delta EBIT/EBIT_0}$$

$$= \frac{\frac{(EBIT_1-I)\times(1-t)-D}{N} - \frac{(EBIT_0-I)\times(1-t)-D}{N}}{\frac{(EBIT_0-I)\times(1-t)-D}{N}} \div \frac{EBIT_1-EBIT_0}{EBIT_0}$$

$$= \frac{(EBIT_1-EBIT_0)\times(1-t)}{(EBIT_0-I)\times(1-t)-D} \times \frac{EBIT_0}{EBIT_1-EBIT_0} = \frac{EBIT_0}{EBIT_0-I-\frac{D}{1-t}}$$

式中：I——债务利息；

t——所得税税率；

D——优先股股利；

N——普通股股数。

用 DFL 推导公式可以预测大成公司第四年的财务杠杆系数。根据表 3-4 的资料：

$$DFL_4 = \frac{500\,000}{500\,000-300\,000} = 2.5$$

从以上推导过程可以得出：财务杠杆系数表明的是息税前利润变动所引起的普通股每股利润的变动幅度。较高的财务杠杆系数会增加普通股每股利润，同时也会增加企业的财务风险。可以通过控制债务资本的比重来对财务杠杆系数进行适当的调整，适度负债可使财务杠杆收益抵消风险增大所带来的不利影响。

3.5.4 综合杠杆

1. 综合杠杆效应的含义

由于固定的经营成本的存在，产生了经营杠杆效应，使得销售量的变动引起息税前利润大幅度的变动；由于固定的财务费用（债务利息和优先股股利）的存在产生了财务杠杆效应，使得息税前利润的变动引起普通股每股利润大幅度的变动。如果两种杠杆同时发挥作用，那么销售量的变动会引起普通股每股利润以更大的幅度变动。通常把这两种杠杆的连锁作用称为综合杠杆效应。

2. 综合杠杆系数及其计算

只要企业存在固定生产经营成本和固定财务成本，就会存在综合杠杆效应。通常用综合杠杆系数来计量综合杠杆效应，也称为复合杠杆系数（DTL），即普通股每股利润的变动率相对于销售量变动率的倍数，其定义公式为：

$$综合杠杆系数(DTL) = \frac{普通股每股利润变动率}{销售量变动率} = \frac{\frac{\Delta EPS}{EPS_0}}{\frac{\Delta x}{x_0}}$$

进一步可以推导出:

$$DTL = \frac{\frac{\Delta EPS}{EPS_0}}{\frac{\Delta x}{x_0}} = \frac{\Delta EBIT/EBIT_0}{\Delta x/x_0} \times \frac{\Delta EPS/EPS_0}{\Delta EBIT/EBIT_0} = DOL \times DFL$$

$$= \frac{M_0}{EBIT_0} \times \frac{EBIT_0}{EBIT_0 - I - \frac{D}{1-t}} = \frac{M_0}{EBIT_0 - I - \frac{D}{1-t}}$$

可见,综合杠杆系数可以由经营杠杆系数与财务杠杆系数相乘得到,也可以由基期相关数据直接计算得到。

例如,大成公司的经营杠杆系数为2,财务杠杆系数为1.5,则综合杠杆系数为2×1.5=3。

综合杠杆系数的意义在于:它能够估计出销售变动对普通股每股利润造成的影响;其次它表明了经营杠杆和财务杠杆之间的相互关系,即为了达到某一综合杠杆系数,经营杠杆和财务杠杆可以有不同的组合。例如,经营杠杆系数比较高的企业可以在较低程度上使用财务杠杆;而经营杠杆系数较低的企业可以在较高程度上使用财务杠杆。这些需要公司综合考虑后做出选择。

3.6 资本结构及其优化

3.6.1 资本结构的概念

当企业成立或投资扩张时,就需要增加资本,而这种资本可以来自于权益和债务。那么,一种筹资方式是否优于另一种筹资方式? 如果是这样,企业是否应该全部采用权益筹资或全部采用债务筹资? 如果不是这样,权益资本和债务资本应进行怎样的组合才能达到最优? 事实上,这些就是有关资本结构决策的问题。

资本结构是指企业各种来源的长期资本的构成及其比例关系。资本结构是否合理会影响企业资本成本的高低、财务风险的大小以及投资者的收益,是企业筹资管理的核心问题。由于企业资本主要包括债务资本和权益资本两类,所以资本结构研究的主要是债务资本比例问题,即负债在全部资本中所占的比重。资本结构决策涉及的主要是风险和收益之间的权衡与取舍:企业采用较多的债务会增加企业的财务风险;然而,在通常情况下,采用较多的债务能提高权益资本的报酬率(财务杠杆利益),还有一定的抵税收益。因此,企业最优的资本结构必须在风险和收益之间进行权衡来确定。

注意: 由于短期资本的需要量和筹集是经常变化的,且在整个资本总量中所占的比重不稳定,所以不列为资本结构的管理范围。

3.6.2 优化资本结构的方法

所谓最优资本结构，是指在一定条件下使企业综合资本成本最低、企业价值最大的资本结构。其判断标准通常有 3 个：有利于最大限度地增加所有者财富，能使企业价值最大化；企业综合资本成本最低；资产要保持适宜的流动，并使资本结构具有弹性。优化资本结构的方法包括比较综合资本成本法和每股利润无差别点分析法。

1. 比较综合资本成本法

该方法的思路是：以综合资本成本的高低作为确定最优资本结构的唯一标准。当企业对不同筹资方案做出选择时，先分别计算各备选方案的综合资本成本，并将其中综合资本成本最低的资本组合作为最优资本结构。

【例 3-19】 某企业 2014 年年末的资本结构如下。

资本来源：

普通股 80 万股（面值 10 元，筹资费率 2%）	800 万元
长期借款年利率 7%（无筹资费用）	300 万元
长期债券年利率 9%（筹资费率 2%）	500 万元
合计	1 600 万元

预计 2015 年普通股股利为 0.8 元，每年股利增长率为 3%，所得税税率为 25%。该企业现拟增资 500 万元，有以下两个方案可供选择。

甲方案：发行长期债券 500 万元，年利率 10%，筹资费率 2%。普通股每股股利增加到 1 元，以后每年增长 4%。

乙方案：发行长期债券 200 万元，年利率 10%，筹资费率 2%。另以每股 15 元发行普通股 300 万元，筹资费率 2%，普通股每股股利增长到 1 元，以后仍保持 3% 的增长率。

要求：

(1) 计算该企业 2015 年年初综合资本成本。

(2) 试做出增资方案的决策。

解：

(1) 2015 年年初综合资本成本计算如下。

普通股资本成本 $= \dfrac{0.8}{10 \times (1-2\%)} + 3\% \approx 11.16\%$

长期借款资本成本 $= 7\% \times (1-25\%) = 5.25\%$

长期债券资本成本 $= \dfrac{9\% \times (1-25\%)}{1-2\%} \approx 6.89\%$

综合资本成本 $= 11.16\% \times \dfrac{800}{1\,600} + 5.25\% \times \dfrac{300}{1\,600} + 6.89\% \times \dfrac{500}{1\,600} \approx 8.72\%$

(2) 增资方案决策分析如下。

甲方案：

普通股资本成本 $= \dfrac{1}{10 \times (1-2\%)} + 4\% \approx 14.20\%$

长期借款资本成本＝5.25%

旧债券资本成本≈6.89%

新债券资本成本＝$\dfrac{10\%\times(1-25\%)}{1-2\%}$≈7.65%

若选择甲方案，则：

企业综合资本成本＝14.20%×$\dfrac{800}{2\,100}$＋5.25%×$\dfrac{300}{2\,100}$＋6.89%×$\dfrac{500}{2\,100}$＋7.65%×$\dfrac{500}{2\,100}$

≈9.62%

乙方案：

新普通股资本成本＝$\dfrac{1}{15\times(1-2\%)}$＋3%≈9.80%

长期借款资本成本＝5.25%

旧债券资本成本≈6.89%

新债券资本成本≈7.65%

若选择乙方案，则：

企业综合资本成本＝9.80%×$\dfrac{800+300}{2\,100}$＋5.25%×$\dfrac{300}{2\,100}$＋6.89%×$\dfrac{500}{2\,100}$＋

7.65%×$\dfrac{200}{2\,100}$≈8.25%

由以上计算结果可以看出，乙方案的综合资本成本低于甲方案，应采用乙方案进行增资。

综合资本成本法通俗易懂，计算过程也不是十分复杂，是确定资本结构的一种常用方法。因拟订的方案数量有限，故有漏掉最优方案的可能性。该法一般适用于资本规模较小、资本结构较为简单的非股份制企业。

2. 每股利润无差别点分析法

这种方法是从普通股的收益角度来考虑最优资本结构的，认为资本结构是否最优可以通过它是否能提高普通股每股利润来衡量。每股利润无差别点分析是指将息税前利润和普通股每股利润结合起来，以确定两种筹资方式下每股利润相等时的息税前利润，将该息税前利润作为资本结构优劣的分界点来判断在什么情况下运用债务比重大的筹资、在什么情况下运用权益比重大的筹资。

该方法测算每股利润无差别点的计算公式为：

$$\dfrac{(EBIT-I_1)(1-t)-D_1}{N_1}=\dfrac{(EBIT-I_2)(1-t)-D_2}{N_2}$$

式中：$EBIT$——每股利润无差异点的息税前利润；

I_1、I_2——两种筹资方式下的年利息；

D_1、D_2——两种筹资方式下的优先股股利；

N_1、N_2——在两种筹资方式下流通在外的普通股股数；

t——企业所得税税率。

将每股利润无差别点的息税前利润与企业预期息税前利润相比,当预期息税前利润大于无差别点息税前利润时,应采用债务比重大的筹资方式;当预期息税前利润小于无差别息税前利润时,应采用权益比重大的筹资方式。

每股利润无差别点分析图如图3.7所示。

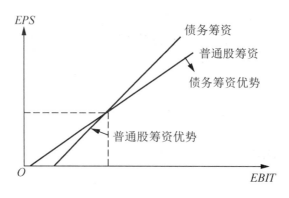

图 3.7　EBIT－EPS 分析图

【例 3－20】　大成公司现有的资产总额为 2 000 万元,负债比率为 40%,年利率为 8%,普通股为 100 万股。为扩大生产规模拟筹集资金 400 万元,筹集资金的方式可采用增发普通股或长期借款方式。若采用增发普通股的方式,则计划以每股 10 元的价格增发 40 万股;若采用长期借款的方式,则以 10% 的年利率借入 400 万元。假设资金投入之后预期息税前利润为 500 万元,所得税税率为 25%。要求:采用每股利润无差别点分析法分析应采用何种方式筹资?

解:若采用增发股票方式,股票总数＝100＋40＝140(万股)

债券年利息＝2 000×40%×8%＝64(万元)

若采用长期借款方式,股票总数不变,债券利息＝64＋400×10%＝104(万元)

代入每股利润无差别点公式:

$$\frac{(EBIT-64)(1-25\%)}{100+40}=\frac{(EBIT-64-40)(1-25\%)}{100}$$

解得 $EBIT=204$(万元),此时两种筹资方式的 EPS 相等,为 0.75 元。

该企业预计息税前利润为 500 万元,大于每股利润无差别点息税前利润 204 万元,因此,应选择债务筹资的方式。

资本结构决策是企业财务管理中比较复杂的内容。上述两种优化资本结构的方法直接以加权平均成本最低或普通股每股利润最大为依据,虽然集中考虑了资本成本与财务杠杆利益,但仍有局限性。首先,它们都仅从有限个方案中选出最优方案,因此只能是"较优",不可能是"最优"。其次,它们与财务管理的目标——企业价值最大化不可能完全一致。第一种方法,综合资本成本最低,并不能保证股东财富最大;第二种方法,只能假定普通股每股利润越高,每股市价越高,从而股东财富越大。然而,企业股价的高低受到多种因素的影响。因此,企业在进行资本结构决策时,还是要权衡利弊,统筹安排,并最终选择合适的筹资方案。

本章知识结构图

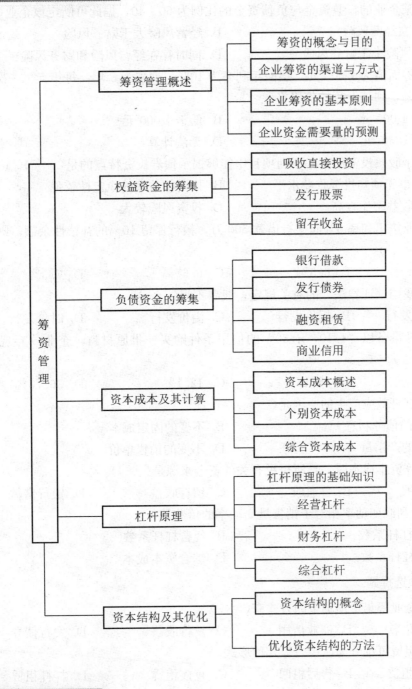

课后练习题

一、单项选择题

1. 下列各项中,不影响经营杠杆系数的是( )。

A. 产品销量数量 B. 利息费用
C. 固定成本 D. 产品销售价格

2. 假定某企业的权益资金与负债资金的比例为60∶40，据此可断定该企业（　　）。
A. 只存在经营风险 B. 经营风险大于财务风险
C. 经营风险小于财务风险 D. 同时存在经营风险和财务风险

3. 某债券面值为1 000元，票面年利率为10%，期限为5年，每年支付一次利息。若市场利率为12%，则其发行的价格将（　　）。
A. 等于1 000元 B. 低于1 000元
C. 高于1 000元 D. 无法计算

4. 相对于股票投资而言，下列项目中能够揭示债券投资特点的是（　　）。
A. 无法事先预知投资收益水平 B. 投资收益率的稳定性较强
C. 投资收益率比较高 D. 投资风险较大

5. 某企业按年利率6%向银行借款500万，银行保留10%的补偿性余额，则该项借款的实际利率为（　　）。
A. 6% B. 6.5% C. 6.67% D. 7.3%

6. 根据我国《证券法》的有关规定，股票不得（　　）。
A. 平价发行 B. 折价发行 C. 溢价发行 D. 时价发行

7. 某企业准备以"1/10，n/30"的信用条件购买一批原材料，企业放弃现金折扣的机会成本是（　　）。
A. 1% B. 18.18% C. 12.1% D. 36.73%

8. 经营杠杆效应产生的原因是（　　）。
A. 不变的债务利息 B. 不变的固定成本
C. 不变的产销量 D. 不变的销售单价

9. 在计算资本成本时，与所得税有关的资金来源是（　　）。
A. 优先股 B. 普通股 C. 留存收益 D. 银行借款

10. 每股利润变动率相对于销售量变动率的倍数是（　　）。
A. 综合杠杆系数 B. 经营杠杆系数
C. 财务杠杆系数 D. 综合资本成本

二、多项选择题

1. 属于企业筹集负债资金的方式有（　　）。
A. 长期借款 B. 商业信用 C. 发行股票 D. 发行债券

2. 融资租赁可细分为（　　）等几种形式。
A. 经营租赁 B. 售后租回 C. 直接租赁 D. 杠杆租赁

3. 在计算下列各项资金的筹资成本时，需要考虑筹资费用的有（　　）。
A. 普通股 B. 债券 C. 长期借款 D. 留存收益

4. 关于综合杠杆系数，下列说法中正确的是（　　）。
A. 反映普通股每股利润变动率与息税前利润变动率之间的比率
B. 反映产销量变动对普通股每股利润的影响

C. 综合杠杆系数越大，企业的风险越大
D. 综合杠杆系数等于经营杠杆系数与财务杠杆系数之积

5. 企业吸收居民个人资金，可以采用的筹资方式有（　　）。
A. 吸收直接投资　　　　　　　　B. 发行股票
C. 商业信用　　　　　　　　　　D. 发行公司债券

6. 杠杆租赁方式涉及的当事人有（　　）。
A. 承租人　　B. 出租人　　C. 中介机构　　D. 资金出借人

7. 企业发行票面利率为 i 的标准付息债券时，市场利率为 k，下列说法中正确的有（　　）。
A. 若 $i<k$，债券溢价发行　　　　B. 若 $i>k$，债券折价发行
C. 若 $i>k$，债券溢价发行　　　　D. 若 $i<k$，债券折价发行

8. 下列项目中，属于资本成本中筹资费用的有（　　）。
A. 证券发行费用　　　　　　　　B. 股利
C. 银行借款手续费　　　　　　　D. 债务利息

9. 影响企业综合资本成本的有（　　）。
A. 筹集资金总额　　　　　　　　B. 个别资本成本的高低
C. 筹资时间的长短　　　　　　　D. 各种资本所占的比重

10. 财务杠杆效应产生的原因是（　　）。
A. 不变的固定经营成本　　　　　B. 不变的优先股股利
C. 不变的债务利息　　　　　　　D. 不变的销售量

三、判断题

1. 留存收益的资金成本是投资者放弃其他投资机会而应得的报酬，是一种机会成本。（　　）
2. 普通股投资风险最大，而筹资风险最小。（　　）
3. 在债券面值和票面利率一定的情况下，市场利率越高，债券的发行价格越低；反之，市场利率越低，则债券的发行价格越高。（　　）
4. 债券利息和优先股股利都作为财务费用在所得税前支付。（　　）
5. 发行普通股所筹集的资金在公司存续期间不需要偿还，因此是不需要成本的。（　　）
6. 尽管融资租赁比借款购置设备更迅速、更灵活，但租金也比借款利息高很多。（　　）
7. 在其他因素不变的情况下，固定成本越大，经营杠杆系数就越大，经营风险也越大。（　　）
8. 当预计的息税前利润小于每股利润无差别的息税前利润时，负债筹资下的每股利润较大。（　　）
9. 如果企业的债务资金为零，则财务杠杆系数必然等于1。（　　）
10. 资本成本的计算结果只会影响筹资方案的选择。（　　）

四、计算分析题

1. 中宇公司 2014 年度实现销售收入 500 万元，获得税后净利 50 万元，发放股利 35 万元，年末资产负债表如下。

2014 年 12 月 31 日　　　　　　　　　　　　　　　　　　　单位：万元

资产		负债及所有者权益	
货币资金	100	短期借款	50
应收账款	80	应付账款	100
存货	200	长期借款	200
固定资产净值	300	实收资本	300
无形资产	30	留存收益	60
资产合计	710	负债及所有者权益合计	710

该公司预计 2015 年度销售收入增长到 600 万，现有机器设备能够满足生产需要，销售净利率与股利支付率保持 2014 年的水平。

要求：用销售百分比法预测中宇公司 2015 年需要向外部追加筹集多少资金。

2. 大成公司与银行协定的周转信贷额度为 800 万元，承诺费率为 4%，该公司年度实际借款额为 750 万元。

要求：计算该公司应向银行支付的承诺费是多少。

3. 大成公司拟发行面值为 1 000 元的债券，该债券期限为 3 年，票面利率为 7%，每年年末付息，到期还本。

要求：计算当发行时市场利率分别为 6%、7%、8% 时，该债券的发行价格。

4. 大成公司向租赁公司承租一套大型设备，设备原价为 300 万元，租赁期为 8 年，期满时该设备的转让价为 20 万元。借款年利率按 7% 计算，租赁手续费为设备原价的 3%，租金每年年末付一次。

要求(计算结果保留两位小数)：

(1) 采用平均分摊法计算每年应交租金数额。

(2) 租赁双方协商综合租赁费率为 10%，采用等额年金法，计算每年年末应交租金数额。

(3) 如果租金每年年初支付，其他条件和要求同(2)，计算每年年初应交租金数额。

5. 大成公司只生产和销售甲产品，其总成本习性模型为 $y=8\,000+4x$。假定该公司 2014 年度产品销售量为 12 000 件，每件售价为 6 元，按市场预测 2015 年产品的销售数量将增长 10%。

要求：

(1) 计算 2014 年该公司的边际贡献总额。

(2) 计算 2014 年该公司的息税前利润。

(3) 计算 2015 年的经营杠杆系数。

(4) 计算 2015 年息税前利润增长率。

6. 某企业 2015 年年初的资本结构如下。

资金来源：

长期债券(年利率 5%)　　　　　400 万元

优先股(年股利率 8%)　　　　　100 万元

普通股(10万股)　　　　　　　500万元
合计　　　　　　　　　　　　1 000万元

普通股每股面值50元,今年希望每股股利达到4元,预计以后每年股利率将持续增长3%,发行各种证券的筹资费率均为2%,所得税税率为25%。

该企业拟增资600万元,有如下两个方案可供选择。

甲方案:发行长期债券600万元,年利率为7%,此时企业原普通股每股股利将增加到5元,以后每年的增长率仍为3%。

乙方案:发行长期债券300万元,年利率为6%,同时以每股60元的价格发行普通股300万元,普通股股利增加到4.5元,以后仍保持3%的增长率。

要求:

(1) 计算该企业2015年年初的综合资本成本。

(2) 比较甲、乙方案的综合资本成本,做出决策。

7. 大成公司资金总额为700万元,其中普通股本为400万元,每股价格为16元,长期借款300万元,年利率为7%,所得税税率为25%。该公司准备再筹资400万。有以下两个方案可供选择。

方案一:发行债券400万元,年利率为8%。

方案二:发行普通股400万元,每股发行价格为20元。

要求:

(1) 计算两种筹资方案的每股利润无差别点。

(2) 如果该公司预计的息税前利润为120万元,确定最佳的筹资方式。

8. 三利公司2015年年初的资本结构如下。

资金来源:

长期债券(年利率8%)　　　　2 000万元
普通股(4500万股)　　　　　 9 000万元
留存收益　　　　　　　　　　4 000万元
合计　　　　　　　　　　　　15 000万元

因公司扩大生产规模的需要,准备增加资金5 000万元。公司面临以下两个筹资方案待选择。

甲方案:按面值发行每年年末付息、票面利率为10%的公司债券5 000万元。

乙方案:增发1 000万股普通股,每股市价5元。

假定公司所得税税率为25%,股票与债券的发行费用均忽略不计。

要求:

(1) 计算两种筹资方案下的每股利润无差别点的息税前利润。

(2) 计算甲方案在每股利润无差别点的财务杠杆系数。

(3) 如果公司息税前利润预计达到2 800万元,公司应采用的筹资方案。

(4) 如果公司息税前利润预计达到3 200万元,公司应采用的筹资方案。

(5) 若公司预计息税前利润在每股利润无差别点上增长8%,计算采用甲方案每股利润的增长幅度。

第4章

项目投资管理

XIANGMU TOUZI GUANLI

【学习目标】

(1) 了解项目投资的概念、类型及项目投资决策的程序。
(2) 理解现金流量的概念及构成内容。
(3) 掌握现金净流量的确定方法。
(4) 掌握各种非折现指标与折现指标的含义及其计算方法。
(5) 掌握项目投资决策评价指标的应用,并能做出项目投资决策。

【本章提要】

投资是一颗金色的种子,播下了只为收获成功和希望。未来有几多风雨?需要深思熟虑,慎重安排,使企业茁壮成长。企业投资的项目是否成功主要取决于企业投资项目未来现金净流量的现值与原始投资现值的比较。当然,企业项目投资过程中还受到未来面临的风险大小的影响。

项目投资管理的基本指标是用来评价项目是否值得投资的依据,折现指标是主要评价指标,非折现指标作为辅助指标,可对项目的投资决策起参考作用。在利用评价指标进行项目投资决策的过程中,还必须理解项目投资中现金流量的概念及其构成内容,以达到对整个项目投资过程中收益和风险的了解。

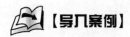【导入案例】

华丽家族 2013 年 11 月 22 日晚间发布定增预案,公司拟以每股不低于 4.17 元的价格,非公开发行不超过 45 563 万股,募资总额不超过 19 亿元,用于开发太上湖项目及补充流动资金。太上湖项目的定位是"刚需房",房型主要以小户型为主,其中 90 平方米及以下户型占 82%,预计未来销售单价为 6 000~7 000 元每平方米,以首次购买自住房屋的年轻家庭为主要客户群体。项目分 A 地块、2 地块及 B 地块,拟投入金额分别为 5 亿元、10 亿元和 2 亿元。据公司预计,上述项目将实现销售收入总计 41.04 亿元,实现净利润总计 5.35 亿元。

此外,为保证公司现有项目的顺利运转,并加大未来项目开发、建设和销售力度,公司需要更多的流动资金用于项目的经营管理、市场营销和必要的项目开发配套工作。公司拟投入 2 亿元募集资金用于补充公司流动资金……那么,在项目投资管理中,财务人员应该如何进行项目可行性分析?

 4.1 项目投资概述

4.1.1 项目投资的含义与类型

投资是实现企业目标、增加股东财富、提高企业价值的基本途径,是推动企业发展的必要手段,也是企业降低风险的重要方法。从广义上来说,投资是指企业为了在未来取得收益而发生的投入财力的行为,包括用于机器、设备、厂房的购建与更新改造等生产性资产的投资,简称项目投资;也包括购买债券、股票等有价证券的投资和其他类型的投资。

本章所介绍的项目投资是一种以特定项目为对象、直接与新建项目或更新改造项目有关的长期投资行为。项目投资对企业的生存和发展具有重要意义,是企业开展正常生产经营活动的必要前提,是推动企业生产和发展的重要基础,是提高产品质量、降低产品成本不可缺少的条件,是增加企业市场竞争能力的重要手段。

项目投资主要分为新建项目和更新改造项目。

1. 新建项目

新建项目是以新增生产能力为目的的外延式扩大再生产。新建项目按其涉及的内容又可细分为单纯固定资产投资项目和完整工业投资项目。

(1) 单纯固定资产投资项目简称固定资产投资,其特点在于:在投资过程中只包括为取得固定资产而发生的垫支资本投入而不涉及周转资本的投入。

(2) 完整工业投资项目,其特点在于:不仅包括固定资产投资,而且涉及流动资金投资,甚至包括无形资产等其他长期资产投资。

本章重点介绍新建项目。

2. 更新改造项目

更新改造项目是以恢复或改善生产能力为目的的内涵式扩大再生产。因此,不能将项目投资简单地等同于固定资产投资。

4.1.2 项目投资的特点

与其他投资形式相比,项目投资是一种长期投资行为,具有如下特点。

1. 投资回收期长

项目投资的回收期都超过一年,有的甚至达到几十年,各个投资方案的经济寿命也各不相同。投资一旦完成,就会在较长时期内对企业的生产经营产生影响:①项目投资支出主要是资本性支出,会使企业在一个较长时期内增加一部分固定成本支出,如果不能充分利用投资形成的生产经营能力,企业固定成本负担重,就有可能造成长期亏损;②项目投资作为一项数额较大的预付成本,一旦支出就意味着大量资金凝固起来,这有可能使得企业在一定时期内资金调度相对紧张;③项目本身可能会给企业带来长期的经济效益。

2. 投资数额大

项目投资需要较多的资金,需要进行专门的筹资活动,而其效益往往需要较长的时间才能全部得以实现,对企业资金结构和财务状况都有很大的影响。

3. 变现能力差

项目投资一旦完成,一般会形成企业的长期资产,其变现能力差,不容易改变用途。

4. 投资风险大

由于未来收益的不确定性,如市场需求、国家政策等都会发生变化,因此,项目投资的风险特别大,一旦决策失误,则会对企业的财务状况和未来生存发展产生严重的影响。

4.1.3 项目计算期

项目计算期是指投资项目从投资建设开始到最终清理结束的全部时间,用 n 表示。

项目计算期通常以年为单位,第零年称为建设起点,若建设期不足半年,可假定建设期为零。项目计算期最后一年,即第 n 年年末称为终结点,可假定项目最终报废或清理均发生在终结点,但更新改造项目除外。

项目计算期包括建设期 s 和生产经营期 p,从项目投产日到终结点的时间间隔称为生产经营期,也称为寿命期,项目计算期示意图如图 4.1 所示。由此可得:

$$项目计算期(n) = 建设期(s) + 经营期(p)$$

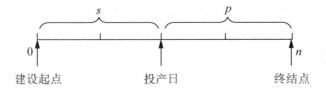

图 4.1 项目计算期示意图

4.1.4 项目投资的程序

1. 项目投资的设计

投资规模较大，所需资金较多的战略性项目，应由董事会提议，并由各部门专家组成专家小组提出方案并进行可行性研究；投资规模较小，投资金额不大的战术性项目由主管部门提议，并由有关部门组织人员提出方案并进行可行性研究。

2. 项目投资的决策

（1）估算出投资方案的预期现金流量。
（2）预计未来现金流量的风险，并确定预期现金流量的概率分布和期望值。
（3）确定资本成本的一般水平，即折现率。
（4）计算投资方案现金流入量和流出量的总现值。
（5）通过项目投资决策评价指标的计算，做出投资方案是否可行的决策。

3. 项目投资的执行

对已做出可行决策的投资项目，企业管理部门要编制资金预算，并筹措所需要的资金。在投资项目实施过程中，要进行控制和监督，使之按期按质完工，并投入生产，为企业创造经济效益。

4.2 现金流量的确定

案例阅读

作为房地产行业的"翘楚"，万科从20世纪80年代成立至今，一直专注于专业化的发展策略，凭借公司战略、品牌效应等优势，经营业绩连上台阶。但由于行业增速过快，房地产企业繁荣发展的背后却隐藏着许多危机。一场金融风暴成了催化剂，危机也渐渐浮出水面，现金流结构性失衡等问题再度成为房地产企业关注的焦点。因此，包括万科在内的房地产企业纷纷反思企业传统经营模式形成的内部"供血"系统是否正常、"血量"是否充足、能否抵御市场的"寒流"等问题。那么，到底什么是现金流量，它包括哪些内容，判断企业现金流是否合适的标准又是什么？

在进行项目投资决策时，首要环节就是估计投资项目的现金流量。所谓现金流量是指投资项目在其计算期内因资金循环而引起的现金流入和现金流出增加的数量。这里的"现金"概念是广义的，包括各种货币资金及与投资项目有关的非货币资产的变现价值。

现金流量包括现金流入量、现金流出量和现金净流量3个具体概念。

4.2.1 现金流入量

现金流入量是指投资项目实施后在项目计算期内所引起的现金收入的增加额，简称现金流入。其包括以下几方面。

1. 营业收入

营业收入是指项目投产后每年实现的全部营业收入。为简化核算，假定在正常经营年度内，每期发生的赊销额与回收的应收账款大致相等。营业收入是经营期主要的现金流入量项目。

2. 固定资产的余值

固定资产的余值是指投资项目的固定资产在终结报废清理时的残值收入，或中途转让时的变价收入。

3. 回收的流动资金

回收的流动资金是指投资项目在项目计算期结束时，收回原来投放在各种流动资产上的营运资金。固定资产的余值和回收的流动资金统称为回收额。

4. 其他现金流入量

其他现金流入量是指除以上 3 项内容以外的现金流入量项目。

4.2.2 现金流出量

现金流出量是指投资项目实施后在项目计算期内所引起的现金流出的增加额，简称现金流出。其包括以下几方面。

1. 建设投资（含更新改造投资）

建设投资是建设期发生的主要现金流出量，包括以下 3 种投资：
（1）固定资产投资，包括固定资产的购置成本或建造成本、运输成本、安装成本等。
（2）无形资产投资。
（3）其他长期资产投资。

2. 垫支的流动资金

垫支的流动资金是指投资项目建成投产后为开展正常生产经营活动而投放在流动资产（存货、应收账款等）上的营运资金。

建设投资与垫支的流动资金合称为项目的原始总投资。

3. 付现成本（或经营付现成本）

付现成本是指在经营期内为满足正常生产经营活动而需要用现金支付的成本。它是生产经营期内最主要的现金流出量，用公式可表示为：

付现成本＝外购原材料、燃料、动力费＋工资及福利费＋修理费＋其他付现费用
　　　　＝变动成本＋付现的固定成本
　　　　＝总成本－非付现成本（折旧额及摊销额）

4. 所得税额

所得税额是指投资项目建成投产后,因应纳税所得额增加而增加的所得税。

5. 其他现金流出量

其他现金流出量是指不包括在以上内容中的现金流出项目。

大成公司在建设起点投入固定资产 550 万元,在建设期末投入无形资产 100 万元,并垫支流动资金 150 万元,建设期为 2 年。预计项目使用寿命为 10 年,固定资产净残值为 50 万元。项目投产后第 1—5 年每年预计外购原材料、燃料和动力费为 100 万元,工资及福利费为 70 万元,修理费为 10 万元,其他付现费用为 20 万元,每年折旧费为 50 万元,无形资产摊销额为 10 万元;第 6—10 年每年总成本费用为 280 万元,每年预计外购原材料、燃料和动力费为 120 万元,每年折旧费为 50 万元,无形资产摊销额为 10 万元。投资项目投产后第 1—5 年每年预计营业收入(不含增值税)为 400 万元,第 6—10 年每年预计营业收入(不含增值税)为 620 万元,适用的企业所得税税率为 25%。

讨论并计算以下该项目的有关指标:

(1) 判断投资项目属于哪种类型,并计算项目计算期、建设投资额及原始投资额。
(2) 投产后各年的经营付现成本、总成本费用。
(3) 投产后各年的税前利润、应交所得税、净利润。

4.2.3 确定现金流量时的基本假设

由于项目投资的现金流量的确定是一项很复杂的工作,为了便于确定现金流量的具体内容,简化现金流量的计算过程,本章特作以下假设。

1) 全投资假设

假设在确定项目的现金流量时,站在企业作为投资主体的角度,考虑全部投资的运行情况,不论是自有资金还是借入资金等具体形式的现金流量,都将其视为自有资金。

2) 建设期投入全部资金假设

项目的原始总投资不论是一次投入还是分次投入,均假设它们是在建设期内投入的,经营期不会发生追加的原始投资。

3) 项目投资的经营期与折旧年限一致假设

假设投资项目固定资产的折旧年限或使用年限与其经营期相同,不会出现固定资产提前报废(更新改造项目除外)。

4) 时点指标假设

现金流量的具体内容所涉及的价值指标,不论时点指标还是时期指标,均假设按照年初或年末的时点处理。其中,建设投资在建设期内有关年度的年初发生;垫支的流动资金在建设期的最后一年年末即经营期的第一年年初(投产日)发生;经营期内各年的营业收入、付现成本、折旧(摊销等)、利润、所得税等项目的确认均在年末发生;项目最终报废或清理(中途出售项目除外)、回收流动资金均发生在经营期最后一年年末。

5) 确定性假设

假设与项目现金流量估算有关的价格、产销量、成本水平、所得税率等因素均为已知常数。

4.2.4 现金净流量

1. 现金净流量 NCF(Net Cash Flow)的含义及特征

现金净流量是指投资项目在项目计算期内由每年的现金流入量和同年的现金流出量的净额组成的系列指标。

现金净流量的计算公式为：

现金净流量(NCF_t)＝该年现金流入量 CI_t－该年现金流出量 CO_t($t=0,1,\cdots,n$)

当流入量大于流出量时，净流量为正值；反之，净流量为负值。

由于在建设期一般没有现金流入量，所以建设期的现金净流量一般为负值或零，经营期的现金净流量一般为正值。

2. 现金净流量的确定

现金净流量可分为建设期现金净流量和经营期现金净流量。而经营期现金净流量又分为经营期营业现金净流量和经营期终结现金净流量。

1) 建设期现金净流量的计算

$$现金净流量 = -该年发生的原始投资额$$

建设期现金净流量取决于原始投资的投入方式是一次投入还是分次投入，若投资额是在建设期一次性全部投入的，上述公式中的该年投资额即为原始总投资。

2) 经营期营业现金净流量的计算

经营期营业现金净流量是指投资项目投产后，在经营期内由于生产经营活动而产生的现金净流量，其计算公式为：

$$现金净流量 = 营业收入-(付现成本+所得税)$$
$$= 营业收入-(总成本费用-折旧额-摊销额)-所得税$$
$$= (营业收入-总成本费用-所得税)+折旧额+摊销额$$
$$= 净利润+折旧额+摊销额$$

3) 经营期终结现金净流量的计算

终结现金净流量是指投资项目在项目计算期结束时所发生的现金净流量，其计算公式为：

$$现金净流量 = 营业现金净流量+回收额$$

【例 4-1】 大成公司拟购建新的生产线，投资 100 万元，直线法计提折旧，使用寿命为 10 年，预计投产后年获净利润为 10 万元，假定不考虑其他因素，要求就下列各不相关情况计算确定现金净流量。

（1）在建设起点投入 100 万元自有资金，当年完工并投产，期末无残值。

（2）建设期为 1 年，期满有净残值 10 万元，其余条件同(1)。

（3）建设期为 1 年，年初年末分别投入 50 万元自有资金，期满有净残值 10 万元，其余条件同(1)。

解：

(1) 项目计算期＝10(年)

固定资产的年折旧＝100/10＝10(万元)

则：$NCF_0 = -100$(万元)

$NCF_{1-10} = 10 + 10 = 20$(万元)

(2) 项目计算期＝1＋10＝11(年)

固定资产的年折旧＝(100－10)/10＝9(万元)

则：$NCF_0 = -100$(万元)

$NCF_1 = 0$

$NCF_{2-10} = 10 + 9 = 19$(万元)

$NCF_{11} = 19 + 10 = 29$(万元)

(3) 项目计算期＝1＋10＝11(年)

固定资产的年折旧＝(100－10)/10＝9(万元)

则：$NCF_0 = -50$(万元)

$NCF_1 = -50$(万元)

$NCF_{2-10} = 10 + 9 = 19$(万元)

$NCF_{11} = 19 + 10 = 29$(万元)

【例4-2】 大成公司某项目原始投资总额为150万元，其中固定资产投资额为110万元，建设期为2年，于建设起点分2年平均投入。无形资产投资额为20万元，于建设起点投入。流动资金投资额为20万元，于投产开始垫付。该项目经营期为10年，固定资产按直线法计提折旧，期满有10万元净残值；无形资产于投产开始分5年平均摊销；流动资金在项目终结时可一次性全部收回，另外，预计项目投产后，前5年每年可获得40万元的营业收入，并发生38万元的总成本；后5年每年可获得60万元的营业收入，发生25万元的变动成本和15万元的付现固定成本。假设企业所得税税率为25％。

要求：计算该项目投资在项目计算期内各年的现金净流量。

解：

(1) 建设期现金净流量。

$NCF_0 = -55 - 20 = -75$(万元)

$NCF_1 = -55$(万元)

$NCF_2 = -20$(万元)

(2) 经营期现金净流量。

固定资产年折旧额 $= \dfrac{110-10}{10} = 10$(万元)

经营期前5年无形资产每年摊销额 $= \dfrac{20}{5} = 4$(万元)

$NCF_{3-7} = (40-38) \times (1-25\%) + 10 + 4 = 15.5$(万元)

$NCF_{8-11} = (60-25-15-10) \times (1-25\%) + 10 = 17.5$(万元)

(3) 经营期终结现金净流量。

$NCF_{12} = 17.5 + 10 + 20 = 47.5$(万元)

4.3 财务可行性分析指标的计算及其评价

案例阅读

世界著名的咨询公司美国兰德公司曾说,世界上每100家破产的大企业中,85%是由管理者经营决策不当所造成的。作为某企业的财务经理,假如有两个或两个以上不同的方案,应该如何选择?为了客观、科学地分析评价各种投资方案是否可行,一般应使用不同的指标,从不同的侧面或角度反映投资方案的内涵。

项目投资决策评价指标是衡量和比较投资项目财务可行性并据以进行方案决策的定量化标准与尺度,它是由一系列综合反映投资效益、投入产出关系的量化指标构成的。项目投资决策评价指标根据是否考虑资金的时间价值可分为非折现指标和折现指标两大类。

4.3.1 非折现指标

非折现指标也称为静态指标,是指没有考虑资金时间价值因素的指标,主要包括投资利润率、静态投资回收期等指标。

1. 投资利润率

投资利润率(ROI)又称为投资报酬率,是指投资项目的年平均利润额占投资总额的百分比。投资利润率的决策标准是:计算出的投资利润率应与行业的标准投资利润率或行业的平均投资利润率进行比较,若大于(或等于)标准投资利润率或平均投资利润率,则认为项目是可行的;若小于标准投资利润率或平均投资利润率,则认为项目是不可行的;若投资项目的投资利润率都大于(或等于)标准投资利润率或平均投资利润率,则投资利润率越高越好。

投资利润率的计算公式为:

$$投资利润率 = \frac{年平均利润额}{投资总额} \times 100\%$$

注意:上述公式中分子是平均利润,不是现金净流量,不包括折旧等。

【例4-3】 某企业有甲、乙两种投资方案,投资总额均为10万元,全部用于购置新设备,采用直线法计提折旧,使用期均为5年,无残值,其他相关资料见表4-1。

表4-1 相关资料表 单位:元

项目计算期	甲 方 案		乙 方 案	
	利 润	现金净流量(NCF)	利 润	现金净流量(NCF)
0		−100 000		−100 000
1	15 000	35 000	10 000	30 000
2	15 000	35 000	14 000	34 000
3	15 000	35 000	18 000	38 000
4	15 000	35 000	22 000	42 000
5	15 000	35 000	26 000	46 000
合 计	75 000	75 000	90 000	90 000

要求：计算甲、乙两种方案的投资利润率。

解：甲方案投资利润率 $=\dfrac{15\,000}{100\,000}\times 100\% = 15\%$

乙方案投资利润率 $=\dfrac{90\,000/5}{100\,000}\times 100\% = 18\%$

从计算结果可知，乙方案的投资利润率比甲方案的投资利润率高3%，应选择乙方案。

投资利润率指标的优点是计算简单，容易理解；缺点是没有考虑资金的时间价值，没有利用现金净流量信息。

2. 静态投资回收期

静态投资回收期（PP）是指用经营现金净流量收回全部原始投资所需要的时间。当项目的原始投资能够在项目计算期的一半时间内收回时，则项目是可行的。静态投资回收期是一个非折现的反指标，回收期越短，方案就越有利。其计算可分别采用公式法和列表法。

1) 公式法

如果项目的原始投资集中发生在建设期内，投产后前若干年每年经营现金净流量相等，且其合计大于或等于原始投资额，则按以下简化公式计算静态投资回收期：

$$静态投资回收期 = 建设期 + \dfrac{原始投资合计}{经营期前若干年每年相等的现金净流量}$$

【例4-4】 某投资项目原始投资为200万元，建设期为2年，投产后第1年至第5年每年现金净流量均为50万元，第6年至第10年每年现金净流量均为40万元。

要求：计算项目的静态投资回收期。

解：因为，5×50 万元 $>$ 原始投资200万元

所以，静态投资回收期 $= 2 + \dfrac{200}{50} = 6$（年）

2) 列表法

若经营期每年现金净流量不相等，则需要列表计算逐年累计的现金净流量，找到累计现金净流量等于零时对应的年限，即为静态投资回收期。

【例4-5】 要求根据【例4-3】资料，计算乙方案的静态投资回收期。

解：累计现金净流量的计算见表4-2。

表4-2 累计现金净流量计算表　　　　　　　　　　　　　　单位：元

项目计算期（第 t 年）	0	1	2	3	4	5
NCF_t	−100 000	30 000	34 000	38 000	42 000	46 000
$\sum NCF_t$	−100 000	−70 000	−36 000	2000	44 000	90 000

从表4-2可得出，乙方案的投资回收期在第2年与第3年之间，用插入法可计算出：

乙方案静态投资回收期 $= 2 + \dfrac{|-36\,000|}{38\,000} \approx 2.95$（年）

静态投资回收期的优点是能够直观地反映原始投资的返本期限，便于理解，计算也比较

简单,利用了回收期之前的现金净流量信息;缺点是没有考虑资金的时间价值因素和回收期满后继续发生的现金净流量,不能正确地反映投资方式的不同对项目的影响。

4.3.2 折现指标

折现指标也称为动态指标,是指考虑资金时间价值因素的指标,主要包括净现值、净现值率、现值指数、内部收益率等指标。

1. 净现值

净现值(NPV)是指在项目计算期内按一定折现率计算的各年现金净流量现值的代数和。所用的折现率可以是企业的资本成本,也可以是企业所要求的最低报酬率水平。

1) 一般方法

当经营期内各年现金净流量不相等时,只能应用理论公式计算投资项目的净现值。净现值的理论计算公式为:

$$NPV = \sum_{t=0}^{n} \frac{NCF_t}{(1+i)^t} = \sum_{t=0}^{n} NCF_t \times (P/F, i, t)$$

式中: n——项目计算期(包括建设期与经营期);

NCF_t——第 t 年的现金净流量;

$(P/F, i, t)$——第 t 年、折现率为 i 的复利现值系数。

【例 4-6】 某企业购入一台设备,价值为 30 000 元,按直线法计提折旧,使用寿命为 6 年,期末无残值。预计投产后每年可获得净利润分别为 3 000 元、3 000 元、4 000 元、4 000元、5 000 元、6 000 元,假定折现率为 12%。

要求:计算该项目的净现值。

解:$NCF_0 = -30\ 000(元)$

年折旧额 $= \dfrac{30\ 000}{6} = 5\ 000(元)$

$NCF_1 = 3\ 000 + 5\ 000 = 8\ 000(元)$

$NCF_2 = 3\ 000 + 5\ 000 = 8\ 000(元)$

$NCF_3 = 4\ 000 + 5\ 000 = 9\ 000(元)$

$NCF_4 = 4\ 000 + 5\ 000 = 9\ 000(元)$

$NCF_5 = 5\ 000 + 5\ 000 = 10\ 000(元)$

$NCF_6 = 6\ 000 + 5\ 000 = 11\ 000(元)$

$NPV = 8\ 000 \times (P/F, 12\%, 1) + 8\ 000 \times (P/F, 12\%, 2) + 9\ 000 \times (P/F, 12\%, 3) + 9\ 000 \times (P/F, 12\%, 4) + 10\ 000 \times (P/F, 12\%, 5) + 11\ 000 \times (P/F, 12\%, 6) - 30\ 000$

　　$= 8\ 000 \times 0.892\ 9 + 8\ 000 \times 0.797\ 2 + 9\ 000 \times 0.711\ 8 + 9\ 000 \times 0.635\ 5 + 10\ 000 \times 0.567\ 4 + 11\ 000 \times 0.506\ 6 - 30\ 000 = 6\ 893.1(元)$

2) 特殊方法(简化方法)

特殊方法一:当建设期为零,原始投资在起点一次性投入,经营期内各年现金净流量相等时,投产后的净现金流量表现为普通年金形式。净现值的简化计算公式为:

净现值=经营期每年相等的现金净流量×年金现值系数-原始投资

即： $$NPV=NCF_{1-n}\times(P/A,i,n)+NCF_0$$

【例4-7】 某企业购入一台设备，价值为30 000元，按直线法计提折旧，使用寿命为6年，期末无残值。预计投产后每年可获得净利润4 000元，假定折现率为12%。

要求：计算该项目的净现值。

解：$NCF_0=-30\ 000$（元）

$NCF_{1-6}=4\ 000+\dfrac{30\ 000}{6}=9\ 000$（元）

$NPV=9\ 000\times(P/A,12\%,6)-30\ 000=9\ 000\times4.111\ 4-30\ 000=7\ 002.6$（元）

特殊方法二：当建设期为零，原始投资在起点一次性投入，经营期内各年的经营现金净流量相等，终结点有回收额时，投产后的经营净现金流量表现为普通年金形式，回收额作为终值单独折现。净现值的简化计算公式为：

净现值=经营期每年相等的经营现金净流量×年金现值系数+回收额×复利现值系数-原始投资

即： $$NPV=营业NCF_{1-n}\times(P/A,i,n)+R_n\times(P/F,i,n)+NCF_0$$

【例4-8】 某项目原始投资为150万元，其中固定资产投资为100万元，流动资金投资为50万元，全部资金于建设起点一次性投入，建设期为零，运营期为5年，直线法计提折旧，到期固定资产净残值为5万元，预计投产后各年营业收入为90万元，各年总成本费用为60万元。所得税税率为25%，折现率为10%。

要求：计算该项目的净现值。

解：首先确定项目的现金净流量。

年折旧$=(100-5)/5=19$（万元）

$NCF_0=-150$（万元）

$NCF_{1-4}=(90-60)\times(1-25\%)+19=41.5$（万元）

$NCF_5=41.5+55=96.5$（万元）

其次计算项目的净现值。

$NPV=41.5\times(P/A,10\%,5)+55\times(P/F,10\%,5)-150$

$\qquad=41.5\times3.790\ 8+55\times0.620\ 9-150=41.467\ 7$（万元）

特殊方法三：当建设期不为零，全部投资在建设期分次投入，经营期每年净现金流量相等时，经营期每年相等的现金净流量表现为递延年金形式，净现值的简化计算公式为：

$NPV=NCF_0+NCF_1\times(P/F,i,1)+\cdots+NCF_s\times(P/F,i,s)+NCF_{(s+1)-n}\times[(P/A,i,n)-(P/A,i,s)]$

或 $NPV=NCF_0+NCF_1\times(P/F,i,1)+\cdots+NCF_s\times(P/F,i,s)+NCF_{(s+1)-n}\times(P/A,i,n-s)\times(P/F,i,s)$

【例4-9】 某企业拟建一项固定资产，需要投资50万元，按直线法计提折旧，使用寿命为10年，期末无残值。该项工程建设期为1年，投资额分别于年初投入30万元，年末投入20万元。预计项目投产后每年可增加营业收入15万元，每年总成本为10万元，假定折现率为10%，所得税税率为25%。

要求：计算该投资项目的净现值。

解：

（1）建设期现金净流量。

$NCF_0 = -30$（万元）

$NCF_1 = -20$（万元）

（2）经营期经营现金净流量。

$NCF_{2-11} = (15-10) \times (1-25\%) + \dfrac{50}{10} = 8.75$（万元）

（3）$NPV = 8.75 \times [(P/A, 10\%, 11) - (P/A, 10\%, 1)] - [30 + 20 \times (P/F, 10\%, 1)]$

$= 8.75 \times (6.4951 - 0.9091) - (30 + 20 \times 0.9091)$

$= 0.6955$（万元）

净现值指标的决策标准是：如果投资方案的净现值大于或等于零，则该方案为可行方案；如果投资方案的净现值小于零，则该方案为不可行方案；如果几个方案的投资额相同，项目计算期相等且净现值均大于零，则净现值最大的方案为最优方案。所以，净现值大于或等于零是项目可行的必要条件。

净现值是一个折现的绝对值正指标，其优点在于：①综合考虑了资金时间价值，能较合理地反映投资项目的真正经济价值；②考虑了项目计算期的全部现金净流量；体现了流动性与收益性的统一；③考虑了投资风险性，因为折现率的大小与风险大小有关，风险越大，折现率就越高。但是该指标的缺点也是明显的：①无法直接反映投资项目的实际投资收益率水平；②当各项目投资额不同时，难以确定最优的投资项目。

2. 净现值率与现值指数

净现值是一个绝对数指标，与其相对应的相对数指标是净现值率与现值指数。净现值率是指投资项目的净现值与原始投资现值合计的比值；现值指数是指项目投产后按一定折现率计算的在经营期内各年现金净流量的现值合计与原始投资现值合计的比值，其计算公式为：

$$净现值率 = \dfrac{净现值}{原始投资现值}$$

$$现值指数 = \dfrac{\sum 经营期各年现金净流量现值}{原始投资现值}$$

净现值率与现值指数有如下关系：

$$现值指数\ PI = 净现值率\ NPVR + 1$$

若净现值率大于零，现值指数大于1，则表明项目的报酬率高于折现率，存在额外收益；若净现值率等于零，现值指数等于1，则表明项目的报酬率等于折现率，收益只能抵补资本成本；若净现值率小于零，现值指数小于1，则表明项目的报酬率小于折现率，收益不能抵补资本成本。所以，对于单一方案的项目来说，净现值率大于或等于零，现值指数大于或等于1是项目可行的必要条件。当有多个投资项目可供选择时，由于净现值率或现值指数越大，企业的投资报酬水平就越高，所以应采用净现值率大于零或现值指数大于1中的最大者。

【例4－10】 大成公司A投资方案需要初始投资15 000元，建设期为零，使用寿命为5年，不需要垫支流动资金，采用直线法计提折旧，5年后设备清理无净残值，5年中每年增加的销售收入均为8 400元，付现成本为3 000元。假设所得税税率为25%，折现率为

16%。计算该方案的净现值率和现值指数。

解：采用简化计算公式的形式计算 A 方案的现金净流量，见表 4-3。

表 4-3 A 方案现金净流量的计算结果　　　　　　　　　　单位：元

项目 A 方案	第 0 年	第 1 年	第 2 年	第 3 年	第 4 年	第 5 年
固定资产投资	−15 000					
税后利润		1 800	1 800	1 800	1 800	1 800
折旧		3 000	3 000	3 000	3 000	3 000
现金净流量	−15 000	4 800	4 800	4 800	4 800	4 800

表中"年折旧"的计算如下：

15 000/5＝3 000(元)

表中"税后利润"的计算如下：

(8 400−3 000−3 000)×(1−25%)＝1 800(元)

期限为 5 年，折现率为 16%，查表得年金现值系数为 3.274 3，则 A 方案净现值计算如下：

A 方案净现值 NPV＝4 800×3.274 3−15 000＝716.64(元)

A 方案净现值率 $NPVR$＝716.64/15 000×100%≈4.78%

A 方案现值指数 PI＝4.78%＋1＝1.047 8

3. 内部收益率

内部收益率(IRR)，是指项目投资预期可以达到的收益率，是能使投资项目的净现值等于零时的折现率。显然，内部收益率 IRR 满足下列等式：

$$\sum_{t=0}^{n} NCF_t \times (P/F, IRR, t) = 0$$

从上式可知，净现值的计算是根据给定的折现率来求净现值。而内部收益率的计算是先令净现值等于零，然后求能使净现值等于零的折现率。所以，净现值不能揭示各个方案本身可以达到的实际报酬率是多少，而内部收益率实际上反映了项目本身的报酬率。用内部收益率评价项目可行的必要条件是：内部收益率大于或等于事先设定的基准折现率。

计算内部收益率指标可以通过特殊方法和一般方法来完成。

1) 计算内部收益率指标的特殊方法

当全部原始投资均于建设起点一次性投入，建设期为零，且经营期内各年现金净流量相等时，经营期内各年现金净流量就表现为普通年金的形式，可以直接利用年金现值系数计算内部收益率，这种方法又称简便算法，即：

经营期每年相等的现金净流量(NCF)×年金现值系数(P/A, IRR, n)−原始投资总额＝0

内部收益率具体计算的程序如下：

(1) 计算年金现值系数(P/A, IRR, n)。

$$年金现值系数 = \frac{原始投资总额}{经营期每年相等的现金净流量}$$

(2) 根据计算出来的年金现值系数与已知的年限 n，查阅"年金现值系数表"，确定内部收益率的范围。

(3) 用插值法求出内部收益率。

【例 4-11】 根据【例 4-10】的资料，计算内部收益率。

解：由于 A 方案各年现金净流量相等，因此采用下列方法计算内部收益率。

(1) 年金现值系数$(P/A, IRR, 5) = 15\,000/4\,800 = 3.125$。

(2) 查阅附录4"年金现值表"，第5期与3.125相邻的年金现值系数对应的折现率为 18%～20%。

(3) 利用内插法计算 A 方案的内部收益率。

$$IRR = 18\% + \frac{3.127\,2 - 3.125}{3.127\,2 - 2.990\,6} \times (20\% - 18\%) \approx 18.03\%$$

2) 计算内部收益率指标的一般方法（逐步测试法）

若投资项目在经营期内各年现金净流量不相等，或建设期不为零，原始投资额是在建设期内分次投入的情况下，无法应用上述的简便方法计算内部收益率指标，必须按照定义采用逐步测试的方法计算能使净现值等于零的折现率，即内部收益率。其计算步骤如下：

(1) 先估计一个折现率来计算净现值。如果净现值为正数，说明方案的实际内部收益率大于估计的折现率，应提高折现率再进一步测试；如果净现值为负数，说明方案本身的报酬率小于估计的折现率，应降低折现率再进行测算。如此反复测试，寻找出使净现值由正到负或由负到正且接近于零的两个折现率。

(2) 根据上述相邻的两个折现率用插值法求出该方案的内部收益率。由于逐步测试法是一种近似方法，所以相邻的两个折现率不能相差太大，一般应小于等于5%，否则误差会很大。

【例 4-12】 大成公司 B 方案原始投资额为 15 000 元，建设期为零，使用寿命为 5 年，该项目1—5年的净现金流量分别为 4 800 元、4 500 元、4 300 元、4 100 元和 6 800 元。要求：计算项目投资的内部收益率。

解：内部收益率的计算见表 4-4。

表 4-4　内部收益率计算表

年　份	每年现金净流量	折现率＝18%		折现率＝20%	
		复利现值系数	现　　值	复利现值系数	现　　值
0	−15 000	1.000	−15 000	1.000	−15 000
1	4 800	0.848	4 070.4	0.833	3 998.4
2	4 500	0.718	3 231	0.694	3 123
3	4 300	0.609	2 618.7	0.579	2 489.7
4	4 100	0.516	2 115.6	0.482	1 976.2
5	6 800	0.437	2 971.6	0.402	2 733.6
净现值	—	—	7.3	—	−679.1

在表 4-4 中，先按 18% 的折现率进行测算，净现值为正数，再把折现率调高到 20% 进行第二次测算，净现值为负数，这说明该项目的内部收益率一定在 18%～20%。现用插值法计算如下：

B方案的内部收益率 $IRR=18\%+\dfrac{7.3-0}{7.3-(-679.1)}\times(20\%-18\%)\approx18.02\%$

内部收益率是个动态的相对数正指标，它既考虑了资金时间价值，又能从动态的角度直接反映投资项目的实际报酬率，且不受折现率高低的影响，比较客观，但该指标的计算过程比较复杂。

4. 折现评价指标之间的关系

净现值 NPV、净现值率 $NPVR$、现值指数 PI 和内部收益率 IRR 指标之间存在以下数量关系：

当 $NPV>0$ 时，$NPVR>0$，$PI>1$，$IRR>i$；
当 $NPV=0$ 时，$NPVR=0$，$PI=1$，$IRR=i$；
当 $NPV<0$ 时，$NPVR<0$，$PI<1$，$IRR<i$。

这些指标的计算结果都受到建设期和经营期的长短、原始投资金额及方式以及各年现金净流量的影响，不同的是净现值 NPV 为绝对数指标，其余为相对数指标。计算净现值、净现值率和现值指数所依据的折现率(i)都是事先设定的，而内部收益率 IRR 的计算本身与基准折现率(i)的高低无关，只是采用这一指标的决策标准是将所测算的内部收益率与其基准折现率进行对比，当 $IRR \geqslant i$ 时该方案是可行的。

4.4 项目投资决策方法及应用

壳牌集团是当今世界三大石油巨头之一，该公司编制的 2015 年投资规划主要从经营环境、自身经营状况入手，分析了经营与财务基准指标以及投资机会，提出了切实可行的业务和投资计划。在发展目标和约束条件研究的基础上，利用投资评价指标，对所有备选项目按效益进行分类排队，优化筛选出能满足公司发展目标需要的最优项目组合和投资结构。公司总投资为 122 亿美元，其中上游业务投入 83 亿美元(68%)，下游业务投入 28 亿美元(23%)，化工部门投入 8 亿美元(6.6%)，其他新业务部门投入 3 亿美元(2.5%)。壳牌集团到底应用了哪些决策指标？对于方案的选择又将如何应用这些指标？

开展财务可行性评价就是围绕某一个投资方案而开展的评价工作，其结果是做出该方案是否具备财务可行性的结论。项目投资决策就是通过计算财务可行性评价指标，在若干个备选方案中进行对比与选优。但投资方案对比与选优的方法会因项目投资方案的不同而有所区别。

4.4.1 独立方案的对比与选优

独立方案是指在决策过程中一组互相分离、互不排斥的方案或单一的方案。在只有一个投资项目可供选择的条件下，只需评价其财务上是否可行。

独立方案常用的评价指标有净现值、净现值率、现值指数和内部收益率，如果评价指标同时满足 $NPV \geqslant 0$、$NPVR \geqslant 0$、$PI \geqslant 1$、$IRR \geqslant i$，则项目具有财务可行性；反之，则不具备财务可行性。而静态的投资回收期与投资利润率可作为辅助指标评价投资项目，但需要注意，当辅助指标与主要指标(净现值等)的评价结论发生矛盾时，应当以主要指标的结论为准。

【例 4-13】 大成公司某一固定资产投资方案属于独立方案，其原始投资额为 1 100 万元，项目建设期为 1 年，生产经营期为 10 年，基准投资收益率为 9%，行业基准折现率 i_C 为 10%，有关投资决策指标如下：$ROI=10\%$，$PP=4$ 年，$NPV=170.56$ 万元，$NPVR=18.06\%$，$PI=1.1806$，$IRR=12.59\%$。

要求：判断该方案是否可行。

解：对该项目的财务可行性分析如下：

因为 $ROI=10\%>i=9\%$，$PP=4$ 年 $<n/2(5.5)$ 年，$NPV=170.56$ 万元 >0，$NPVR=18.06\%>0$，$PI=1.1806>1$，$IRR=12.59\%>i_C=10\%$。

计算表明该方案各项主要指标均达到或超过相应标准，所以具有财务可行性，方案是可行的。

【例 4-14】 大成公司拟引进一条流水线，建设投资额为 110 万元，分两年投入。第一年年初投入 70 万元，第二年年初投入 40 万元，建设期为 2 年，净残值为 10 万元，折旧采用直线法。在投产日投入流动资金 20 万元，项目使用期满仍可全部回收。该项目可使用 10 年，每年营业收入为 65 万元，总成本为 45 万元。假定企业所得税税率为 25%，期望的投资报酬率为 10%。

要求：计算该项目的净现值，内部收益率，并判断该项目是否可行。

解：首先，确定投资项目的现金净流量。

$NCF_0=-70$(万元)

$NCF_1=-40$(万元)

$NCF_2=-20$(万元)

年折旧额 $=\dfrac{110-10}{10}=10$(万元)

$NCF_{3-11}=(65-45)\times(1-25\%)+10=25$(万元)

$NCF_{12}=25+(10+20)=55$(万元)

其次，计算投资项目的净现值。

$NPV=25\times[(P/A,10\%,11)-(P/A,10\%,2)]+55\times(P/F,10\%,12)-$
$\quad\quad[70+40\times(P/F,10\%,1)+20\times(P/F,10\%,2)]$
$\quad=25\times(6.4951-1.7355)+55\times0.3186-(70+40\times0.9091+20\times0.8264)$
$\quad=13.621$(万元)

再次，计算投资项目的内部收益率。

假设 $i=12\%$ 时，测算 NPV：

$NPV=25\times[(P/A,12\%,11)-(P/A,12\%,2)]+55\times(P/F,12\%,12)-$
$\quad\quad[70+40\times(P/F,12\%,1)+20\times(P/F,12\%,2)]$
$\quad=25\times(5.9377-1.6901)+55\times0.2567-(70+40\times0.8929+20\times0.7972)$
$\quad=-1.3515$(万元)

用插值法计算 IRR，如图 4.2 所示。

$IRR=10\%+\dfrac{13.621-0}{13.621-(-1.3515)}\times(12\%-10\%)=11.82\%>10\%$

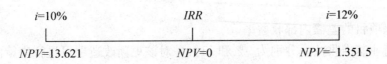

图 4.2 插值法示意图

最后，计算表明，该项目净现值为 13.621 万元，大于零，内部收益率为 11.82%，大于折现率 10%，所以该项目在财务上是可行的。一般来说，用净现值和内部收益率对独立方案进行评价时，不会出现相互矛盾的结论。

4.4.2 互斥方案的对比与选优

项目投资决策中的互斥方案(相互排斥的方案)是指在决策时涉及的多个相互排斥、不能同时实施的投资方案。互斥方案决策过程就是在每一个入选方案已具备财务可行性的前提下，利用具体决策方法比较各个方案的优劣，利用评价指标从各个备选方案中选出一个最优方案的过程。

由于各个备选方案的原始投资额、项目计算期不相一致，所以要根据各个方案的计算期、原始投资额相等与否，采用不同的方法做出选择。

1. 互斥方案的原始投资额、项目计算期均相等时，可采用净现值法或内部收益率法

净现值法是指通过比较互斥方案的净现值指标的大小来选择最优方案的方法。内部收益率法是指通过比较互斥方案的内部收益率指标的大小来选择最优方案的方法。净现值或内部收益率最大的方案为优。

【例 4-15】 大成公司某一固定资产投资方案原始投资额为 200 万元，有 A、B、C、D 这 4 个互斥方案可供选择，各方案的净现值分别为 173.13 万元、93.75 万元、164.81 万元、130.11 万元。

要求：按净现值法对上述方案进行比较决策。

解：因为，$NPV_A = 173.13$ 万元 $> NPV_C = 164.81$ 万元 $> NPV_D = 130.11$ 万元 $> NPV_B = 93.75$ 万元。

所以，A 方案最优，C 方案次之，然后是 D 方案，最后是 B 方案。

2. 互斥方案的原始投资额不相等，但项目计算期相等时，可采用差额法

差额法是指在两个原始投资额不同的方案的差量现金净流量(记作 ΔNCF)的基础上，计算出差额净现值(记作 ΔNPV)或差额内部收益率(记作 ΔIRR)，并据以判断方案优劣的方法。

在此方法下，一般用投资额较大的方案减投资额较小的方案，确定差量现金净流量 (ΔNCF)，再计算差额净现值(ΔNPV)或差额内部收益率(ΔIRR)。当 $\Delta NPV \geqslant 0$ 或 $\Delta IRR \geqslant i$ 时，投资额大的方案较优；反之，则投资额小的方案较优。

差额净现值 ΔNPV 或差额内部收益率 ΔIRR 的计算过程和计算方法同净现值 NPV 或内部收益率 IRR 完全一样，只是所依据的是 ΔNCF。

【例 4-16】 大成公司某更新改造项目的差量现金净流量为 $\Delta NCF_0 = -200\,000$(元)，$\Delta NCF_{1-5} = 53\,400$(元)。

要求：
(1) 计算该项目的差额内部收益率。
(2) 假设行业基准收益率分别为9%和11%，对该更新改造项目进行决策。

解：
(1) 计算该项目的差额内部收益率如下。
$(P/A, \Delta IRR, 5) = 200\,000/53\,400 \approx 3.7453$
因为，$(P/A, 10\%, 5) = 3.7908 > 3.7453$，$(P/A, 12\%, 5) = 3.6048 < 3.7453$
所以，$10\% < \Delta IRR < 12\%$
应用内插法计算差额内部收益率：
$\Delta IRR = 10\% + (3.7908 - 3.7453)/(3.7908 - 3.6048) \times (12\% - 10\%) \approx 10.49\%$

(2) 假设行业基准收益率分别为9%和11%，对上述更新改造项目进行决策如下。
若行业基准收益率为9%，因为 $\Delta IRR = 10.49\% > 9\%$，所以应进行设备更新改造；若行业基准收益率为11%，因为 $\Delta IRR = 10.49\% < 11\%$，所以不应进行设备更新改造。

3. 互斥方案的原始投资额不相等，项目计算期也不相同时，可采用年等额净回收额法

年等额净回收额法是指通过比较所有投资方案的年等额净现值指标的大小来选择最优方案的决策方法。在此方法下，年等额净现值最大的方案为优。

年等额净回收额法的计算步骤如下：
(1) 计算各方案的净现值 NPV。
(2) 计算各方案的年等额净现值，若折现率为 i，项目计算期为 n，则

$$年等额净现值\,A = \frac{净现值}{年金现值系数} = \frac{NPV}{(P/A, i, n)}$$

【例4-17】 大成公司有两项投资方案，其现金净流量见表4-5。

表4-5 投资方案的现金净流量 单位：元

项目计算期	甲方案现金净流量	乙方案现金净流量
0	−200 000	−120 000
1	120 000	56 000
2	132 000	56 000
3		56 000

要求：如果该企业期望达到最低报酬率为12%，请做出决策。

解：
(1) 计算甲、乙方案的 NPV。
$NPV_甲 = 120\,000 \times (P/F, 12\%, 1) + 132\,000 \times (P/F, 12\%, 2) - 200\,000$
$\qquad = 120\,000 \times 0.8929 + 132\,000 \times 0.7972 - 200\,000$
$\qquad = 12\,378.4(元)$
$NPV_乙 = 56\,000 \times (P/A, 12\%, 3) - 120\,000$
$\qquad = 56\,000 \times 2.4018 - 120\,000$
$\qquad = 14\,500.8(元)$

(2) 计算甲、乙方案的年等额净现值。

甲方案年等额净现值 $=\dfrac{12\ 378.4}{(P/A,12\%,2)}=\dfrac{12\ 378.4}{1.690\ 1}\approx 7\ 324.06(元)$

乙方案年等额净现值 $=\dfrac{14\ 500.8}{(P/A,12\%,3)}=\dfrac{14\ 500.8}{2.401\ 8}\approx 6\ 037.47(元)$

(3) 做出决策。因为甲方案年等额净现值 7 324.06 元＞乙方案年等额净现值 6 037.47 元，所以应选择甲方案。

根据上述计算结果可知，虽然乙方案的净现值大于甲方案的净现值，但乙方案的项目计算期为 3 年，而甲方案仅为 2 年，所以乙方案的净现值高并不能说明该方案较优，因此需通过年等额净回收额法计算年等额净现值，得出甲方案的年等额净现值高于乙方案，即甲方案为最优方案。

4.4.3 其他方案的对比与选优

在实际工作中，当有些投资方案不能单独计算盈亏，或者投资方案的收入相同或收入基本相同且难以具体计量时，一般可考虑采用"成本现值比较法"或"年均成本比较法"来做出比较和评价。所谓成本现值比较法，是指计算各个方案的成本现值之和并进行对比，成本现值之和最低的方案为最优。成本现值比较法一般适用于项目计算期相同的投资方案间的对比、选优。对于项目计算期不同的方案不能用成本现值比较法进行评价，而应采用年均成本比较法，即通过比较年平均成本来对投资方案做出选择。

【例 4-18】 大成公司有甲、乙两个投资方案可供选择，两个方案的设备生产能力相同，设备的寿命期均为 4 年，无建设期。甲方案的投资额为 64 000 元，每年的经营成本分别为 4 000 元、4 400 元、4 600 元和 4 800 元，寿命终期有 6 400 元的净残值；乙方案投资额为 60 000 元，每年的经营成本均为 6 000 元，寿命终期有 6 000 元净残值。假设不考虑所得税。

要求：如果企业投资收益率为 8%，试比较两个方案的优劣。

解：因为甲、乙两方案的收入未知，无法计算 NPV，且项目计算期相同，均为 4 年，所以应采用成本现值比较法。

甲方案的成本现值 $=64\ 000+4\ 000\times(P/F,8\%,1)+4\ 400\times(P/F,8\%,2)+4\ 600\times(P/F,8\%,3)+4\ 800\times(P/F,8\%,4)-6\ 400\times(P/F,8\%,4)$
$=64\ 000+4\ 000\times 0.925\ 9+4\ 400\times 0.857\ 3+4\ 600\times 0.793\ 8+4\ 800\times 0.735\ 0-6\ 400\times 0.735\ 0$
$=73\ 951.20(元)$

乙方案的成本现值 $=60\ 000+6\ 000\times(P/A,8\%,4)-6\ 000\times(P/F,8\%,4)$
$\qquad\qquad\qquad\ =60\ 000+6\ 000\times 3.312\ 1-6\ 000\times 0.735\ 0$
$\qquad\qquad\qquad\ =75\ 462.6(元)$

以上计算结果表明，甲方案的成本现值较低，所以甲方案优于乙方案。

【例 4-19】 根据【例 4-18】所给的资料，假设甲、乙投资方案寿命期分别为 4 年和 5 年，建设期仍为零，其余资料不变。

要求：如果企业的投资收益率仍为 8%，应选择哪个方案。

解：因为甲、乙两个方案的项目计算期不相同，

甲方案项目计算期 $=0+4=4(年)$

乙方案项目计算期＝0＋5＝5(年)
所以不能直接采用成本现值比较法，而应采用年均成本比较法，计算步骤如下：
(1) 计算甲、乙方案的成本现值。
甲方案成本现值＝73 951.20(元)
乙方案成本现值＝60 000＋6 000×(P/A，8%，5)－6 000×(P/F，8%，5)
　　　　　　　＝60 000＋6 000×3.992 7－6 000×0.680 6
　　　　　　　＝79 872.6(元)
(2) 计算甲、乙方案的年均成本。

甲方案的年均成本＝$\dfrac{73\ 951.20}{(P/A，8\%，4)}=\dfrac{73\ 951.20}{3.312\ 1}=22\ 327.59$(元)

乙方案的年均成本＝$\dfrac{79\ 872.60}{(P/A，8\%，5)}=\dfrac{79\ 872.60}{3.992\ 7}=20\ 004.66$(元)

以上计算结果表明，乙方案的年均成本低于甲方案的年均成本，因此应采用乙方案。

本章知识结构图

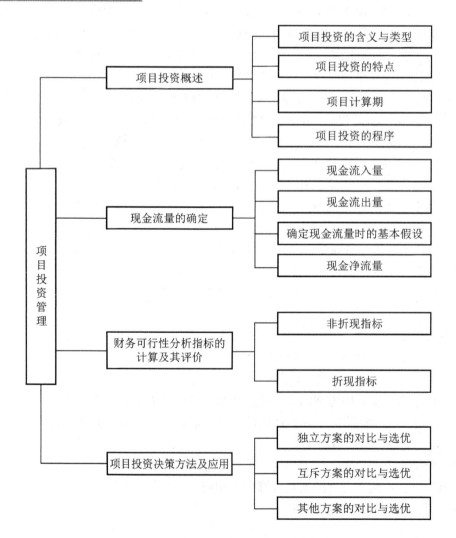

课后练习题

一、单项选择题

1. 项目投资决策中，完整的项目计算期是指（　　）。
   A. 生产经营期　　　　　　　B. 投资收益期
   C. 建设期+达产期　　　　　D. 建设期+运营期

2. 下列指标计算中，没有直接利用现金净流量的是（　　）。
   A. 内部收益率　　B. 投资收益率　　C. 净现值率　　D. 现值指数

3. 某企业计划投资10万元建设一条生产线，预计投资后每年可获得净利润1.5万元，年折旧率为10%，则该项目的投资回收期为（　　）。
   A. 4年　　　　B. 5年　　　　C. 6年　　　　D. 7年

4. 如果某一投资方案的净现值为正数，则下列结论中成立的是（　　）。
   A. 投资回收期在1年以上　　　B. 现值指数大于1
   C. 年均净现值大于原始投资额　D. 投资报酬率高于100%

5. 下列各项中，不属于投资项目现金流出量内容的是（　　）。
   A. 固定资产投资　　　　　　B. 折旧与摊销
   C. 无形资产投资　　　　　　D. 新增经营成本

6. 某项目建设期为1年，建设投资200万元全部于建设起点投入，经营期为10年，每年现金净流量为50万元，若折现率为12%，则该项目的现值指数为（　　）。
   A. 1.484 1　　B. 1.413 5　　C. 1.261 3　　D. 1.424 6

7. 已知某项目无建设期，资金于建设起点一次性投入，项目建成后可用8年，每年的现金净流量相等。如果该项目的静态投资回收期是6年，则按内部收益率确定的年金现值系数是（　　）。
   A. 14　　　　B. 8　　　　C. 6　　　　D. 2

8. 当折现率为10%时，某项目的净现值为500元，则说明该项目的内部收益率（　　）。
   A. 高于10%　　B. 低于10%　　C. 等于10%　　D. 无法界定

9. 一个投资方案年营业收入为350万元，年销售成本为210万元，其中折旧额为85万元，所得税率为25%，则该方案年现金净流量为（　　）万元。
   A. 88　　　　B. 190　　　　C. 175　　　　D. 54

10. 某投资项目的净现值率为0.780 9，则现值指数为（　　）。
    A. 0.219 1　　B. 1.780 9　　C. 1.280 5　　D. 0.790 8

二、多项选择题

1. 现金流出量是指由投资项目所引起的企业现金支出的增加额，包括（　　）。
   A. 建设投资　　B. 年折旧额　　C. 付现成本　　D. 所得税

2. 下列因素中影响内部收益率的有（　　）。
   A. 现金净流量　B. 折现率　　C. 项目投资使用年限　D. 原始投资总额

3. 评价投资方案的静态投资回收期指标的缺点有（　　）。
   A. 没有考虑资金时间价值　　　　B. 不能衡量企业投资风险
   C. 没有考虑回收期后的现金流量　D. 不能衡量投资方案投资报酬率的高低
4. 采用净现值法评价项目可行性时，所采用的折现率通常是（　　）。
   A. 投资的机会成本率　　　　　　B. 投资项目的资金成本率
   C. 行业平均资金成本率　　　　　D. 投资项目的内部收益率
5. 完整工业投资项目的现金流出量包括（　　）。
   A. 工资及福利费
   B. 所得税
   C. 建设投资
   D. 外购原材料、燃料和动力费
6. 当新建项目的建设期不为零时，建设期内各年的现金净流量可能（　　）。
   A. 小于 0　　　B. 等于 0　　　C. 大于 0　　　D. 大于 1
7. 下列指标中，属于动态评价指标的有（　　）。
   A. 现值指数　　B. 净现值率　　C. 内部收益率　　D. 投资收益率
8. 若某投资方案以内部收益率作为评价指标，保证投资方案可行的要求是内部收益率（　　）。
   A. 大于零　　　　　　　　　　　B. 大于企业的资本成本率
   C. 大于 1　　　　　　　　　　　D. 大于基准的折现率
9. 在计算现金净流量时，可以抵税的项目包括（　　）。
   A. 折旧额　　　　　　　　　　　B. 无形资产摊销额
   C. 残值收入　　　　　　　　　　D. 设备买价
10. 净现值指标的优点有（　　）。
    A. 考虑了资金时间价值
    B. 能够利用项目计算期的全部现金净流量
    C. 考虑了投资风险
    D. 可从动态的角度反映投资项目的实际投资收益率水平

三、判断题

1. 一般情况下，使某投资方案的净现值小于零的折现率一定高于其内部收益率。（　　）
2. 在项目决策中，只要投资方案的投资收益率大于零，该方案就可行。（　　）
3. 在项目投资决策中，现金净流量是指营运期内每年现金流入量与同年现金流出量之间的差额所形成的序列指标。（　　）
4. 对于单纯固定资产投资项目而言，原始投资等于固定资产投资。（　　）
5. 在计算现金净流量时，无形资产摊销额的处理与折旧额的处理相同。（　　）
6. 多个互斥方案比较，一般应选择净现值较大的方案。（　　）
7. 内部收益率是指在项目计算期内能使投资方案现值指数等于 1 的折现率。（　　）
8. 不论在什么情况下，都可以通过逐步测试逼近法计算内部收益率。（　　）
9. 评价投资项目的财务可行性时，如果静态投资回收期或投资收益率的评价结论与净现

值指标的评价结论发生矛盾，应当以净现值指标的结论为准。　　　　　　（　　）

10. 在整个项目计算期内，任何一年的现金净流量，都可以通过"利润＋折旧"的简化公式来确定。　　　　　　　　　　　　　　　　　　　　　　　　　　（　　）

四、计算分析题

1. 大成公司甲项目原始投资为210万元，其中固定资产投资为160万元，流动资金投资为50万元，全部资金于建设起点一次性投入，建设期为0，运营期为5年，到期净残值收入为10万，预计投产后年营业收入为180万元，年总成本费用为100万元。企业所得税税率为25％，该企业所在行业的基准折现率为10％。

要求：

(1) 计算确定甲项目各年的现金净流量。

(2) 计算甲项目的静态投资回收期。

(3) 计算甲项目的净现值、净现值率。

(4) 对此项目做出财务可行性评价。

2. 大成公司投资100万元购入一台设备，当年投入使用。该设备可使用10年，预计期末无残值，按直线法计提折旧。设备投产后每年增加现金净流量均为25万元，企业要求的最低投资报酬率为18％。

要求：计算该投资方案的净现值、内部收益率并做出评价。

3. 大成公司乙项目原始投资额为200万元，其中固定资产投资额为120万元，流动资金投资额为80万元。建设期为2年，营运期为10年，固定资产于建设期起点投入，流动资金于建设期结束时投入，固定资产净残值收入为10万元，项目投产后，年营业收入为180万元，年经营付现成本为86万元。固定资产按直线法折旧，全部流动资金于终结点收回。企业所得税税率为25％，该企业所在行业的基准折现率为10％。

要求：

(1) 计算确定乙项目各年的现金净流量。

(2) 计算乙项目的静态投资回收期、净现值、净现值率。

(3) 对此项目做出财务可行性评价。

4. 某企业现有甲、乙两个投资项目可供选择，其中甲项目投资50 000元，5年内预计每年现金净流量为20 000元；乙项目投资60 000元，6年内预计每年现金净流量为24 000元，若这两个项目的折现率均为10％。

要求：为该企业做出投资决策。

5. 三晋公司是一家生产电子产品的制造类企业，采用直线法计提折旧，适用的企业所得税税率为25％。在公司最近一次经营战略分析会上，多数管理人员认为，现有设备效率不高，影响了企业市场竞争力。公司准备配置新设备扩大生产规模，推进结构转型，生产新一代电子产品。公司配置新设备后，预计每年营业收入为5 100万元，预计每年的相关费用如下：外购原材料、燃料和动力费为1 800万元，工资及福利费为1 600万元，其他费用为200万元。市场上该设备的购买价（即非含税价格，按现行增值税法规定，增值税进项税额不计入固定资产原值，可以全部抵扣）为4 000万元，折旧年限为5年，预计净残值为零。新设备当年投产时需要追加流动资金投资2 000万元。基准折现率为9％。

要求：
(1) 计算使用新设备每年的折旧额和1—5年每年的经营付现成本。
(2) 计算营运期1—5年每年的息税前利润。
(3) 计算确定投资项目的现金净流量及该项目的净现值。
(4) 运用净现值法进行项目投资决策并说明理由。

第 5 章

证券投资管理

ZHENGQUAN TOUZI GUANLI

【学习目标】

(1) 透彻理解证券投资的种类、特点与原因。
(2) 熟练掌握股票和债券的价值及收益率的计算方法。
(3) 理解证券投资组合的策略和方法。
(4) 了解证券投资组合的意义、风险与收益率。

【本章提要】

K线,像海面起伏的波浪;证券投资,像海浪上行驶的方舟。如何规避风险,寻找安全的港湾?如何驾驭风险,到达财富的彼岸?证券市场上的选择有很多,本章主要介绍股票和债券的投资。如何进行证券的选择是摆在财务经理面前的难题。

目前,我国股份制公司数量不断增加,股票发行的规模发展比较快,股票将成为公司对外投资的一个主要方面。股票投资过程中需要了解股票的投资价值、必要报酬率和股利等相关概念;股票价格受多重因素影响,对于不同状态下股票的估价模型不同。另外,股票投资的优缺点也是公司在选择投资时考虑的因素之一。

除了股票之外,债券也是公司在证券市场上的首选之一。国库券、金融债券、企业债券和短期融资券等,在中国证券市场上百花齐放。当然,债券也需要估价,通常分为一次还本付息和分期付息一次还本两种方式。债券相对于股票来说,有自身的优缺点。企业在进行证券投资时,不可能只选择某一种方式,通常是将两种或两种以上的方式进行搭配,这样才可以很好地规避风险,同时满足企业不同时期的发展需要。

【导入案例】

1986年9月26日,中国第一个证券交易柜台——静安证券业务部的开张,标志着新中国从此有了股票交易。中华人民共和国第一股——上海飞乐音响股份有限公司在南京西路1806号静安证券业务部正式挂牌买卖,当天上市的100股股票不到一个半小时即被抢购一空。1990年12月1日,深圳证券交易所试营业。1990年12月19日,上海证券交易所成立。1992年1月19-23日,邓小平同志视察深圳,在了解了深圳股市的情况之后,指出:"有人说股票是资本主义的,我们在上海、深圳先试验了一下,结果证明是成功的,看来资本主义有些东西,社会主义制度也可以拿过来用,即使错了也不要紧嘛!错了关闭就是,以后再开,哪有百分之百正确的事情。"从此,证券市场在我国繁荣发展起来。截至2014年3月,我国股市上市公司数量是2 500家左右,其中中小企业有1 100家左右。2014年4月10日,中国证监会正式批复开展沪港互联互通机制试点。沪港通包括沪股通和港股通两部分:沪股通,是指投资者委托香港经纪商,经由香港联合交易所设立的证券交易服务公司,向上海证券交易所进行申报(买卖盘传递),买卖规定范围内的上海证券交易所上市的股票;港股通,是指投资者委托内地证券公司,经由上海证券交易所设立的证券交易服务公司,向香港联合交易所进行申报(买卖盘传递),买卖规定范围内的香港联合交易所上市的股票。

那么,什么是证券?证券投资的一般程序是什么?证券投资需要考虑的因素有哪些?

5.1 证券投资概述

企业除了直接将资金投入生产经营活动的直接投资外,还常常将资金投放于有价证券,进行证券投资。证券投资相对于项目投资而言,变现能力强,少量资金也能参与投资,便于随时调用和转移资金。这为企业有效利用资金、充分挖掘资金的潜力提供了十分理想的途径,所以证券投资已经成为企业投资的重要组成部分。

5.1.1 证券投资的概念和目的

1. 证券的概念及特点

证券是指票面载有一定金额并代表财产所有权或债权的一种信用凭证或金融工具。证券具有流动性、收益性和风险性3个特点:

(1) 流动性又称为变现力,是指证券可以随时抛售以取得现金。

(2) 收益性是指证券持有者凭借证券可以获得相应的报酬。证券收益一般由当前收益和资本损益构成。股息、红利或利息所表示的收益称为当前收益;证券卖价与买价的差额所产生的收益(或亏损)称为资本损益。

(3) 风险性是指证券投资者达不到预期的收益或遭受各种损失的可能性。证券投资既有可能获得收益,也有可能带来损失,具有很强的不确定性。

流动性与收益性往往成反比,而风险性一般与收益性成正比。

2. 证券投资的概念和目的

证券投资是企业将资金投放于金融市场,用于购买有价证券的一项理财活动。科学的证券投资管理能增加公司收益,减少风险,有利于理财目标的实现。不同企业进行证券投资的目的各有千秋,但总的来说有以下几个方面:

(1) 充分利用闲置资金，获取投资收益。企业在正常经营过程中有时会有一些暂时的闲置资金，为了充分有效地利用这些闲置资金，企业可购入一些有价证券，在价位较高时将其抛售，以获取投资收益。

(2) 控制相关企业，增强企业竞争能力。企业有时从经营战略上考虑需要控制某些相关企业，可通过购买该企业大量股票，从而取得对被投资企业的控制权，以增强企业的竞争能力。

(3) 积累发展基金或偿债基金，满足未来的财务需求。企业如果计划在将来扩建厂房或归还到期债务，可按期拨出一定数额的资金投入一些风险较小的证券，以便到时售出，满足所需的整笔资金的需求。

(4) 满足季节性经营对现金的需求。季节性经营的公司在某些月份资金有剩余，而在有些月份则会出现资金短缺，则公司可在资金剩余时购入有价证券，而在资金短缺时售出有价证券。

5.1.2 证券投资的种类和风险

要了解证券投资的种类，首先要了解证券的种类。

1. 证券的种类

金融市场上的证券很多，按不同划分标准可分为不同种类。

1) 按发行主体，证券可分为政府证券、金融证券和公司证券

政府证券是指中央政府或地方政府为筹集资金而发行的证券。金融证券是指由银行或其他金融机构为筹集资金而发行的证券。公司证券又称为企业证券，是指由工商企业为筹集资金而发行的证券。政府证券风险较小，金融证券次之，公司证券则视公司的规模、财务状况和其他情况而定。

2) 按到期日的长短，证券可分为短期证券和长期证券

短期证券是指到期日短于一年的证券，如短期融资券、银行承兑汇票等；长期证券是指到期日长于一年的证券，如政府公债、公司债券等。一般而言，短期证券的风险小，变现能力强，但收益率相对较低；长期证券的收益率一般较高，但时间长，风险大。

3) 按收益稳定性的不同，证券可分为固定收益证券和变动收益证券

固定收益证券是指在证券的票面上标有固定收益率的证券，如债券票面上一般标有固定的利息率，优先股股票票面上一般标有固定的股息率，这些证券都属于固定收益的证券；变动收益证券是指证券的票面不标有固定的收益率，其收益情况随公司经营状况而变动，普通股票是最典型的变动收益证券。一般来说，固定收益证券投资风险较小，但收益不高；而变动收益证券投资风险较大，但收益较高。

4) 按体现的权益关系，证券可分为所有权证券和债权证券

所有权证券又称为权益证券，是体现证券持有人和证券发行单位的一种所有权关系的证券，这种证券的持有人一般对发行单位都有一定的管理权和控制权，股票是典型的所有权证券。债权证券是体现证券持有人和发行单位债权关系的证券，这种证券的持有人一般无权对发行单位进行管理和控制。发行单位破产时，债权证券要优先清偿，而所有权证券要在最后清偿，所以，所有权证券一般要承担较大的投资风险。

2. 证券投资的对象与种类

金融市场上可供企业投资的证券很多,具体可以分为以下几类:

(1) 债券投资。债券投资是指企业将资金投入各种债券,如国债、公司债和短期融资券等。相对于股票投资,债券投资一般风险较小,能获得稳定的收益,但需要注意投资对象的信用等级。

(2) 股票投资。股票投资是指企业购买其他企业发行的股票来获取收益的投资方式,如普通股股票、优先股股票。股票投资风险较大,收益也相对较高。

(3) 基金投资。基金投资是指投资者通过购买投资基金股份来获取收益的投资方式。这种投资方式可使投资者享受专家服务,有利于分散风险,获得较高的、较稳定的投资收益。

(4) 衍生工具投资。衍生工具投资是指投资者通过购买衍生金融工具来获取收益的投资方式,如可转换债券投资和认股权证投资等。

(5) 组合投资。组合投资是指企业将资金同时投放于债券、股票等多种证券,这样可分散证券投资风险。组合投资是企业证券投资的常用投资方式。

3. 证券投资的风险

风险是证券投资决策分析中重要的问题之一,进行证券投资,必然要承担一定的风险。公司是否进行证券投资,投资于何种证券,只有在对证券投资的风险和报酬进行分析权衡后才能做出决策。

证券投资风险主要来源于以下几个方面:

(1) 利息率风险。利息率风险是指由于利息率的变动而引起金融资产价格变动、投资人遭受损失的风险。证券的价格将随利息率的变化而变动,一般而言,银行利息率下降,则证券价格上升;银行利息率上升,则证券价格下跌。不同期限的证券,利息率风险也不一样,期限越长,风险越大。

(2) 违约风险。违约风险是指证券发行人无法按期支付利息或偿还本金的风险。一般而言,政府发行的证券违约风险较小,金融机构发行的证券风险次之,公司发行的证券风险较大。造成公司证券违约的原因主要有以下几个方面:政治、经济形势发生重大变动;由于自然原因所引起的非常性破坏事件,如水灾、火灾等;公司经营管理不善、成本高、浪费大;公司在市场竞争中遭到失败;公司财务管理失误,不能及时清偿到期债务等。

(3) 通货膨胀风险。通货膨胀风险是指由于通货膨胀而导致证券市场价格波动,投资者本金和收益遭到贬值损失的可能性,也称为购买力风险。通货膨胀时期,购买力风险对投资者有重要影响。一般而言,随着通货膨胀的发生,变动收益证券比固定收益证券要好。因此,普通股票比公司债券和其他固定收入的证券能更好地避免购买力风险。

(4) 流动性风险。流动性风险是指在投资人想出售有价证券换取现金,但有价证券又不能立即出售的风险。一种能在较短时间内按市价大量出售的资产,流动性好,这种资产的流动性风险较小;反之,如果一种资产不能在较短时间内按市价大量出售,则这种资产流动性差,流动性风险较大。例如,购买不知名公司的债券,想立即出售比较困难,因而流动性风险较大;若购买国库券,几乎可以立即出售,则流动性风险较小。

4. 证券信用评级

为了合理地反映证券投资风险的大小,一般要对证券进行评级。本处介绍几种主要证券的信用评级方法。

1) 债券的评级

债券的评级是指评级机构根据债券的风险和利息率的高低,对债券的质量做出的一种评价。目前比较权威的评级机构是穆迪和标准普尔。它们考虑的主要因素是:违约的可能性;债务的性质和附属条款;在破产清算时债权人的相对地位。

债券的评级一般分为 AAA、AA、A、BBB、BB、B、CCC、CC、C 这 9 级,从前到后质量依次下降。一般而言,前 4 个级别的债券质量比较高,大多数投资人都可以接受,因而称为"投资等级";后 5 个级别的质量较低,大多数投资人都不愿购买,称为"投机等级"。

2) 商业票据的评级

商业票据的评级是指对期限在一年以内的证券的一种评级。因为短期融资券在西方又称为商业票据,所以短期融资券评级又称为商业票据评级。商业票据的等级可根据债务人支付商业票据债务的能力划分为 A、B、C、D 四大类。A 级是最高级别的商业票据,表示按时支付能力最强,A 级后面还可以加上 1、2、3 以表示安全性的相对程度;B 级表示有充分的按时支付能力,但是条件的改变或暂时的逆境会破坏这种能力;C 级表示支付能力令人怀疑;D 级表示这种商业票据正在被拖欠或者将来到期时将被拖欠。

3) 普通股的编列

普通股没有固定的到期日,股利的支付事先也没有具体规定,因此,普通股不存在违约风险,因而普通股也就不存在违约风险的评级问题,只能依据普通股股利的增长情况和稳定程度、以往的信息资料以及发行普通股公司规模的大小来进行普通股的编类排列。美国穆迪投资者服务公司把普通股分为四类八个等级,其含义分别为:①A^+ 表示股东收益最高;②A 表示股东收益较高;③A^- 表示股东收益略高于平均水平;④B^+ 表示股东收益相当于平均水平;⑤B 表示股东收益略低于平均水平;⑥B^- 表示股东收益较低;⑦C 表示股东收益很低;⑧D 表示股东无收益或负收益。

5.1.3 证券投资的一般程序

1. 合理地选择投资对象

能否合理地选择投资对象是证券投资成败的关键,企业应根据一定的投资原则,认真分析投资对象的收益水平和风险程度,以便合理地选择投资对象,将风险降低到最低限度,取得较好的投资收益。

2. 委托买卖

由于投资者无法直接进场交易,买卖证券业务需要委托证券商代理。企业可通过电话委托、电脑终端委托、递单委托等方式委托券商代为买卖有关证券。

3. 成交

证券买卖双方通过中介券商的场内交易员分别出价委托,若买卖双方的价位与数量合适,交易即可达成,这个过程称为成交。

4. 交割与清算

证券交割是指卖出证券者资金账户中增加款项，证券账户中减少证券数量；买入证券者证券账户中增加证券数量，资金账户中减少款项的收交活动。

清算是指投资者将证券买卖的数量、金额相互抵消，然后就其抵消后的净额进行交割的清算制度。

5. 办理证券过户

证券过户只限于记名证券的买卖业务。当企业委托买卖某种记名证券成功后，必须办理证券持有人的姓名变更手续。

5.2 股票投资

案例阅读

股票至今已有400多年的历史，它伴随着股份公司的出现而出现。世界上最早的股份有限公司制度诞生于1602年在荷兰成立的东印度公司。在1611年东印度公司的股东们在阿姆斯特丹股票交易所就进行着股票交易，并且后来有了专门的经纪人撮合交易。阿姆斯特丹股票交易所形成了世界上第一个股票市场。

1984年11月，中国第一股——上海飞乐音响股份公司成立。2009年上证综合指数年内上涨62.19%，个股涨幅甚至接近2007年的水平，股价创新高的A股有330多只（不包括新股），占总数的20%，而股价回升到6000点水平的股票，占总数的50%。上证指数自2009年大幅反弹之后，已经连续下跌4年，2012年年底，上证指数有过一段令人激动的表现，2012年12月，以银行股为代表的大盘蓝筹股突然启动，带动上证指数快速上涨，上证指数大涨289.01点，涨幅高达14.6%，最终2012年报收于2 269.13点。上证指数仅仅在2013年1月份，延续2012年12月的良好表现继续上涨，到2月份最高上涨到2 444.8点时候。随后，上证指数进入下跌——反弹这种震荡格局，6月份，受到资金面紧张的影响，上证指数最低跌至1 849.65点，很快又反弹到2 000点之上。但是，在2 200点一带大盘再次遇阻，震荡空间越来越小。最终报收2 115.98点，年K线收阴，年跌幅为6.75%。

股市如人生，有起有落。到底什么是股票？股票的价值如何计算？股票投资有什么优缺点？

5.2.1 股票投资的目的

公司进行股票投资的目的主要有两种：一是获利，即作为一般的证券投资，获取股利收入及股票买卖差价；二是控股，即利用购买某一公司大量的股票以达到控制该公司的目的。在第一种情况下，公司应将购买某几种股票作为其证券组合的一个组成部分，不应冒险将大量资金投资于被控公司的股票上；而在第二种情况下，公司应集中资金投资于被控公司的股票上，考虑占有多少股权才能达到控制该公司的目的。

5.2.2 股票的价值

股票的价值又称为股票的内在价值，是指以投资者要求的必要收益率为折现率，将进行股票投资所获得的未来现金流入折算的现值。股票带给投资者的现金流入包括两部分：股利收入和股票出售时的售价。因此，股票的内在价值由一系列的股利和将来出售股票时售价的现值所构成，通常，当股票的市场价格低于或等于股票内在价值时才适宜投资。

1. 股票价值的基本模型

股票价值基本模型计算方式为：

$$P = \sum_{t=1}^{n} \frac{d_t}{(1+K)^t} + \frac{V_n}{(1+K)^n}$$

式中：P——股票内在价值；

d_t——第 t 期的预期股利；

K——投资人要求的必要资金收益率；

V_n——未来出售时预计的股票价格；

n——预计持有股票的期数。

股票价值的基本模型只是提供了确定股票内在价值的基本思路，该模型要求无限期地预计历年的股利，如果持有期是个未知数，则上述模型实际上很难计算。因此应用的模型都是假设股利零增长或固定比例增长时的价值模型。

2. 长期持有、股利零增长的股票价值模型

假设投资于股票后，打算长期持有且每年的股利固定不变时，固定不变的股利类似于永续年金，则股票内在价值的计算公式为：

$$P = d/K$$

式中：P——股票内在价值；

d——每年固定股利；

K——投资人要求的必要资金收益率。

【例 5-1】 大成公司拟投资购买并长期持有某公司股票，该股票每年分配股利 3 元，必要收益率为 10%，则该股票价格为多少时才适合购买？

解：$P = d/K = 3 \div 10\% = 30$（元）

计算结果表明，当股票价格低于或等于 30 元时才适合购买。

3. 长期持有股票，股利固定增长的股票价值模型

设上年股利为 d_0，本年预期股利为 d_1，每年股利增长率为 g，当 $K > g$ 时，则股票价值的计算公式为：

$$P = d_0(1+g)/(K-g)$$
$$= d_1/(K-g)$$

【例 5-2】 大成公司准备投资购买智源投资股份有限公司的股票，该股票去年每股股利为 2 元，预计以后每年以 4% 的增长率增长，大成公司经分析后，认为必须得到 10% 的报酬率，才能购买智源投资股份有限公司的股票，则该种股票的价格为多少时才适合购买？

解：$P = [2 \times (1+4\%)]/(10\% - 4\%)$

≈ 34.67（元）

计算结果表明,智源投资公司的股票价格在34.67元或以下时,大成公司才适合购买。

4. 非固定成长股票的价值

有些公司的股票股利在一段时间里高速成长,在另一段时间里又正常固定增长或固定不变,这样就需要分段计算,才能确定股票的价值。

【例5-3】 大成公司持有A公司股票,其必要报酬率为12%,预计A公司未来3年股利高速增长,增长率为20%,此后转为正常增长,增长率为8%。公司最近支付的股利是2元,计算该公司的股票价值。

解: 首先,计算非正常增长期的股利现值,计算过程见表5-1。

表5-1 非正常增长期的股利现值的计算

年 份	股利/元	复利现值系数 $(P/F, 12\%, t)$	现值/元
1	2×1.2=2.4	0.892 9	2.143 0
2	2.4×1.2=2.88	0.797 2	2.295 9
3	2.88×1.2=3.456	0.711 8	2.460 0
合计(前3年股利现值)			6.898 9

其次,按固定股利增长模型计算固定比例增长部分的股票价值。

$$P_3 = \frac{d_3 \times (1+g)}{K-g} = \frac{3.456 \times 1.08}{0.12-0.08} = 93.312(元)$$

由于这部分股票价值是第3年年底以后的股利折算的内在价值,需要将其折算为现值。

$P_3 \times (P/F, 12\%, 3) = 93.312 \times 0.711\ 8 \approx 66.419(元)$

最后,计算股票目前的内在价值。

$P = 6.898\ 9 + 66.419 \approx 73.32(元)$

5.2.3 股票投资的收益率

1. 股票短期投资收益率的计算

如果企业购买的股票在一年内出售,其投资收益主要包括股票投资价差及股利两部分,若不需考虑资金的时间价值,其持有期收益率的计算公式为:

$$R = (S_1 - S_0 + d)/S_0 \times 100\%$$
$$= (S_1 - S_0)/S_0 + d/S_0$$

式中:R——股票短期投资持有期收益率;
　　　S_1——股票出售价格;
　　　S_0——股票购买价格;
　　　d——股票持有期间的股利。

为便于决策,如果股票投资的持有期不足一年,需要将持有期收益率转化为持有期年均收益率,其计算公式为:

$$\text{持有期年均收益率} K = \text{持有期收益率} R \times \frac{360}{\text{持有期天数}}$$

【例 5-4】 2013 年 6 月 9 日，大成公司购买丽华公司每股市价为 24 元的股票，2014 年 3 月，大成公司每股获现金股利 0.20 元，2014 年 5 月 9 日，大成公司将该股票以每股 26.20 元的价格出售，则股票投资的持有期收益率为多少？

解：$R = (S_1 - S_0 + d)/S_0 \times 100\%$
$= (26.2 - 24 + 0.2)/24 \times 100\%$
$= 10\%$

持有期年均收益率 $K = 10\% \times \dfrac{12}{11} \approx 10.91\%$

2. 股票长期持有，股利固定增长的收益率的计算

由固定增长股利价值模型可知 $P = d_1/(K-g)$，将公式移项整理，求解 K，可得到股利固定增长收益率的计算模型为：

$$K = d_1/P + g$$

【例 5-5】 大成公司有一只股票的价格为 60 元，预计下一期的股利是 3 元，该股利将以大约 10% 的速度持续增长，则该股票的预期收益率为多少？

解：$K = 3/60 + 10\% = 15\%$

计算结果表明，该股票的预期收益率为 15%。

3. 一般情况下股票投资收益率的计算

一般情况下，企业进行股票投资可以取得股利，股票出售时也可收回一定资金，只是股利不同于债券利息，股利是经常变动的，股票投资的收益率是使各期股利及股票售价的复利现值等于股票买价时的折现率，即：

$$P = \sum_{t=1}^{n} \frac{d_t}{(1+K)^t} + \frac{V_n}{(1+K)^n}$$

式中：P——股票的买价；
d_t——第 t 期的预期股利；
K——股票投资收益率；
V_n——股票未来出售价格；
n——持有股票的期数。

【例 5-6】 大成公司于 2011 年 6 月 1 日投资 600 万元购买某种股票 100 万股，在 2012 年、2013 年和 2014 年的 5 月 30 日分得每股现金股利分别为 0.6 元、0.8 元和 0.9 元，并于 2014 年 5 月 30 日以每股 8 元的价格将股票全部出售，试计算该项投资的收益率。

解：根据一般情况下，股票投资的收益率是使各期股利及股票售价的复利现值等于股票买价时的折现率，则：

$P = 0.6 \times (P/F, K, 1) + 0.8 \times (P/F, K, 2) + (0.9+8) \times (P/F, K, 3)$

用逐步测试法计算，先用 20% 的收益率进行测算：

$$P = 0.6 \times (P/F, 20\%, 1) + 0.8 \times (P/F, 20\%, 2) + (0.9 + 8) \times (P/F, 20\%, 3)$$
$$= 0.6 \times 0.833\,3 + 0.8 \times 0.694\,4 + 8.9 \times 0.578\,7$$
$$\approx 6.205\,9(元)$$

由于 6.205 9 元比 6 元大，再用 24% 的收益率进行测算：

$$P = 0.6 \times (P/F, 24\%, 1) + 0.8 \times (P/F, 24\%, 2) + (0.9 + 8) \times (P/F, 24\%, 3)$$
$$= 0.6 \times 0.806\,5 + 0.8 \times 0.650\,4 + 8.9 \times 0.524\,5$$
$$\approx 5.672\,3(元)$$

然后用内插法计算如下：

$$K = 20\% + (6.205\,9 - 6)/(6.205\,9 - 5.672\,3) \times (24\% - 20\%)$$
$$\approx 21.54\%$$

5.2.4 股票投资的优缺点

1. 股票投资的优点

（1）投资收益高。股票投资风险大，收益也高，只要选择得当，就能取得优厚的投资收益。

（2）购买力风险低。与固定收益的债券相比，普通股能有效地降低购买力风险。因为通货膨胀率较高时，物价普遍上涨，股份公司盈利增加，股利也会随之增加。

（3）拥有经营控制权。普通股股票的投资者是被投资企业的股东，拥有一定的经营控制权。

2. 股票投资的缺点

（1）收益不稳定。普通股股利的有无和多少，必须视被投资企业经营状况而定，因此收益很不稳定。

（2）价格不稳定。股票价格受众多因素影响，因此价格极不稳定。

（3）求偿权居后。企业破产时，普通股投资者对被投资企业的资产求偿权居于最后，其投资有可能得不到全额补偿。

5.3 债券投资

案例阅读

2014 年 3 月 21 日，山煤国际能源集团股份有限公司公开发行不超过人民币 30 亿元公司债券获得中国证券监督管理委员会证监许可[2014]295 号文核准。根据《山煤国际能源集团股份有限公司 2013 年公司债券（第一期）发行公告》，本期债券发行总额为 15 亿元，期限为 2 年；发行价格每张 100 元，采取网上面向社会公众投资者公开发行和网下面向机构投资者询价簿记相结合的方式。本期债券发行工作已于 2014 年 4 月 28 日结束，发行总额为 15 亿元，具体发行情况如下：

（1）网上发行。网上一般公众投资者认购金额为 13 245.2 万元，占本期债券最终发行规模的 8.83%。

（2）网下发行。网下机构投资者认购金额为 136 754.8 万元，占本期债券最终发行规模的 91.17%。

那么，什么是债券？债券投资的价值如何确定？债券相对于股票又有哪些优缺点？

5.3.1 债券投资的目的

债券投资是指企业通过证券市场购买各种债券（如国库券、金融债券、公司债券及短期融资券等）进行的投资。企业进行短期债券投资的目的主要是为了合理地利用暂时闲置的资金，调节现金余缺，获得收益。企业进行长期债券投资的目的主要是为了获得稳定的收益。因此，了解债券的性质和特点，有效地进行债券的估价，权衡债券的收益和风险是成功地进行债券投资决策的前提。

我国经济发展的特殊性使许多债券的发行带有明显区别于西方的特点：①国债占有绝对比重，从1981年起，我国开始发行国库券，以后又陆续发行国家重点建设债券、财政债券、特种国债和保值公债等。每年发行的债券中，国家债券的比例均在60%以上。②债券多为到期一次还本付息，单利计算，平价发行，国家债券和国家代理机构发行的债券多数均是如此，公司债券只有少数分期付息债券。

5.3.2 债券的价值

债券的价值又称为债券的内在价值。根据资产的收入资本化定价理论，任何资产的内在价值都是在投资者预期的资产可获得的现金收入的基础上进行折现决定的。运用到债券上，债券的价值是指进行债券投资时投资者预期可获得的现金流入的现值。债券的现金流入主要包括利息和到期收回的本金或出售时获得的现金两部分。当债券的购买价格低于或等于债券价值时，才值得购买。

1. 债券价值计算的基本模型

债券价值计算的基本模型主要是指对典型债券所使用的估价模型。典型债券是指票面利率固定，每年年末计算并支付当年利息、到期偿还本金的债券。这种情况下的债券的估价模型为：

$$P = \sum_{t=1}^{n} \frac{i \times F}{(1+K)^t} + \frac{F}{(1+K)^n}$$
$$= iF(P/A, K, n) + F(P/F, K, n)$$
$$= I(P/A, K, n) + F(P/F, K, n)$$

式中：P——债券价值；

i——债券票面利息率；

I——债券年利息；

F——债券面值；

K——市场利率或投资人要求的必要收益率；

n——付息总期数。

【例5-7】 某债券面值为1 000元，票面利率为10%，每年支付一次利息，期限为5年，大成公司要对这种债券进行投资，要求必须获得12%的报酬率，则债券价格为多少时大成公司才能进行投资？

解：根据公式得：

$$P = 1\,000 \times 10\% \times (P/A,\ 12\%,\ 5) + 1\,000 \times (P/F,\ 12\%,\ 5)$$
$$= 100 \times 3.604\,8 + 1\,000 \times 0.567\,4$$
$$= 927.88(元)$$

计算结果表明，这种债券的价格必须低于或等于 927.88 元时才能购买，否则得不到 12% 的报酬率。

2. 一次还本付息的单利债券价值模型

我国很多债券属于到期一次还本付息、单利计息的存单式债券，其价值模型为：
$$P = F(1+in)/(1+K)^n$$
$$= F(1+in)(P/F,\ K,\ n)$$

公式中的符号含义同前式。

【例 5-8】 大成公司拟购买丽华公司发行的利随本清的公司债券，该债券面值为 1 000 元，期限 5 年，票面利率为 9%，不计复利，当前市场利率为 8%，则该债券价格为多少时，大成公司才能购买？

解： $P = (1\,000 + 1\,000 \times 9\% \times 5) \times (P/F,\ 8\%,\ 5)$
$\qquad = 1\,450 \times 0.680\,6 = 986.87(元)$

计算结果表明，债券价格必须低于或等于 986.87 元时，大成公司才能购买。

3. 零息债券的价值模型

零息债券的价值模型是指不标明票面利率，到期只能按面值收回，期内不计息债券的估价模型，用公式表示为：
$$P = F/(1+K)^n = F(P/F,\ K,\ n)$$

公式中的符号含义同前式。

【例 5-9】 某债券面值为 1 000 元，期限为 5 年，期内不计利息，到期按面值偿还，当时市场利率为 6%，则其价格为多少时才能购买？

解： $P = 1\,000 \times (P/F,\ 6\%,\ 5)$
$\qquad = 1\,000 \times 0.747\,3$
$\qquad = 747.3(元)$

计算结果表明，债券价格必须低于或等于 747.3 元时才能购买。

5.3.3 债券投资的收益率

1. 债券投资短期收益率的计算

短期债券由于期限较短，一般不用考虑资金的时间价值因素，只需考虑债券价差及利息收益，将其与投资额相比，即可求出短期债券持有期收益率，其基本计算公式为：
$$R = \frac{S_1 - S_0 + I}{S_0}$$

式中：S_0——债券购买价格；
$\qquad S_1$——债券出售价格；

I——持有期间的债券利息；

R——短期债券投资的持有期收益率。

为便于决策，如果债券投资的持有期不足1年，需要将持有期收益率转化为持有期年均收益率，其计算公式为：

$$持有期年均收益率 K = 持有期收益率 R \times \frac{360}{持有期天数}$$

【例5-10】 2013年6月3日，大成公司投资900元购进一张面值为1 000元、票面利率为5.5%、每年年末付息一次的债券，并于2014年4月3日以930元出售，则持有期年均投资收益率为多少？

解： $R = (930 - 900 + 1\,000 \times 5.5\%)/900 \times 100\% \approx 9.44\%$

持有期年均收益率 $K = 9.44\% \times \frac{12}{10} \approx 11.31\%$

2. 长期债券收益率的计算

对于长期债券，由于涉及时间较长，需要考虑资金的时间价值因素，其投资收益率一般是指购进债券后一直持有至到期日可获得的收益率。

1）典型债券收益率的计算

典型债券收益率是指使债券利息的年金现值和债券到期收回本金的复利现值之和等于债券购买价格时的折现率。典型债券的价值模型为：

$$P = I(P/A, K, n) + F(P/F, K, n)$$

式中：P——债券的购买价格；

I——每年获得的固定利息；

F——债券到期收回的本金或中途出售收回的资金；

K——债券的投资收益率；

n——投资期限。

由于无法直接计算收益率，必须采用逐步测试法来计算，即先设定一个折现率代入上式，如果计算出的 P 正好等于债券买价，则该折现率即为收益率；如果计算出的 P 大于债券买价，则应提高折现率继续测试；如果计算出的 P 小于债券买价，则应降低折现率继续测试。最后用内插法求出债券收益率。

【例5-11】 大成公司于2014年1月1日用平价购买一张面值为1 000元的债券，其票面利率为8%，每年1月1日计算并支付一次利息，该债券于2019年1月1日到期，按面值收回本金，计算其到期收益率。

解： $I = 1\,000 \times 8\% = 80(元)$，$F = 1\,000(元)$

$1\,000 = 80 \times (P/A, K, 5) + 1\,000 \times (P/F, K, 5)$

设收益率为8%，则

$P = 80 \times (P/A, 8\%, 5) + 1\,000 \times (P/F, 8\%, 5)$

$\quad = 80 \times 3.992\,7 + 1\,000 \times 0.680\,8$

$\quad \approx 1\,000(元)$

用8%的折现率计算出来的债券价值正好等于债券买价，所以该债券的收益率为8%。可见，平价发行的每年复利计息一次的债券，其到期收益率等于票面利率。

如果该公司购买该债券的价格为1 100元,即高于面值,则该债券收益率应为多少?

解:要求出收益率,必须使1 100=80×(P/A,K,5)+1 000×(P/F,K,5)成立。

通过前面计算已知,折现率为8%时,上式等号右边为1 000元。由于折现率与现值呈反向变化,即现值越大,折现率越小。而债券买价为1 100元,收益率一定低于8%,因此降低折现率进一步测算。

用折现率为6%进行测算:

$P_1=80×(P/A,6\%,5)+1 000×(P/F,6\%,5)$
$=80×4.212\ 4+1 000×0.747\ 3$
$=1 084.292(元)$

由于折现结果仍小于1 100元,还应进一步降低折现率测算。

用折现率为5%进行测算:

$P_2=80×(P/A,5\%,5)+1 000×(P/F,5\%,5)$
$=80×4.329\ 5+1 000×0.783\ 5$
$=1 129.86(元)$

用内插法计算:

$$K=5\%+\frac{1\ 129.86-1\ 100}{1\ 129.86-1\ 084.29}×(6\%-5\%)≈5.66\%$$

计算结果表明,如果债券的购买价格为1 100元时,债券的收益率为5.66%。

2) 一次还本付息的单利债券收益率的计算

【**例5-12**】 大成公司于2014年1月1日以1 020元购买一张面值为1 000元、票面利率为10%、单利计息的债券,该债券期限5年,到期一次还本付息,计算其到期收益率。

解:一次还本付息的单利债券价值模型为$P=F(1+in)(P/F,K,n)$

即 $1\ 020=1\ 000×(1+5×10\%)×(P/F,K,5)$

$(P/F,K,5)=1\ 020/1\ 500=0.68$

查"复利现值表"得,5年期的复利现值系数等于0.68时,$K=8\%$。

如果此时查表无法直接求得收益率,则可用内插法进行计算。

债券的收益率是进行债券投资时选购债券的重要标准,可以反映债券投资按复利计算的实际收益率。如果债券的收益率高于或等于投资人要求的必要报酬率,则可购进债券;否则就应放弃此项投资。

5.3.4 债券投资的优缺点

1. 债券投资的优点

(1) 投资收益稳定。进行债券投资一般可按时获得固定的利息收入,收益稳定。

(2) 投资风险较低。相对于股票投资而言,债券投资风险较低。政府债券有国家财力作后盾,通常被视为无风险证券。而企业破产时企业债券的持有人对企业的剩余财产有优先求偿权,因而风险较低。

(3) 流动性强。大企业及政府债券很容易在金融市场上迅速出售,流动性较强。

2. 债券投资的缺点

(1) 无经营管理权。债券投资者只能定期取得利息,无权影响或控制被投资企业。

(2) 购买力风险较大。由于债券面值和利率是固定的,如果投资期间通货膨胀率较高,债券面值和利息的实际购买力就会降低。

5.4 证券投资的风险与组合

美国财政部当地时间 2010 年 10 月 29 日发布年报显示,截至 2009 年年底,美国政府持有的中国证券超过 1 020 亿美元,其中绝大多数为股权证券。该数字在美政府持有的海外国家和地区的证券数量中,排名第 15 位。报告显示,截至 2009 年年底,美国政府持有的外国证券达近 6 万亿美元,较 2008 年的 4.3 万亿美元的持有量增长了 39%。其中包括 4 万亿美元的外国股权、1.6 万亿美元的外国长期债务证券、0.4 万亿美元的外国短期债务证券。美国政府投资组合价值的增长主要来源于在外国股权投资上的显著增长。报告显示,美国持有的英国证券数量居首,占到了 9 580 亿美元,持有的加拿大证券和日本证券金额分列二、三位。同时,美国还持有逾 1 020 亿美元的中国证券,居第 15 位。在持有的中国证券中,仅股权证券一项就约 1 020 亿美元,长期债券约 10 亿美元,短期债券低于 5 亿美元。与之相比,中国现在仍为美国最大的"债主",截至 2010 年 8 月末,中国持有美国国债的数量达到 8 684 亿美元,较 7 月末增加了 217 亿美元。为什么在美国政府投资的证券中,既有股权证券又有债权证券,既有中国的证券又有其他国家的证券?

5.4.1 证券投资风险

风险性是证券投资的基本特征之一。在证券投资活动中,投资者买卖证券是希望获取预期的收益。在投资者持有证券期间,各种因素的影响可能使预期收益减少甚至使本金遭受损失,持有期间越长,各种因素产生影响的可能性越大。与证券投资活动相关的所有风险统称为总风险。总风险按其是否可以通过投资组合加以回避及消除,可分为系统性风险与非系统性风险。

1. 系统性风险

系统性风险是指由于政治、经济及社会环境的变动而影响证券市场上所有证券的风险。这类风险的共同特点是:其影响不是只作用于某一种证券,而是对整个证券市场发生作用,导致证券市场上所有证券出现风险。由于系统性风险对所有证券的投资总是存在的,并且无法通过投资多样化的方法加以分散、回避与消除,故称为不可分散风险。它包括市场风险、利率风险、购买力风险以及自然因素导致的社会风险等。

1) 市场风险

市场风险是指由有价证券的"空头"和"多头"等市场因素所引起的证券投资收益变动的可能性。

空头市场即熊市,是指证券市场价格指数从某个较高点(波峰)下降开始,一直呈下降趋势至某一较低点(波谷)结束。多头市场即牛市,是指证券市场价格指数从某个较低点开始上升,一直呈上升趋势至某个较高点并开始下降时结束。从这一点开始,证券市场又进入空头市场。多头市场和空头市场的这种交替,导致市场证券投资收益发生变动,进而引起市场风险。多头市场的上升和空头市场的下跌都是市场的总趋势。显然,市场风险是无法回避的。

2) 利率风险

利率风险是指由于市场利率变动而引起证券投资收益变动的可能性。

因为市场利率与证券价格具有负相关性,即当利率下降时,证券价格上升;当利率上升时,证券价格下降。由于市场利率变动而引起证券价格变动,进而引起证券投资收益变动,这就是利率风险。市场利率的波动是基于市场资金供求状况与基准利率水平的波动。不同经济发展阶段市场资金供求状况不同,中央银行根据宏观金融调控的要求调节基准利率水平,当中央银行调整利率时,各种金融资产的利率和价格必然做出灵敏的市场反应,所以利率风险是无法回避的。

3) 购买力风险

购买力风险又称为通货膨胀风险,是指由于通货膨胀所引起的投资者实际收益水平下降的风险。

由于通货膨胀必然引起企业制造成本、管理成本、融资成本的提高,当企业无法通过涨价或内部消化对成本的提高加以弥补时,就会导致企业经营状况与财务状况的恶化,投资者会因此丧失对股票投资的信心,股市价格随之跌落。一旦投资者对通货膨胀的未来态势产生持久的不良预期时,股价暴跌风潮也就无法制止。世界证券市场发展的历史经验表明,恶性通货膨胀是引发证券市场混乱的祸根。

此外,通货膨胀还会引起投资者本金与收益的贬值,使投资者货币收入增加但却并不一定真的获利。通货膨胀是一种常见的经济现象,它的存在必然使投资者承担购买力风险,而且这种风险不会因为投资者退出证券市场就可以避免。

2. 非系统性风险

非系统性风险是指由于市场、行业以及企业本身等因素影响个别企业证券的风险。它是由单一因素造成的只影响某一证券收益的风险,属个别风险,能够通过投资多样化来抵消,故又称为可分散风险或公司特有风险。非系统性风险包括行业风险、经营风险、违约风险等。

1) 行业风险

行业风险是指由证券发行企业所处的行业特征所引起的该证券投资收益变动的可能性。有些行业本身包含较多的不确定因素,如高新技术行业;而有些行业则包含较少的不确定因素,如电力、煤气等公用事业。

2) 经营风险

经营风险是指由于经营不善或竞争失败导致企业业绩下降而使投资者无法获取预期收益或者亏损的可能性。

3) 违约风险

违约风险是指由于企业不能按照证券发行契约或发行承诺支付投资者利息、股息及偿还债券本金而使投资者遭受损失的风险。

5.4.2 证券投资组合

证券投资充满了各种各样的风险，为了规避非系统性风险，可采用证券投资组合的方式，即投资者在进行证券投资时，不是将所有的资金都投向单一的某种证券，而是有选择地投向多种证券，这种做法称为证券的投资组合或者投资的多样化。

1. 证券投资组合的意义

证券投资的盈利性吸引众多投资者，但证券投资的风险性又使许多投资者望而却步，如何才能有效地解决这一难题呢？科学地进行证券投资组合就是一个比较好的方法，通过有效地进行证券投资组合，便可消减甚至消除可分散风险，达到降低风险的目的。投资风险存在于各个国家的各种证券中，并且随经济环境的变化而不断变化，时大时小，此起彼伏，简单地把资金全部投向一种证券，便要承受巨大的风险，一旦失误，就会全盘皆无。证券市场上经常可听到一句名言：不要把全部鸡蛋放在一个篮子里。证券投资组合是证券投资的重要武器，可以帮助投资者全面捕获获利机会，降低投资风险。

2. 证券投资组合的策略与方法

1) 证券投资组合策略

在证券组合理论的发展过程中，形成了各种各样的派别，从而也形成了不同的组合策略，其中最常见的有以下几种：

(1) 保守型策略。这种策略认为，最佳证券投资组合策略是要尽量模拟市场现状，将尽可能多的证券包括进来，以便分散掉全部的可分散风险，得到与市场所有证券的平均报酬率同样的报酬。1976 年，美国先锋基金公司创造的指数信托基金，便是这一策略的最典型代表。这种基金投资于标准普尔股票价格指数中所包含的全部 500 种股票，其投资比例与 500 家公司价值比重相同。这种投资组合有以下好处：能分散掉全部的可分散风险；不需要高深的证券投资的专业知识；证券投资的管理费用比较低。但这种组合获得的报酬不会高于证券市场上所有证券的平均报酬。因此，此种策略属于报酬不高、风险不大的策略，故称为保守型策略。

(2) 冒险型策略。这种策略认为，与市场完全一样的组合不是最佳组合，只要投资组合做得好，就能击败市场或超越市场，取得远远高于平均水平的报酬。在这种组合中，一些成长型的股票比较多，而那些低风险、低报酬的证券不多。另外，其组合的随意性强，变动频繁。采用这种策略的人认为，报酬就在眼前，何必死守苦等，且对于追随市场的保守派不屑一顾。这种策略报酬高，风险大，因此称为冒险型策略。

(3) 适中型策略。这种策略认为，证券的组合特别是股票的价格是由特定公司的经营业绩来决定的，市场上股票价格的一时沉浮并不重要，只要公司经营业绩好，股票一定会升到其本来的价值水平上。采用这种策略的人,一般都善于对证券进行分析,如行业分析、公司业绩分析、财务分析等,通过分析来选择高质量的股票和债券,组成投资组合。适中型策略如果做得好,可获得较高的报酬,而又不会承担太大风险,但进行这种组合的人必须具备丰富的投资经验,拥有进行证券投资的各种专业知识。这种投资策略因风险不太大,但报酬却比较高,所以是一种最常见的投资组合策略,各种金融机构、投资基金和企业在进行证券投资时一般都采用此种策略。

2) 证券投资组合的方法

进行证券投资组合的方法有很多,最常见的方法通常有以下几种:

(1) 选择足够数量的证券进行组合。这是一种最简单的证券投资组合方法,在采用这种方法时,不是进行有目的的组合,而是随机选择证券,随着证券数量的增加,可分散风险会逐步减少,当数量足够大时,大部分可分散风险都能被分散掉。根据投资专家估计,在纽约证券市场上,随机地购买 40 种股票,其大多数可分散风险都能被分散掉。为了有效地分散风险,每个投资者拥有股票的数量最好不少于 12 种。我国股票种类还不太多,同时投资于 10 种左右的股票,就能达到分散风险的目的。

(2) 把风险大、风险中、风险小的证券放在一起进行组合。这种组合方法又称为 1/3 法,是指把全部资金的 1/3 投资于风险大的证券,1/3 投资于风险中等的证券,1/3 投资于风险小的证券。一般而言,风险大的证券对经济形势的变化比较敏感,当经济处于繁荣时期,风险大的证券则获得高额报酬,但当经济衰退时,风险大的证券却又会遭受巨额损失;相反,风险小的证券对经济形势的变化则不是十分敏感,一般就能获得稳定报酬,而不会遭受大的损失。因此,这种 1/3 的投资组合法,是一种进可攻、退可守的组合法,采用这种方法虽不会获得太高的报酬,但也不会承担巨大风险,是一种较好的组合方法。

(3) 把证券报酬呈负相关的证券放在一起进行组合。一种股票的报酬上升而另一种股票的报酬下降的两种股票,称为负相关股票。把报酬呈负相关的股票组合在一起能有效地分散风险。例如,某公司同时持有一家汽车制造公司的股票和一家石油公司的股票,当石油价格大幅度上升时,这两种股票便呈负相关,因为油价上涨,石油公司的报酬增加,但油价的上涨会影响汽车的销量,使汽车公司的报酬降低。这种组合,只要选择的对象恰当,对降低风险具有十分重要的意义。

3. 证券投资组合的期望收益率

$$\overline{K_p} = \sum_{i=1}^{n}(\overline{K_i}W_i)$$

式中:$\overline{K_p}$——证券投资组合的期望收益率;

$\overline{K_i}$——第 i 种证券的期望收益率;

W_i——第 i 种证券价值占证券组合投资总价值的比重;

n——证券组合中的证券数。

4. 证券组合投资的风险

证券组合投资的期望收益率可由各个证券期望收益率的加权平均而得,但证券组合投资的风险并不是各个证券标准差的加权平均数，即 $\sigma_p \neq \sum_{i=1}^{n}(\sigma_i w_i)$。证券投资组合理论研究表明，理想的证券组合投资的风险一般要小于单独投资某一证券的风险，通过证券投资组合可以规避各证券本身的非系统性风险。

【例 5-13】 大成公司投资于由 W、M 两种证券组成的投资组合，投资比重各为 50%，2010—2014 年各年的收益率及标准差资料见表 5-2。

表 5-2 完全负相关的两种证券组合

年 度	证券 W 收益率 K_W/%	证券 M 收益率 K_M/%	证券 W、M 投资组合收益率 K_p/%
2010	40	−10	15
2011	−10	40	15
2012	35	−5	15
2013	−5	35	15
2014	15	15	15
平均收益率	15	15	15
标准差	22.6	22.6	0.0

由此可见，如果只投资 W 证券或 M 证券，其风险都很高；但如果将两种证券进行组合投资，则其风险为零(标准差为零)。这种组合之所以风险为零，是因为这两种证券的投资收益率的变动方向正好相反：当 W 证券的投资收益率上升时，M 证券的投资收益率下降；反之，当 W 证券的投资收益率下降时，M 证券的投资收益率上升。这种收益率的反向变动趋势统计学上称为完全负相关，相关系数 $r=-1.0$。如果两种证券的收益率变动方向完全一致，统计学上称为完全正相关($r=+1.0$)，这样的两种证券进行投资组合，不能抵消风险。对于大多数证券，一般表现为正相关，但又不是完全正相关，所以投资组合可在一定程度上降低投资风险，但不能完全消除投资风险。证券组合的风险，不仅取决于组合中各构成证券个别的风险，也决定于证券之间的相关程度。

β 值是用来测定一种证券的收益随整个证券市场平均收益水平变化程度的指标，反映了一种证券收益相对于整个市场平均收益水平的变动性或波动性。如果某种股票的 β 系数为 1，说明这种股票的风险情况与整个证券市场的风险情况一致，即如果市场行情上涨了 10%，该股票也会上涨 10%；如果市场行情下跌 10%，该股票也会下跌 10%。如果某种股票的 β 系数大于 1，说明其风险大于整个市场的平均风险；如果某种股票的 β 系数小于 1，说明其风险小于整个市场的平均风险。

单一证券的 β 值通常会由一些投资服务机构定期计算并公布，证券投资组合的 β 值则可由证券组合投资中各组成证券 β 值加权计算而得，其计算公式为：

$$\beta_p = \sum_{i=1}^{n}(w_i \beta_i)$$

式中：β_p——证券组合的 β 系数；

w_i——证券组合中第 i 种股票投资所占的比重；

β_i——第 i 种股票的 β 系数；

n——证券组合中股票的数量。

【例 5-14】 大成公司共持有 100 万元的 3 种股票，该组合中甲股票为 30 万元，β 系数为 1.2；乙股票为 50 万元，β 系数为 1.5；丙股票为 20 万元，β 系数为 0.8，则该投资组合的 β 系数为多少？

解：$\beta_p = 30\% \times 1.2 + 50\% \times 1.5 + 20\% \times 0.8 = 1.27$

5. 证券投资组合的风险收益

1) 证券投资组合的风险收益率

投资者进行证券投资，就要求对承担的风险进行补偿，股票的风险越大，要求的收益率就越高。由于证券投资的非系统性风险可通过投资组合来抵消，投资者要求补偿的风险主要是系统性风险，所以证券投资组合的风险收益是投资者因承担系统性风险而要求的超过资金时间价值的那部分额外收益。其计算公式为：

$$R_p = \beta_p (K_m - R_f)$$

式中：R_p——证券投资组合的风险收益率；

β_p——证券投资组合的 β 系数；

K_m——证券市场上所有股票的平均收益率；

R_f——无风险收益率，一般用政府公债的利率来衡量。

【例 5-15】 根据【例 5-14】资料，如股票市场的平均收益率为 12%，无风险收益率为 8%，确定该证券投资组合的风险收益率。

解：$R_p = 1.27 \times (12\% - 8\%) = 5.08\%$

在其他因素不变的情况下，风险收益取决于证券投资组合的 β 系数。β 系数越大，风险收益越大；β 系数越小，风险收益越小。

2) 证券投资组合的必要收益率

根据资本资产定价模型，证券投资的必要收益率等于无风险收益率加上风险收益率，即：

$$K_p = R_f + \beta_p (K_m - R_f)$$

式中：K_p——证券投资组合的必要收益率；

β_p——证券投资组合的 β 系数；

K_m——证券市场上所有股票的平均收益率；

R_f——无风险收益率，一般用政府公债的利率来衡量。

【例 5-16】 大成公司股票投资组合的 β 系数为 1.5，无风险利率为 6%，市场平均收益率为 10%，则该股票投资组合的必要收益率为多少时投资者才会购买？

解：$K_p = R_f + \beta_p (K_m - R_f)$

$\qquad = 6\% + 1.5 \times (10\% - 6\%)$

$\qquad = 12\%$

计算结果表明，大成公司的股票的收益率达到或超过 12% 时，投资者才会购买。

本章知识结构图

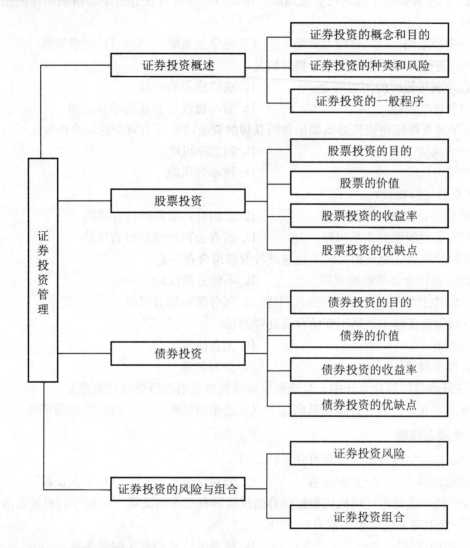

课后练习题

一、单项选择题

1. 在投资人想出售有价证券获取现金,但有价证券又不能立即出售的风险称为( )。
   A. 违约风险   B. 利息率风险
   C. 购买力风险   D. 流动性风险

2. 投资组合能分散( )。
   A. 所有风险   B. 系统性风险   C. 非系统风险   D. 市场风险

3. 假定某项投资风险 β 系数为 1.2,无风险收益率为 5%,市场平均收益率为 20%,其必要收益率为( )。

A. 15%   B. 25%   C. 23%   D. 20%

4. 进行证券投资时,最佳证券投资组合策略是要尽量模拟市场现状,将尽可能多的证券包括进来,以便分散掉全部的可分散风险,得到与市场所有证券的平均报酬同样的报酬,这种策略是(   )。

A. 适中型策略   B. 冒险型策略   C. 保守型策略   D. 混合策略

5. 企业进行长期债券投资的主要目的是(   )。

A. 合理利用暂时的闲置资金   B. 获得稳定的收益
C. 调节现金余额   D. 参与被投资企业的经营管理

6. 由于通货膨胀而使证券到期出售所获得的资金的购买力减少的风险称为(   )。

A. 违约风险   B. 利息率风险
C. 购买力风险   D. 流动性风险

7. β 系数可以衡量(   )。

A. 个别公司股票的市场风险   B. 个别公司股票的特有风险
C. 所有公司股票的市场风险   D. 所有公司股票的特有风险

8. 两种股票呈完全负相关时,把这两种股票组合在一起(   )。

A. 能分散掉全部非系统风险   B. 不能分散风险
C. 风险等于单项证券风险的加权平均   D. 可分散掉部分风险

9. 下列各种证券中,属于变动收益证券的是(   )。

A. 国库券   B. 无息债券
C. 普通股股票   D. 公司债券

10. 在证券投资组合方法中,只选取少量成长型股票进行投资的策略是(   )。

A. 保守型策略   B. 冒险型策略   C. 适中型策略   D. 稳健型策略

二、多项选择题

1. 按证券的发行主体,证券可分为(   )。

A. 政府证券   B. 金融证券   C. 公司证券   D. 个人证券

2. 债券的评级是指评级机构根据债券的风险和利息率的高低,对债券的质量做出的一种评价。在评级时考虑的主要因素有(   )。

A. 违约的可能性   B. 债务的性质和有关附属条款
C. 在破产清算时债权人的相对地位   D. 流动性

3. 债券投资的优点有(   )。

A. 本金安全性高   B. 收入比较稳定
C. 许多债券都具有较好的流动性   D. 提高企业资金实力

4. 股票投资的缺点有(   )。

A. 普通股对公司净资产和盈利的求偿权均居后
B. 普通股的价格受众多因素影响,很不稳定
C. 普通股收入不稳定
D. 加大财务风险

5. 企业进行证券投资的主要目的包括( )。
   A. 满足目前的财务需求 B. 满足季节性经营对现金的需求
   C. 获得对相关企业的控制权 D. 暂时存放闲置资金
6. 按照资本资产定价模型,影响特定股票预期收益率的因素有( )。
   A. 无风险收益率 B. 市场平均收益率
   C. 特定股票的 β 系数 D. 市场所有股票的 β 系数
7. 评价债券收益水平的指标包括( )。
   A. 债券票面利率 B. 债券价值
   C. 债券到期前年数 D. 债券收益率
8. 证券短期投资的收益包括( )。
   A. 现价与原价的价差 B. 股利收益
   C. 债券利息收益 D. 出售收入
9. 股票投资的优点有( )。
   A. 购买力风险低 B. 求偿权居后
   C. 投资收益高 D. 拥有经营控制权
10. 证券投资的系统性风险包括( )。
    A. 购买力风险高 B. 市场风险
    C. 利率风险 D. 行业风险

三、判断题

1. 一般来说,固定收益证券风险较大,但报酬不高;变动收益证券风险较小,但报酬较高。( )
2. 风险和报酬的关系是证券投资决策分析中重要的问题之一。( )
3. 证券发行人无法按期支付利息或偿还本金的风险称为购买力风险。( )
4. 一般而言,银行利率下降,则证券价格上升;银行利率上升,则证券价格下跌。( )
5. 公司债券被认为比普通股票和其他有固定收入的证券能更好地避免购买力风险。( )
6. 证券组合投资风险的大小,等于组合中各个证券风险的加权平均数。( )
7. 与债券投资相比,股票投资具有收益稳定性差、价格波动大、收益率低等缺点。( )
8. 通货膨胀情况下,债券比股票能更好地避免购买力风险。( )
9. 在计算长期证券收益率时,应考虑资金时间价值因素。( )
10. 就风险而言,从大到小的排列顺序为:公司证券、金融证券、政府证券。( )

四、计算分析题

1. 某公司股票面值为10元/股,年股利率为10%,必要报酬率为12.5%,要求计算该股票的内在价值。
2. 假设某公司本年每股将派发股利0.2元,以后每年的股利按4%的增长率递增,必要投资报酬率为9%,要求计算该公司股票的内在价值。

3. 大成公司准备投资购买东方信托公司的股票,该股票上年每股股利为2元,预计以后每年以4%的增长率增长,大成公司经过分析后认为必须得到10%的报酬率才能购买该公司的股票。计算该种股票的内在价值。

4. 大成公司持有某上市公司的股票,该股票的最低投资报酬率为10%,预计此上市公司未来3年的股利将高速增长,增长率为16%,以后转为正常增长,增长率为8%。公司最近支付的股利是每股2元。计算该上市公司股票的投资价值。

5. 某企业购买A股票100万股,买入价为每股5元,持有3个月后卖出,卖出价为每股5.4元,在持有期间每股分得现金股利0.1元。计算该企业投资于A股票的持有期收益率和持有期年均收益率。

6. 某种债券面值1 000元,票面利率为10%,期限为5年,甲公司准备对这种债券进行投资。

要求:

(1) 已知市场利率为8%,每年支付一次利息,要求计算债券的价值。

(2) 若市场利率为10%,债券到期一次还本付息,单利计息,要求计算债券的价值。

7. 某公司于2014年2月1日以1 100元价格购买一张面值为1 000元的债券,其票面利率为10%,每年支付一次利息,5年后的1月31日到期。计算该债券的到期收益率。

8. 某企业购买面值为1 000元的A债券1万张,买入价为每张980元,持有5个月后卖出,卖出价为每张990元,在持有期间每张分得利息60元,计算该企业投资于债券的持有期收益率和持有期年均收益率。

9. 某公司准备将其投资额的60%购买甲公司发行的面值为1 000元、票面利率为8%、期限为5年、每年付息一次的债券,同期市场利率为6%,当时债券的市场价格为1 150元;以40%的资金购买乙公司的股票,该股票最近一期的股利为每股1.5元,该股票β系数为2,市场平均收益率为10%,国债年利率为4%。

要求:

(1) 某公司是否应购买甲公司债券?

(2) 投资于乙公司股票的必要收益率是多少?

(3) 某公司投资于乙公司股票可能接受的价格是多少?

第 6 章

营运资金管理

YINGYUN ZIJIN GUANLI

【学习目标】

(1) 了解营运资金的概念、特点及管理的基本要求。
(2) 理解企业持有现金的原因和成本。
(3) 了解最佳现金持有量的成本分析模式。
(4) 掌握最佳现金持有量的存货分析模式。
(5) 掌握应收账款成本与信用政策的内容。
(6) 掌握应收账款信用条件优化的定量计算方法。
(7) 了解存货成本及管理技术。
(8) 掌握存货管理的经济批量模型。

【本章提要】

在通常情况下，企业的财务经理有约60%的时间是用于营运资金管理的，而对于多数财务管理相关专业的毕业生来说，他们的第一份与专业有关的工作都会涉及企业营运资金管理方面的内容，这点在很多小企业中表现得尤其明显。

对于企业来说，应该持有适当数量的营运资金，如果缺乏营运资金，企业就会面临短期的经营风险；但营运资金盈利能力比较差，持有过多会降低企业的投资回报率。本章将从营运资金的概念和特点入手，重点介绍营运资金中现金、应收账款以及存货的管理内容。重点解决：保证足够的现金流动性与降低现金持有成本之间的矛盾；保证足量存货与降低存货占用成本之间的矛盾；减少应收账款的占用与促进销售之间的矛盾。

【导入案例】

2012年12月1日，由财政部企业司、中国会计学会、中国海洋大学、中国企业营运资金管理研究中心等联合主办的"营运资金管理高峰论坛"在青岛成功举办。随后，论坛发布了《营运资金管理发展报告（2012）》及2011年度中国上市公司营运资金管理绩效排行榜。中国企业营运资金管理研究中心分别以2011年2 117家上市公司、2010—2011年1 864家可比上市公司和2007—2011年1 347家可比上市公司作为研究对象，进行了营运资金管理绩效的行业总体分析、行业趋势分析、地区比较分析和专题分析（外向型行业分析、战略性新兴产业分析和民营上市公司分析），从渠道和要素两个视角对上市公司营运资金管理状况进行了全面的调查和透视，得到以下结论：2011年中国上市公司营运资金管理绩效恶化普遍，其中经营活动营运资金管理绩效恶化严重；中国上市公司对商业信用的信赖度较强、商业信用利用较为充分，除电力及水生产供应行业外，其余行业短期借款和供应链依赖度较为稳定；但令人忧虑的是，该中心通过中国上市公司持续5年的财务数据跟踪，发现2007—2011年营运资金整体占有水平持续增幅较高……

那么，什么是营运资金？营运资金管理的基本要求是什么？

 ## 6.1 营运资金管理概述

6.1.1 营运资金的概念

营运资金又称为营运资本，是指企业在生产经营活动中用在流动资产上的资金。关于营运资金的含义有广义和狭义之分。广义的营运资金有时被称为毛营运资金，是指在生产经营活动中占用的流动资产；狭义的营运资金被称为净营运资本，是流动资产减去流动负债后的余额。流动资产是指可以在一年以内或超过一年的一个营运周期内变现或运用的资产，主要包括现金、短期投资、应收预付账款、存货等；流动负债则是指在一年或超过一年的一个营运周期内必须清偿的债务，主要包括短期借款、应付票据、应付预收账款、应缴税费等。从财务管理的角度看，流动资产与流动负债存在一定的对应关系，但流动资产一般大于流动负债，说明企业的流动资产占用的资金除了通过流动负债筹集外，还要通过长期负债和所有者权益筹集。

6.1.2 营运资金的特点

营运资金的特点可以根据流动资产和流动负债的特点体现出来。由于流动负债在第3章筹资管理中已进行介绍，故本章重点介绍流动资产的管理。流动资产有以下几个特点。

1. 投资回收期短，变现能力强

投资于流动资产的资金一般在一年或一个营运周期内收回，回收期相对较短。同时，流动资产很容易变卖或转让，且价值一般不会有很大损失。如果企业急需资金，流动资产变现能力很强。

2. 获利能力较弱，投资风险较小

相对于固定资产，流动资产的获利能力较弱，投资风险也较小。企业在流动资产中保留大量投资，会减小由于存货不足而影响生产经营和不能按时偿债的可能性，也就会减小企业的投资风险，但也会降低企业的整体投资效益。因此，流动资产投资应保持在一个适当的水平。

3. 数量波动很大

流动资产的数量不是一个常数，随着企业供产销的变化，其数量波动很大。季节性生产企业表现得更为明显。对于流动资产管理来说，要尽量使流动资产的数量变动与企业生产经营波动保持一致，满足企业需要。

4. 占用形态经常变动

流动资产经过供产销阶段，其占用形态不断变化，按照"现金→材料→在产品→产成品→应收账款→现金"的顺序转化。企业的营业利润正是在这种周转中得以实现的。进行流动资产管理的重点就是要保证这种周转顺利迅速地进行，继而必须加强现金管理、应收账款管理和存货管理。

6.1.3 营运资金管理的基本要求

营运资金的管理就是对流动资产和流动负债的管理。其总的要求就是既要保证有足够的资金满足生产经营的需要，又要保证按时按量偿还各种到期债务。

1. 合理确定并控制流动资产的需要量

企业流动资产的需要量取决于生产经营规模和流动资产的周转速度，同时会受到市场及供产销情况的影响。企业要综合考虑这些要素，合理确定并控制流动资产需要量，在保证经营需要的同时不因过量而造成资金的闲置。

2. 合理确定流动资产的来源构成

企业要选择合适的筹资渠道和方式，力求以较小的代价换回较大的经济收益，并考虑到筹资与日后的偿债能力的配合问题。

3. 加快资金周转，提高流动资产使用效益

流动资产周转的速度越快，流动资产投资需要量越少，越能提高每一单位流动资产的利用效益。因此，企业应适度加快存货周转、缩短应收账款的收账周期，从而提高资产的使用效益。

6.2 现金管理

现金是指在企业生产经营过程中暂时停留在货币形态的资金，包括库存现金、银行存款和其他现金。在普通企业的总资产中，有接近 1.5% 的部分是以现金的形式持有的。现金是企业流动性和变现能力最强的资产，因为它可以用于支付工人工资和原材料成本、购买固定

资产、缴纳税款、偿还债务、支付股利等,因此具有普遍的可接受性。但同时它也被称为"无收益资产",说明现金的盈利性很弱,几乎不能带来任何收益。

所以,现金管理的目标就是在保证企业生产经营所需资金的情况下,尽量降低现金的持有数量。具体而言,就是一方面保证现金持有量能满足企业各种业务往来的需要;另一方面将闲置资金减少到最低限度。

6.2.1 持有现金的动机和成本

1. 持有现金的动机

1)交易动机

交易动机是指企业为了满足生产经营活动的需要而必须持有现金,如购买原材料、支付人工工资、缴纳税款等。企业经常得到货币收入,也经常发生货币支出,两者一般不可能同步同量,收入多于支出,形成留存;收入小于支出,需要填补,因此企业应保留一定的现金余额以保证业务活动正常进行。企业出于交易动机而持有的现金量取决于销售额的多少。

2)预防动机

预防动机是指企业为了应付意外的、紧急的情况而持有现金,如生产事故、自然灾害、客户违约等打破原先现金收支平衡的情况。企业出于预防动机而持有的现金量取决于:企业临时筹措资金的能力;企业对现金预测的可靠程度;企业愿意承担风险的程度;企业其他资产的变现能力。

3)投机动机

投机动机是指企业为了能抓住转瞬即逝的市场机会获利而持有现金,如以超低价购入有价证券,再在短期内抛售获利等。企业出于投机动机而持有的现金量取决于:市场机会的多少;企业对待风险的态度。

2. 现金的成本

企业拥有任何资产都有成本,而现金主要存在 4 种成本,即持有成本、转换成本、短缺成本和管理成本。

1)持有成本

持有成本是指企业因持有现金而放弃的再投资收益,这是一项机会成本。例如,企业持有现金 10 万元,若投资于有价证券,可以获得 10% 的收益率,即现金的再投资收益为 1 万元。这项机会成本与现金持有数量是同方向变化的,即持有的现金越多,机会成本越大。

2)转换成本

转换成本是指企业用现金购入有价证券以及转化有价证券换取现金时付出的交易费用,如委托买卖的佣金、委托手续费、证券过户费等。严格地讲,转换成本要区分固定费用和变动费用。其中,变动费用如买卖佣金或手续费通常是按照委托金额来计算的。因此,在证券总额一定的情况下,无论转换多少次,所需支付的佣金都是相同的,它与证券转换次数无关,属于和现金持有量决策无关的成本。只有那些与证券转换次数变动有关的固定费用才是决策相关成本。

3) 短缺成本

短缺成本是指因现金持有量不够而给企业造成的直接损失和间接损失。如由于没钱购买原材料造成的停工损失、不能支付货款而造成的信誉损失等。短缺成本随现金持有量的增加而下降。

4) 管理成本

管理成本是指企业因持有现金而发生的管理费用,如出纳人员的工资费用,安全防盗设施的建造费用等。管理费用一般是固定费用。

6.2.2 最佳现金持有量的确定

如前所述,企业出于交易、预防和投机的动机,必须持有一定量的现金,但持有太多或太少都会对企业产生不利的影响。因此,确定最佳现金持有量具有重要意义。所谓最佳现金持有量就是使现金相关成本之和最小的持有数额,可以采用成本分析模式和存货分析模式两种方法确定。

1. 成本分析模式

成本分析模式是指在不考虑现金转换成本的情况下,通过分析现金的持有机会成本、短缺成本和管理成本,测算各相关成本之和最小的现金持有量的一种方法。

机会成本随着现金持有量的增大而增大,一般按年现金持有量平均值与有价证券收益率的乘积来计算。其计算公式为:

$$机会成本=现金平均持有量\times 有价证券收益率$$

管理成本由于基本上属于固定成本,不随现金持有量而变化,因此对决策不会造成影响。

短缺成本随着现金持有量的增加而减少,当现金达到一定数量时短缺成本就不存在了。

下面用图解的方式来说明成本分析模式。如图 6.1 所示,机会成本是一条由原点出发向右上方的射线,管理成本是一条水平线,短缺成本是一条由左上方向右下方的直线或上凹的曲线,它会与横轴相交,说明当现金的数量达到比较大时就不存在短缺成本了。总成本曲线由各项成本纵坐标相加后得到,是一条上凹的曲线,总成本最低点对应的横坐标 Q 就是要求的最佳现金持有量。

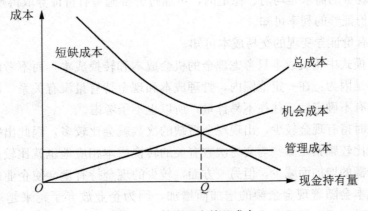

图 6.1 持有现金的总成本

在实际工作中，成本分析模式下的最佳现金持有量可以通过编制现金持有量成本分析表来确定。

【例6-1】 大成公司有4种现金持有方案，其相关成本资料见表6-1。

表6-1 现金持有量及相关成本表　　　　　　　　　　　　　　　金额单位：元

项目	方案			
	A	B	C	D
现金持有量	200 000	230 000	250 000	280 000
机会成本率	10%	10%	10%	10%
管理费用	2 000	2 000	2 000	2 000
短缺成本	12 000	6 000	3 000	1 500

根据表6-1，可编制最佳现金持有量成本分析表，见表6-2。

表6-2 最佳现金持有量成本分析表　　　　　　　　　　　　　　单位：元

方案	机会成本	管理费用	短缺成本	总成本
A	20 000	2 000	12 000	34 000
B	23 000	2 000	6 000	31 000
C	25 000	2 000	3 000	30 000
D	28 000	2 000	1 500	31 500

比较各方案可知，C方案总成本最低，该企业最佳现金持有量应为250 000元。

2. 存货分析模式

存货分析模式是1952年由美国经济学家威廉·鲍曼首先提出的，它认为最佳现金持有量与存货经济批量的确定很相似，因此，可以用存货分析模式来确定最佳现金持有量。存货分析模式的使用有如下假设条件：

(1) 企业在某一段时期内一共需要的现金量是已知的，并以短期有价证券形式持有。
(2) 企业对现金的需求是均匀、稳定的，可通过分批抛售有价证券取得现金。
(3) 短期有价证券的利率可知。
(4) 每次将有价证券变现的交易成本可知。

在存货分析模式中相关成本只考虑现金的机会成本和转换成本，而不考虑管理成本和短缺成本。这主要是因为：在一定范围内，管理成本和现金持有量没有关系，属于决策无关成本；短缺成本具有不确定性，往往不易计量，所以也不予考虑。

如果企业平时持有现金较少，出现现金短缺的次数就会比较多，因此出售有价证券来换回现金的次数就比较频繁，那些与交易次数有关的转换成本相应地也就比较高，这些转换成本会随着现金余额的增加而减少。但另一方面，较少的现金持有量会使企业的机会成本非常低，这些机会成本会随着现金余额的增加而增加，因为企业放弃了越来越多可以赚钱的利息，如图6.2所示，现金的机会成本和转换成本是随现金持有量向不同方向发展的。两线交叉点对应的现金持有量 C^* 即为相关总成本最低的持有量,它可以用存货分析模式求出。

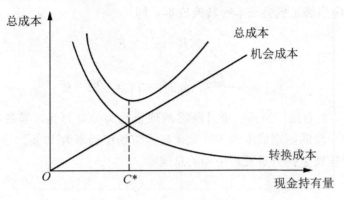

图 6.2 持有现金的成本

下面通过举例来说明存货分析模式的应用。假设某企业现金使用量是均衡的,每周资金净流出量为 15 万元。若该企业第 1 周开始持有现金 30 万元,那么这些资金够企业支付两周,在第 2 周结束时现金余额将降低到零。这两周现金的平均持有量就是期初持有量(30 万元)+期末持有量(零万元)再除以 2,即 15 万元。第 3 周开始时,企业就需要将 30 万元的有价证券转换为现金以备支付;第 4 周结束时,企业现金持有量又降低到零,这两周现金平均持有量仍为 15 万元。如此循环,企业一段时间内的现金持有情况如图 6.3 所示。

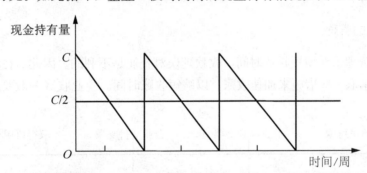

图 6.3 企业一段时间内的现金持有情况

在图 6.3 中,每两周代表一个现金使用循环周期,C 代表循环期之初的现金持有量,$C/2$ 代表循环期现金平均持有量。

如果企业将 C 定得高一些,比如每次持有现金 60 万元,以企业每周 15 万元的净流出量计算,这些资金够支付 4 周,企业可以在 4 周之后再出售有价证券,这样就减少了转换成本,但企业现金平均持有量达到了 30 万元,增加了很多机会成本;如果将 C 定得低些,比如定为 15 万元,资金将在每周结束时就被使用完,这样必然增加转换成本,但现金平均持有量下降为 7.5 万元,降低了机会成本。

于是,企业需要确定合理的现金持有量 C,使得现金相关总成本最低。要解决该问题,需要事先确定 3 个变量的值:①一定期间内的现金需求量,用 T 表示;②每次出售有价证券所需的转换成本,用 F 表示;③持有现金的机会成本率,即有价证券的利率,用 K 表示。

这样企业持有现金的相关总成本 TC 就可以表示为:

$$TC = \frac{C}{2} \times K + \frac{T}{C} \times F$$

由图 6.2 可知，最佳现金持有量 C^* 应是机会成本线与转换成本线的交叉点对应的现金持有量，因此 C^* 应当满足机会成本＝转换成本，即：

$$\frac{C^*}{2} \times K = \frac{T}{C^*} \times F$$

整理得出：$C^* = \sqrt{\frac{2TF}{K}}$，此时的 $TC = \sqrt{2FTK}$

【例 6-2】 某企业预计经营一个月所需的现金约为 200 万元，准备用短期有价证券变现取得，证券每次交易的固定成本为 100 元，证券市场年利率为 12%。

要求：计算最佳现金持有量及最小相关总成本。

解：

最佳现金持有量：$C^* = \sqrt{\dfrac{2 \times 100 \times 2\,000\,000}{12\% \div 12}} = 200\,000(元)$

最小相关总成本：$TC = \sqrt{2 \times 100 \times 2\,000\,000 \times 12\% \div 12} = 2\,000(元)$

6.2.3 现金的日常管理

企业不仅应该确定最佳现金持有量，而且应该采取各种措施加强现金的日常管理，以确保现金的使用效率。

1. 现金收入的管理

现金收入的管理重在缩短收款时间，收款延误对企业是不利的。因此，在其他情况不变的条件下，企业要采取一些措施来加速收账，以缩短收账时间。企业收账一般要经过如图 6.4 所示的过程。

图 6.4 现金收账过程

在以上过程中现金在每一个阶段的时滞长短取决于企业、客户和银行所在的位置以及企业在现金收账上的效率。在实际工作中，缩短邮寄时滞和处理时滞的方法一般有锁箱法、集中银行法等，缩短转账时滞可用最快的转账结算方式。下面以锁箱法为例进行介绍。

锁箱法是指企业在各个主要客户所在地承租专门的邮政信箱，并在当地开立分行存款账户，授权当地银行每日开启信箱，在取得客户支票后立即予以结算，并通过电汇方式将汇款拨给企业总部。其流程如图 6.5 所示。

采用锁箱法缩短了邮寄时间，因为支票是在附近的邮局收到的，而不是在企业总部收到的。同时，锁箱法也降低了处理时间，因为企业不必再打开信封，并将支票存入银行。总而言之，银行锁箱使企业收账的处理、存入和结算，比支票在总部收到再自己送到银行存入和结算要快很多。现在，很多企业为了提高效率已采用"电子锁箱"来替代传统锁箱。

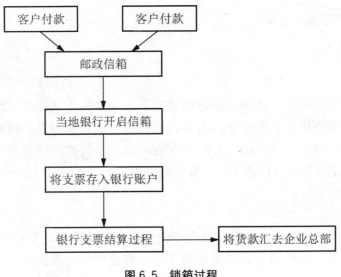

图 6.5　锁箱过程

2. 现金支出的管理

现金支出的管理重在推迟付款时间。例如，在诸多结算付款方式中如有可能则要优先考虑用承兑汇票的方式结算，因为承兑汇票不是见票即付的票据，当它被提交给各开票方开户银行时，开户行必须将它交给签发者以获承兑，这样，付款人就推迟了调入资金支付汇票实际所需的时间。另外，注意在异地结算中要选择有利的结算手段。

3. 闲置现金的利用

1) 合理利用现金"浮游量"

由于企业从开出支票到从开户银行实际划出这笔款项总会有一定的时间间隔，从而使企业现金账户余额与银行账户中的存款余额有一定的差额，将其称为现金"浮游量"。只要把握和控制好时间，"浮游量"是可以利用的。

2) 利用闲置资金进行短期有价证券投资

由于多种原因，企业会有暂时性的现金剩余，比如对企业的季节性和周期性活动的筹资等。上述情况如果估算准确，又熟悉证券市场情况，企业就能利用闲置资金进行短期有价证券投资而获利。由于企业资金流量大，即使证券投资期短，也能获得可观的收益。从财务管理角度来说，这应该是一种生财的手段。

6.3　应收账款管理

应收账款是指企业由于对外赊销产品、材料或赊销劳务等原因，应向购货或接受劳务的单位收取的款项。在当代经济中，商业信用的使用越来越多，应收账款已成为企业流动资产中的重要项目。

6.3.1 应收账款的功能及成本

1. 应收账款的功能

1) 促进销售

在现销和赊销两种销售方式下，企业都倾向于以现金的方式销售，而不是以赊销的方式，但是竞争的压力迫使大多数企业不得不以赊销的方式出售商品，因此就形成了应收账款。赊销的促销作用是十分明显的，客户一方面可以在不付款的情况下得到自己需要的商品；另一方面在一定时期内可以减少自己资金的占用。所以，适时灵活地运用赊销方式能得到客户的青睐，增加销售。

2) 减少存货

由于赊销方式能增加销售，自然也就会使企业库存产品减少，使存货转化为应收账款。减少存货能降低仓储、保险费等管理费用的支出，防止存货变质损失，有利于资金的加速周转。

2. 应收账款的信用成本

应收账款意味着赊销方企业向赊购方企业提供了一种商业信用，赊销方企业势必要为此付出一定代价，增加相关成本。

1) 机会成本

应收账款的机会成本是指企业资金被应收账款占用而不能进行其他投资所丧失的潜在收益，它通常与企业维持赊销业务所需的资金数量以及资本成本有关。其计算公式为：

$$应收账款的机会成本 = 维持赊销业务所需的资金 \times 资本成本$$

其中：资本成本一般按照有价证券的收益率（利率）计算。

$$维持赊销业务所需的资金 = 应收账款平均余额 \times 变动成本率$$

$$应收账款平均余额 = 赊销收入净额 \div 应收账款周转率$$

$$应收账款周转率 = 360 \div 应收账款周转期$$

应收账款周转期相当于应收账款平均收账期，如果平均收账期不明确，可用信用期近似代替。

$$\begin{aligned}变动成本率 &= 变动成本 \div 销售收入 \\ &= 单位变动成本 \div 单价 \\ &= 1 - 边际贡献率\end{aligned}$$

2) 管理成本

应收账款的管理成本是指企业对应收账款进行管理而发生的一系列开支。主要包括客户信用调查费用、应收账款记录分析费用、催收账款费用等。在应收账款一定数额范围内，管理成本通常为固定成本。

3) 坏账成本

坏账成本是指应收账款不能收回而给企业造成的损失。只要存在应收账款就难以避免坏账的发生，这样会对企业生产经营活动的稳定性带来不利影响，企业应按规定以应收账款余额的一定比例提取坏账准备金。坏账成本一般与企业应收账款的数额大小、拖欠时间长短有关。

6.3.2 信用政策的制定

信用政策又称为应收账款的管理政策,一般由信用标准、信用条件和收账政策3部分组成。

1. 信用标准

信用标准是指企业同意向客户提供商业信用而要求客户必须具备的条件。如果客户达不到信用标准,虽然仍可以购买商品,但不能享受信用优惠或必须遵守更为严格的信用条件。信用标准越高,企业坏账损失越少,机会成本与管理成本也就越少,但却不利于企业扩大销售,影响企业的市场竞争力;信用标准越低,随着企业销售的增加,坏账风险和相关成本也会增加。制定客户的信用标准前往往先要评估客户的资信程度,一般通过"5C"系统来进行。"5C"系统主要包括以下5个方面:

(1) 品质(Character),即客户的信誉,包括以往是否有故意拖欠账款和赖账的行为,有无因商业行为不端而受到司法判处的前科,与其他供货企业的关系是否良好等。

(2) 能力(Capacity),即客户的偿债能力。一般客户的流动资产越多,其转换为现金支付货款的能力越强。同时,还要注意客户流动资产的质量,看是否有存货过多、过时或质量下降,影响其变现能力和支付能力的情况。

(3) 资本(Capital),是指客户的财务实力和财务状况,表明客户偿还债务的背景。

(4) 抵押(Collateral),是指当客户拒付或无力支付货款时能用于抵押的资产,这一点对于不知底细或信用状况有争议的客户尤为重要。

(5) 经济状况(Conditions),是指可能影响客户付款能力的经济环境,包括一般经济发展趋势和某些地区的特殊发展情况。当客户的经济状况向不利方向发展时,给其提供商业信用应十分谨慎。

2. 信用条件

信用条件是指企业向客户提供商业信用时要求其支付款项的条件,具体包括信用期限、现金折扣等。信用条件是否优惠对企业的产品销售会产生很大的影响。

1) 信用期限

信用期限是企业允许客户最迟付款的天数。信用期限在不同行业中有很大的差别,但是几乎介于30~120天。一般来说,信用期限长,容易吸引客户,但在增加销售的同时会引起机会成本、管理成本和坏账成本的增加;信用期限短,不足以吸引客户,不利于企业扩大销售。因此,信用期限优化的重点在于延长信用期限增加的销售利润是否能超过增加的信用成本。

【例6-3】 大成公司目前采用的赊销信用期限为30天,销售量达到100 000件,拟将信用期限延长到60天,预计销售量能达到120 000件。假定企业投资报酬率为15%,产品单位售价为5元,其他条件见表6-3。

表6-3 信用期限有关资料　　　　　　　　　　　　　　　　　　　　单位：元

项目	信用期	
	30 天	60 天
销售额（每件5元）	500 000	600 000
变动成本（每件4元）	400 000	480 000
可能发生的收账费用	3 000	4 000
可能发生的坏账损失	5 000	9 000

要求：确定该企业应延长信用期限还是维持原有信用期限。

解： 当信用期限为30天时

信用成本前的收益＝赊销收入净额－变动成本＝500 000－400 000＝100 000（元）

机会成本＝$\dfrac{500\,000}{360} \times 30 \times \dfrac{400\,000}{500\,000} \times 15\% = 5\,000$（元）

管理成本＝3 000（元）

坏账成本＝5 000（元）

信用成本后的收益＝信用成本前的收益－（机会成本＋管理成本＋坏账成本）
　　　　　　　　＝100 000－（5 000＋3 000＋5000）＝87 000（元）

若信用期限延长到60天，则：

信用成本前的收益＝600 000－480 000＝120 000（元）

机会成本＝$\dfrac{600\,000}{360} \times 60 \times \dfrac{480\,000}{600\,000} \times 15\% = 12\,000$（元）

管理成本＝4 000（元）

坏账成本＝9 000（元）

信用成本后的收益＝120 000－（12 000＋4 000＋9 000）＝95 000（元）

由计算可知，延长信用期限至60天时信用成本后的收益最大，该企业应该延长信用期限。

2）现金折扣

企业为了既能扩大销售，又能尽早收回款项，往往在给客户规定一定的信用期限的同时推出现金折扣条款。现金折扣是企业给客户提供的在规定时期内提前付款就能在货款支付上享受折扣的优惠政策，它包括折扣期限和折扣率两个要素。例如，（2/10，n/30）表示信用期限为30天，如果客户能在10天内付款，可享受2％的现金折扣，超过10天，则应在30天内付清全款。其中10天表示折扣期限，2％为折扣率。在信用条件优化选择中，要考虑到现金折扣能降低机会成本、管理成本和坏账成本，但同时也需要付出一定的代价，即现金折扣成本（少收的部分货款）。现金折扣的政策有时还会影响销售额（比如有些客户就是冲着现金折扣来购买商品的），造成销售利润的改变。那么在存在现金折扣的情况下，信用条件优化的要点就是增加的销售利润能否超过增加的机会成本、管理成本、坏账成本和现金折扣成本之和。其中，现金折扣成本＝赊销收入净额×折扣期内付款的销售额比例×现金折扣率。

【例6-4】 沿用【例6-3】的资料，假如该企业在放宽信用期限的同时，为了吸引客户尽早付款，提出了（2/30，n/60）的现金折扣条件，估计有占销售额比重一半的客户将享受到现金折扣优惠。要求：判断该企业是否应放宽信用期限，并向客户提供现金折扣。

解： 在【例 6-3】中计算表明 60 天信用期优于 30 天信用期，因此本例只需要在 60 天信用期的前提下比较有现金折扣方案和无现金折扣方案。

若提供现金折扣，则：

信用成本前的收益 = 600 000 - 480 000 = 120 000（元）

应收账款的周转期 = 30×50% + 60×50% = 45（天）

机会成本 = $\dfrac{600\,000}{360} \times 45 \times \dfrac{480\,000}{600\,000} \times 15\% = 9\,000$（元）

管理成本 = 4 000（元）

坏账成本 = 9 000（元）

现金折扣 = 600 000×50%×2% = 6 000（元）

信用成本后的收益 = 120 000 - （9 000 + 4 000 + 9 000 + 6 000）= 92 000（元）

由计算可知，信用成本后的收益（92 000 元）小于 60 天无现金折扣方案下的收益（95 000 元），所以该企业不应向客户提供现金折扣。

3. 收账政策

收账政策是指客户违反信用条件，拖欠甚至拒付款项时企业应采取的收账策略。

首先，作为债权人的企业具有要求债务人偿还账款的法定权利，但并不意味着一旦发生逾期款项就要付诸法律，因为每个客户拖欠拒付的原因是不同的，如果客户只是由于一时资金周转不灵而拖欠账款，通过法律手段追回款项的同时会失去合作伙伴，得不偿失。另外，通过法律途径往往需要花费较长的时间和高额的诉讼费。因此，应视具体原因具体处理。例如，对于逾期较短的客户，不要过多地打扰，以免失去市场；对于逾期稍长的客户，可措辞婉转地写信催款；对于逾期较长的客户，进行频繁的信件催款并电话催询；对于逾期很长的客户，可在催款时措辞严厉，必要时就要提请有关部门仲裁或提起法律诉讼等。

其次，无论采取何种方式，基本上都要付出一定的代价，即收账费用。在一定范围内，随着收账费用的增加，坏账损失会逐渐减少，但收账费用不是越多越好，因为收账费用增加到一定程度时，坏账损失就不再减少。所以，收账费用投入多少，要在权衡增加的收账费用和减少的坏账损失后做出决定。

> **课堂思考**
>
> 企业一旦发生逾期应收账款，为什么不要立即付诸法律，而要视具体情况而定呢？

6.3.3 应收账款的日常管理

对于多数企业来说，存在应收账款是十分正常的事，甚至有些企业应收账款的总额还比较大。因此，对企业应收账款的日常管理是十分必要的，必须采取相应的措施进行分析控制。

1. 应收账款的监控分析

企业监控应收账款的重要手段就是对应收账款进行账龄分析。企业平时应落实专人做好备查记录，编制应收账款账龄分析表，对不同账龄的应收账款进行分类列示，以便对其收回情况进行监督，见表 6-4。

表 6-4 应收账款账龄分析表

应收账款账龄	账户数量	金额/万元	比重/%
信用期内	150	90	37.50
逾期 1 个月以内	60	50	20.83
逾期 3 个月以内	50	40	16.67
逾期半年以内	40	30	12.50
逾期 1 年以内	30	20	8.34
逾期 1 年至 3 年	20	5	2.08
逾期 3 年以上	10	5	2.08
合　　计	360	240	100

从账龄分析表中可以看出，企业的应收账款在信用期内及超过信用期各时间档次的金额及比重，即账龄结构。一般来讲，应收账款逾期拖欠时间越长，收回的难度越大，越可能形成坏账。通过对账龄结构进行分析，做好信用记录，可以调整并制定新的信用政策和收账政策。

2. 建立坏账准备金制度

在市场经济条件下，坏账损失难以避免。根据会计制度权责发生制和谨慎性的要求，企业需要对坏账发生的可能性进行预计，并计提相应的坏账准备金。坏账准备金计提的比例应与应收账款的账龄存在一定联系(账龄越长，计提比例越高)或者按应收账款余额的 3‰～5‰ 计提坏账准备金。

6.4　存货管理

存货是指企业在生产经营过程中为了销售或耗用而储备的物资，主要包括企业材料(原材料、辅助材料、包装物等)、在产品和库存商品 3 类。和应收账款一样，存货在许多企业中都是一笔庞大的投资。对于典型的制造业，存货经常超过资产的 15%，对于零售商，存货可能会超过资产的 25%。存货的管理目标是：在保证满足日常经营活动所需存货量的基础上，将存货的相关成本降到最低。

6.4.1　存货的成本

1. 取得成本

取得成本是指为了取得某种存货而发生的支出，主要包括存货的进价成本和订货成本两方面。

进价成本又称为购置成本,即存货的买价,是存货采购量与单价的乘积。一定时期内的采购量是根据生产部门的需要而制定的,因此在不存在商业折扣的情况下,一定时期的购置成本与每次的采购数量没有关系,是存货决策的无关成本。但在存在商业折扣的情况下,购置成本与每次的采购数量有关系,每次的采购数量越多,价格越优惠,是存货决策的相关成本。

订货成本又称为进货费用,是指企业为组织进货而支付的有关费用。订货成本中有一部分与采购次数无关的固定成本,如常设采购机构的基本开支等,属于决策无关成本。而订货成本中的另一部分变动成本,如差旅费、邮资费等,是与采购次数有关的,属于决策相关成本。

2. 储存成本

储存成本是企业持有存货而在储存过程中发生的费用支出。储存成本中也有一部分成本是固定的,如仓库折旧费、仓库员工工资等,这类成本与存货储存量没有密切关系,是决策的无关成本。储存成本中的另一部分是与存货储存量成正比的变动成本,比如存货资金占用的机会成本、保险费用等,这类成本属于决策相关成本。

3. 缺货成本

缺货成本是指由于存货不足而给企业造成的损失,如材料供应中断造成的停工损失、产成品库存短缺造成的延迟发货的信誉损失,以及丧失销售机会造成的有形和无形的损失。当企业允许缺货时,缺货成本随平均存货的减少而增加,是存货决策的相关成本。不过缺货成本因其计量十分困难而常常不予考虑,当缺货成本能够计量时,在存货决策中应予以考虑。

6.4.2 存货管理的技术

存货管理的目标表明,存货管理的重点在于降低存货的相关成本,这也是存货管理技术的价值体现。

1. 基本经济批量模型(ECQ 模型)

基本经济批量模型是准确建立最优存货水平的一个很有名的方法。图 6.6 说明了该模型的基本思想,其中显示了不同存货水平(横轴)下与持有存货相关的不同成本(纵轴)。根据前面的分析可以得出,存货决策相关总成本只由两项成本构成,即变动性订货成本和变动性储存成本。

如图 6.6 所示,当存货持有水平增加时,存货变动性储存成本就上升,变动性订货成本就下降;反之,则正好相反。而存货总成本曲线则保持向下凹的形状。在这个模型中,需要求出的是能使存货相关总成本达到最小时的存货订货量(Q^*),这就是存货的经济批量。

注意:在一定时期内存货所需的总量是由销售量来决定的,是企业给定的数字,这里分析的是企业在任何特定的时间应该持有多少存货。更确切地说,是试图确定企业每次订购的订单应该是多大规模的。

经济批量模型的分析是要基于若干基本假设的,主要包括存货单价不变;不允许缺货;存货的消耗均匀;订货能瞬间一次到达;每次订货时的变动性订货成本和单位储存成本都不变等。

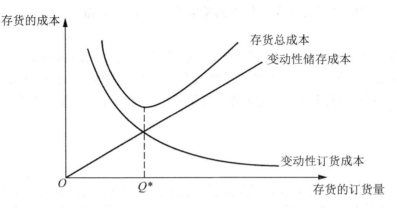

图 6.6　存货的成本线

在这些假设之下,设某企业一年的存货需用量为 A 件,目前持有存货 Q 件,全部销售完毕需要 3 周时间,第 3 周结束时,企业再订购 Q 件,从头再来。这种销售和再订购过程会产生一个锯齿状的存货持有状态,如图 6.7 所示。

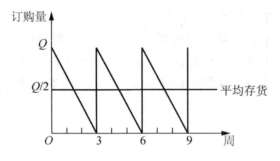

图 6.7　一定时期内存货的订购情况

这样企业总是从 Q 件存货开始,一直到全部卖完为止,那么平均存货就是 $Q/2$ 件了。企业每次订货的变动性订货成本是 P,存货年平均单位变动性储存成本为 C_1,则该企业存货的年相关总成本 TC 为:

$$TC = P \times \frac{A}{Q} + C_1 \times \frac{Q}{2}$$

要求令 TC 最小的 Q 值,通过观察图 6.6 可以发现,最小值点就位于两条成本线交叉的地方。在这点,变动性订货成本与变动性储存成本相等。因此,通过使这两种成本相等,就能求出相关总成本最小时的 Q^* 和相关总成本的最小值 TC^*。

$$P \times \frac{A}{Q^*} = C_1 \times \frac{Q^*}{2}$$

可得:
$$Q^* = \sqrt{\frac{2PA}{C_1}}$$

这时:　　　　　最低的相关总成本 $TC^* = \sqrt{2PAC_1}$

【例6-5】 企业全年耗用甲种材料14 400千克，该材料单价为10元，年单位储存成本为2元，一次订货成本为400元。

要求：确定经济订货批量、最小相关总成本、最佳订货次数、最佳订货周期、最佳存货资金占用额。

解：依上述资料计算如下。

经济批量 $=\sqrt{\dfrac{2\times 14\,400\times 400}{2}}=2\,400$（千克）

最小相关总成本 $=\sqrt{2\times 14\,400\times 400\times 2}=4\,800$（元）

最佳订货次数 $=14\,400\div 2\,400=6$（次）

最佳订货周期 $=360\div 6=60$（天）

最佳存货资金占用额 $=10\times \dfrac{2\,400}{2}=12\,000$（元）

课堂思考

基本经济批量模型为企业确定的是什么？

2. 基本模型的拓展

1) 采购需要时间

在基本经济批量模型中，都假设企业的存货在被"订购时能瞬间一次到达"，事实上这一点很难在实际中做到。因此，必须允许运送时间，在存货达到一定水平时，就要订货。再订购点（Reorder Point）就是企业真正下订单时的库存量。它等于采购需要的时间与每日平均需要量的乘积。在这种情况下，经济批量并没有发生变化，只是采购时间需要提前。

例如，某企业每日需要材料100千克，采购该材料需要的时间为10天，则该材料的再订货点为1 000千克，即当该材料尚有1 000千克时就应当组织采购，等到下批采购的材料到达时，原材料库存刚好用完。

2) 存在商业折扣

关于经济批量模型中"存货单价不变"的假设与现实也明显不符。在市场经济条件下，为了鼓励客户多购买自己的产品，销售方常常以提供商业折扣的方式吸引客户。此时，作为购买方的企业在进行存货采购的经济批量决策时，一定要考虑采购数量对采购价格的影响，此时的购置成本成为决策的相关成本。这时的经济批量决策程序应是：按基本经济批量模型求出无折扣下的订货批量及其总成本；考虑在享受商业折扣的情况下最低批量的相关总成本；比较各相关总成本并选择相关总成本较低的采购方案。

【例6-6】 大成公司全年需要甲零件1 800件。每次变动性订货成本为25元，每件甲零件年平均变动性储存成本为4元。当采购量小于200件时，单价为10元；当采购量大于或等于200件，但又小于300件时，单价为9元；当采购量大于300或等于300件时，单价为8元。要求：计算最优采购批量及全年最小相关总成本。

解：先计算基本经济批量。

$$Q_1 = \sqrt{\frac{2 \times 1\ 800 \times 25}{4}} = 150(件)$$

这时甲零件单价为 10 元，相关总成本 $TC_1 = 10 \times 1\ 800 + \sqrt{2 \times 25 \times 1\ 800 \times 4} = 18\ 600$（元）

当单价为 9 元时，$Q_2 = 200$ 件，则：

$$TC_2 = 9 \times 1\ 800 + 25 \times \frac{1\ 800}{200} + 4 \times \frac{200}{2} = 16\ 825(元)$$

当单价为 8 元时，$Q_3 = 300$ 件，则：

$$TC_3 = 8 \times 1\ 800 + 25 \times \frac{1\ 800}{300} + 4 \times \frac{300}{2} = 15\ 150(元)$$

由上面计算可知，本例最优采购批量为 300 件，全年最少相关总成本为 15 150 元。

3. 存货 ABC 管理法

19 世纪意大利经济学家巴雷特首创了 ABC 管理法，存货的 ABC 分类管理就是这种方法在存货管理中的具体应用。它的基本理念是把存货分成 3 类（或更多类）。所依据的道理是从数量上讲占很小比例的存货，从价值上讲占的比例可能很大。例如，对于使用相当昂贵的高科技零件和一些相当便宜的基础材料来生产产品的制造商而言，这种情况就会存在。

在通常情况下，A 类存货品种数量占整个存货品种数量的 5%～20%，但金额却占整个存货金额比重的 60%～80%，因此该类存货应受到密切管理，严格控制；C 类存货例如螺钉和螺母这种基本存货数量占整个存货数量的 60%～70%，金额却只占到整个存货金额的 5%～15%，这类存货只对其进行总量控制和管理即可；B 类存货数量与金额都介于 A 类与 C 类之间，具体管理可视具体情况，部分参照 A 类存货，部分参照 C 类存货。

当企业存货品种繁多、单价高低悬殊、存量多寡不一时，使用 ABC 管理法可以分清主次，抓住重点，区别对待，使存货管理效率更高。

4. 分级归口管理

分级归口管理是指按照使用资金和管理资金相结合、物资管理和资金管理相结合的原则，将存货资金定额按各职能部门所涉及的业务归口管理，各职能部门再将资金定额计划层层分解落实到车间、班组以至个人，实行分级管理。

5. 适时制存货管理

适时制（Just-In-Time，JIT）存货管理方法起源于日本，是许多日本制造业管理的基本组成部分，一般被用来管理引致需求存货。所谓引致需求存货，是指企业对某种存货的需求来自于或依赖于对其他存货的需要。例如，汽车制造商对轮胎、电池、前灯以及其他零部件等存货项目的需求完全取决于计划的汽车数量。JIT 的管理目标就是要使这些引致需求存货最小化，完全根据经营需求保有刚好足够的存货数量，以满足立即生产的需要，从而使周转率最大化，有效降低存货资金的占用，提高资金的使用效率。

本章知识结构图

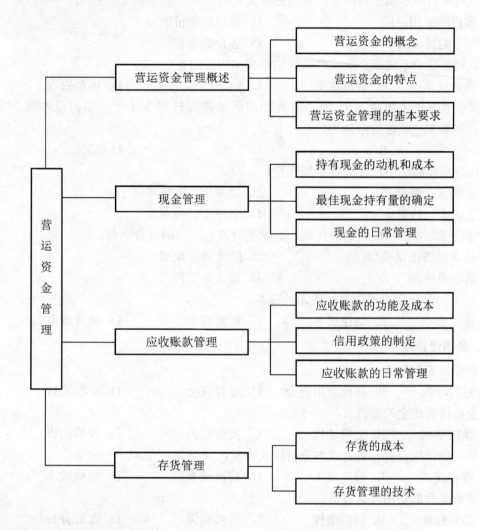

 课后练习题

一、单项选择题

1. 持有现金通常会发生4种成本,其中( )是一项机会成本。
   A. 持有成本　　　B. 转换成本　　　C. 管理成本　　　D. 短缺成本

2. 在存货分析模式下最佳现金持有量出现在( )时。
   A. 机会成本大于转换成本　　　　　B. 机会成本小于转换成本
   C. 机会成本等于转换成本　　　　　D. 机会成本和转换成本之和最大

3. 在一定时期,当现金需要量一定时,同现金持有量成反比的成本是( )。
   A. 管理成本　　　B. 资金成本　　　C. 短缺成本　　　D. 机会成本

4. 信用标准是（　　）的重要内容。
   A. 收账政策　　B. 信用期限　　C. 信用条件　　D. 信用政策
5. 下列项目中不属于判断客户资信程度高低的"5C"因素的是（　　）。
   A. 客户的信用品质　　　　　　B. 客户的偿付能力
   C. 客户的资本大小　　　　　　D. 客户的名称
6. 下列各项中不属于企业应收账款信用成本内容的是（　　）。
   A. 机会成本　　B. 管理成本　　C. 短缺成本　　D. 坏账成本
7. 某企业本年销售收入为20 000元，应收账款周转率为4次，期初应收账款余额为3 500元，则期末应收账款余额为（　　）元。
   A. 4 000　　　B. 5 000　　　C. 6 000　　　D. 6 500
8. 在存货控制法中，A类存货属性是（　　）。
   A. 金额大、数量多　　　　　　B. 金额小、数量多
   C. 金额大、数量少　　　　　　D. 金额小、数量少
9. 要获得商业折扣模型的最优解，必须先计算（　　）的订货批量。
   A. 基本经济批量模型　　　　　B. 陆续到货模型
   C. 最小单价段　　　　　　　　D. 最大单价段
10. （　　）是存货决策中的一项无关成本。
    A. 订货成本　　B. 储存成本　　C. 购置成本　　D. 缺货成本

二、多项选择题

1. 企业的现金包括（　　）。
   A. 银行存款　　B. 其他货币资金　　C. 库存现金　　D. 应收账款
2. 企业持有现金的动机有（　　）。
   A. 预防动机　　B. 交易动机　　C. 投资动机　　D. 投机动机
3. 确定最佳现金持有量的成本分析模式涉及（　　）。
   A. 持有成本　　B. 管理成本　　C. 转换成本　　D. 短缺成本
4. 应收账款的信用政策包括（　　）。
   A. 信用标准　　B. 信用条件　　C. 收账政策　　D. 账龄分析
5. 应收账款机会成本的大小与（　　）有关。
   A. 资本成本　　　　　　　　　B. 应收账款平均余额
   C. 现金持有量　　　　　　　　D. 变动成本率
6. 企业如果延长信用期限，可能导致的结果有（　　）。
   A. 扩大当期销售　　　　　　　B. 延长平均收账期
   C. 增加坏账损失　　　　　　　D. 增加收账费用
7. 应收账款现金折扣成本是下列项目中（　　）的乘积。
   A. 赊销净额　　　　　　　　　B. 现金折扣率
   C. 平均收账期　　　　　　　　D. 折扣期内付款的销售额比例
8. 基本经济批量模型的假设包括（　　）。
   A. 存货单价不变　　　　　　　B. 订货瞬时到达
   C. 存货消耗均匀　　　　　　　D. 不允许缺货

9. 存货的管理技术有（　　）。
   A. 商业折扣模型　　　　　　B. 分级归口管理
   C. 适时性管理　　　　　　　D. 基本经济批量模型
10. 存货成本中与订货的批量紧密相关的项目是（　　）。
    A. 购置成本　　B. 变动成本　　C. 储存成本　　D. 订货成本

三、判断题

1. 营运资金的特点是变现能力与获利能力都比较强。（　）
2. 持有现金的成本包括机会成本、转换成本、短缺成本与管理成本。（　）
3. 由于现金是企业正常生产经营所必需的，因此其持有量越多越好。（　）
4. 应收账款的主要功能是增加销售和存货。（　）
5. 增加收账费用可以减少坏账损失，当收账费用增加到一定程度时，就不再发生坏账损失。（　）
6. 企业在决定是否延长信用期限时，应先将延长信用期后增加的利润与增加的机会成本、管理成本、坏账成本进行比较。（　）
7. 催收应收账款的最佳选择是通过法律途径。（　）
8. 在存货 ABC 管理法中，A 类存货是指数量少、价值少的那类存货。（　）
9. 适时制存货管理主要是针对引致需求存货进行管理的一种技术。（　）
10. 利用存货模式确定最佳现金持有量，必须考虑机会成本、转换成本和短缺成本。（　）

四、计算分析题

1. 某企业预计全年需要现金 100 000 万元，现金与有价证券的转换成本为每次 200 元，有价证券的收益率为 10%。

   要求：确定最佳现金持有量以及最小的相关总成本。

2. 假设某企业预测的年度赊销额为 3 000 000 元，应收账款平均收账天数为 60 天，变动成本率为 60%，有价证券投资收益率为 10%。

   要求：计算应收账款的机会成本。

3. 某企业采用赊销的方式销售 A 产品，该产品单位售价为 20 元，单位成品的变动成本为 15 元，固定成本总额为 400 000 元，当企业没有对客户提供现金折扣时，该产品的年销售量为 100 000 件，应收账款的平均收账期为 45 天，坏账损失率为 2%。为增加销售，同时加速应收账款的回收，企业考虑给客户提供"2/10，n/60"的信用条件。估计采用新信用政策后，销售量增加 20%，有占销售额 70% 的客户将在折扣期内付款，坏账损失率将降为 1%。另外市场利息率为 20%，该企业的生产能力尚有剩余。

   要求：选择对企业最有利的信用条件。

4. 某企业经销 A 产品，变动成本率为 70%，固定成本为 600 万元。企业的资金成本率为 8%。2011 年该企业有两种信用条件可供选择。

   甲方案：给予客户 60 天信用期限（n/60），预计销售收入为 5 000 万元，货款将于第 60 天收到，其信用成本为 140 万元。

   乙方案：信用条件为（2/10，1/20，n/90），预计销售收入为 5 400 万元，将有 30% 的货款于第 10 天收到，20% 的货款于第 20 天收到，其余的货款于第 90 天收到，预计坏账损失率为 2%，收账费用为 50 万元。

要求：

(1) 计算乙方案的下列指标：

① 应收账款平均收账天数；

② 应收账款平均余额；

③ 维持赊销业务所需的资金；

④ 应收账款的机会成本；

⑤ 现金折扣成本；

⑥ 坏账成本；

⑦ 采用乙方案的总信用成本。

(2) 为该企业做出采取何种信用条件的决策，并说明理由。

5. 某企业所需的某种材料采购总量为 1 000 吨，材料单价为 5 000 元，每次采购费用为 800 元，每吨材料平均保管费用为 40 元。

要求：计算经济采购批量及订货周期。

6. 某企业每年需耗用 A 材料为 90 000 件，单位材料年存储成本为 4 元，平均每次进货费用为 1 800 元，A 材料全年平均单价为 40 元。

要求：

(1) 计算基本经济进货批量。

(2) 计算年度最佳进货批数。

(3) 计算相关进货费用。

(4) 计算相关存储成本。

(5) 计算经济进货批量相关总成本。

(6) 计算经济进货批量平均占用资金。

7. 某企业全年需要 C 零件 10 000 件。当采购量小于 250 件时，单价为 50 元；当采购量达到 250 件时，单价为 48 元；当采购量达到 500 件时，单价为 46 元；当采购量达到 1 000 件时，单价为 45 元。每次订货的变动性订货成本为 20 元，每件 C 零件年变动性储存成本为 10 元。

要求：计算最优采购批量及最小相关总成本。

第 7 章

收益与分配管理

SHOUYI YU FENPEI GUANLI

【学习目标】

(1) 了解收益分配管理的意义、内容。
(2) 掌握销售预测的方法和销售定价管理。
(3) 掌握成本归口分级管理、标准成本管理、责任成本管理。
(4) 熟悉利润分配政策及其影响因素、股利支付形式。

【本章提要】

本章旨在介绍收入实现、成本补偿与利润管理之间的关系。

收入是指会计期间内经济利益的增加,是企业能够持续经营的基本条件,因此企业在经营管理过程中一定要做好销售预测分析以及销售定价管理。

成本费用是企业生产经营过程中资金消耗的反映,成本费用指标在促进企业提高经营管理水平、降低生产经营中的劳动耗费方面起着十分重要的作用。成本费用的管理模式有成本归口分级管理、标准成本管理、责任成本管理等。

收益分配是企业按照国家财经法规和企业章程对所实现的收益进行分配以满足有关各方面经济需求的一种财务行为。企业应遵循一定的原则、按规定的分配程序、在考虑有关因素的基础上确定适当的收益分配政策。

【导入案例】

太原重工股份有限公司(简称太原重工),是中国最著名的重型机械设备制造商之一,是中国最大的起重设备生产基地、最大的挖掘设备生产基地、最大的航天发射装置生产基地、最大的大型轧机油膜轴承生产基地、最大的矫直机生产基地、最大的多功能旋转舞台生产基地、唯一的管轧机定点生产基地、唯一的火车轮对生产基地、国内品种最全的锻压设备生产基地。2013 年,公司采取积极措施应对宏观经济形势和市场变化,通过优化产品设计,强化目标成本控制,降低外购成本,控制非生产性支出等有效措施,全年实现营业收入 95.51 亿元,净利润 2 550.47 万元。

2014 年 4 月 9 日召开的公司六届四次董事会决议,经董事会审议的 2013 年度报告期利润分配预案或公积金转增股本预案:以公司 2013 年年末的总股本 2 423 955 000 股计算,拟按每 10 股派发现金红利 0.10 元(含税),共计分配利润 24 239 550 元,本次分配后公司的未分配利润尚余 1 281 772 844.44 元结转下年度……

那么,该公司采取的股利分配政策是什么?考虑了哪些影响因素?

7.1 收益与分配管理概述

收益与分配管理是对企业收益与分配的主要活动及其形成的财务关系的组织与调节,是企业将一定时期内创造的经营成果合理地在企业内、外各利益相关者之间进行有效分配的过程。企业的收益分配有广义和狭义两种概念。广义的收益分配是指对企业的收入和净利润进行分配,包括两个层次:第一层次是对企业收入的分配,这是对成本费用的补偿,是一种初次分配;第二层次是对企业净利润的分配,这是一种再分配。狭义的收益分配仅指对企业净利润的分配。本章采用的是广义的收益分配概念。

企业通过经营活动取得收入后,要按照补偿成本(费用)、缴纳所得税、提取公积金、向投资者分配利润等顺序进行收益分配。对于企业来说,收益分配不仅是资产保值、保证简单再生产的手段,同时也是资产增值、实现扩大再生产的工具。收益分配还可以满足国家政治职能与组织经济职能的需要,是处理所有者、债权人等各方面物质利益关系的基本手段。

7.1.1 收益与分配管理的意义

收益与分配管理对于维护企业与各相关利益主体的财务关系、提升企业价值具有重要意义。具体来说,表现在以下 3 个方面。

1. 收益分配集中体现了企业所有者、债权人与职工之间的利益关系

企业所有者是企业权益资金的提供者,按照"谁出资谁受益"的原则,其应得的收益须通过企业的收益分配来实现,而获得投资收益的多少取决于企业盈利状况及利润分配政策。通过收益分配,投资者能实现预期的收益,提高企业的信誉程度,有利于增强企业未来融通资金的能力。

企业的债权人在向企业投入资金的同时也承担了一定的风险,企业的收益分配应体现出对债权人利益的充分保护。除了按时支付到期本金、利息外,企业在进行收益分配时也要考虑对债权人未偿付本金的保障程度,否则将在一定程度上削弱企业的偿债能力,从而降低企业的财务弹性。

职工是创造企业收入和利润的源泉。通过薪资的支付以及各种福利的提供，可以提高职工的工作热情，为企业创造更多的价值。因此，为了正确、合理地处理好企业各方利益相关者的需求，就必须对企业所实现的收益进行合理分配。

2. 收益分配是企业再生产的资金保障以及优化资本结构的重要措施

企业再生产过程中所投入的各类资金，随着生产经营活动的进行而不断地发生消耗和转移，形成成本费用，最终构成商品价值的一部分。营业收入的取得为企业成本费用的补偿提供了前提，也为企业简单再生产的正常进行创造了条件。通过收益分配，企业能形成一部分可自行安排的资金，可以增强企业生产经营的财力，有利于企业适应市场需要扩大再生产。

此外，留存收益是企业重要的权益资金来源，收益分配的多少影响企业积累的多少，从而影响权益与负债的比例，即资本结构。企业价值最大化的目标要求企业的资本结构最优，因而收益分配便成了优化资本结构、降低资本成本的重要措施。

3. 收益分配是企业承担社会责任，形成国家建设资金的重要来源之一

在企业正常的生产经营活动中，职工不仅为自己创造了价值，还为社会创造了一定的价值，即利润。利润代表企业的新创财富，是企业收入的重要构成部分。除了满足企业自身的生产经营性积累外，通过收益分配，国家财政也能够集中一部分企业利润，由国家有计划地分配使用，实现国家政治职能和经济职能，发展能源、交通和原材料基础工业，为社会经济的发展创造良好条件。

7.1.2 收益与分配管理的原则

1. 依法分配原则

企业的收益分配必须依法进行。为了规范企业的收益分配行为，维护各利益相关者的合法权益，国家颁布了相关法规，规定了企业收益分配的基本要求、一般程序和重要比例。因此，企业的收益分配必须严格按照国家的法规进行。

2. 积累与分配并重原则

企业的收益分配必须坚持积累与分配并重的原则。企业通过经营活动获取收益，既要保证企业简单再生产的持续进行，又要不断积累扩大再生产的财力基础。恰当地处理分配与积累之间的关系，留存一部分净收益以供未来分配之需，能够增强企业抵抗风险的能力，同时也可以提高企业经营的稳定性与安全性。

3. 兼顾各方利益原则

企业的收益分配必须兼顾各方面的利益。企业是经济社会的基本单元，企业的收益分配涉及国家、股东、债权人、职工等多方面的利益。正确地处理各利益相关者之间的关系，协调其矛盾，对企业的生存、发展是至关重要的。企业在进行收益分配时，应当统筹兼顾，维护各利益相关者的合法权益。

4. 投资与收益对等原则

企业进行收益分配应当体现"谁投资谁受益""受益大小与投资比例相对等"的原则。这是正确处理投资者利益关系的关键。企业在向投资者分配收益时，应本着平等一致的原则，按照投资者投资额的比例进行分配，不允许任何一方随意多分多占，从根本上实现收益分配中的公开、公平和公正，保护投资者的利益。

7.1.3 收益与分配管理的内容

企业通过销售产品、提供劳务、转让资产使用权等活动取得收入，而这些收入的去向主要有两个方面：一是弥补成本费用，即为取得收入而发生的资源耗费；二是形成利润，即收入匹配成本费用后的余额。收入、成本费用和利润三者之间的关系可以简单表述为：

$$收入-成本费用=利润$$

可以看出，广义的收益分配首先是对企业收入的分配，即对成本费用进行弥补，进而形成利润的过程。然后对其余额（即利润）按照一定的程序进行再分配。显然，收入的取得、成本费用的发生以及利润的形成与流向构成了收益分配的主要内容。因此，收益分配管理包括收入管理、成本费用管理和利润分配管理3个部分。

1. 收入管理

收入是企业收益分配的首要对象。企业的收入多种多样，其中，销售收入是企业收入的主要构成部分，是企业在日常经营活动中由于销售产品、提供劳务等活动所形成的，是企业能够持续经营的基本条件。企业的再生产过程包括供应、生产和销售3个相互联系的阶段。企业只有把生产出来的产品及时销售出去，取得销售收入，才能保证再生产过程的继续进行。

销售收入的制约因素主要是销量和价格。科学的销售预测可以加速企业的资金周转，提高企业的经济效益。产品价格是企业获得市场占有率、提升产品竞争能力的重要因素。产品价格的制定直接或间接地影响着销售收入。一般来说，价格与销售量呈反向变动关系：价格上升，销量减少；反之，销量增加。企业可以通过不同的价格制定方法与策略来调节产品的销售量，进而影响销售收入。所以，销售预测分析与销售定价管理便构成了收入管理的主要内容。

2. 成本费用管理

企业取得的收入首先应当用于弥补成本费用，这样才可以保证企业简单再生产的继续进行。成本费用是商品价值中所耗费的生产资料的价值和劳动者必要劳动所创造的价值之和，在数量上表现为企业的资金耗费。成本费用管理对于提高企业经营效率、增加企业收益具有重要意义，主要的成本费用管理模式包括归口分级管理、成本性态分析、标准成本管理、作业成本管理和责任成本管理等。

3. 利润分配管理

利润分配是收益分配第二层次的内容，是狭义的收益分配。利润是收入弥补成本费用后的余额。由于成本费用包括的内容与表现的形式不同,利润所包含的内容与形式也有一定的区别。若成本费用不包括利息和所得税,则利润表现为息税前利润;若成本费用包括利息而不包括所得税,则利润表现为利润总额;若成本费用包括了利息和所得税,则利润表现为净利润。

本章所指的利润分配是指对净利润的分配。根据《公司法》及相关法律制度的规定,公司净利润的分配应按照下列顺序进行。

1) 弥补以前年度亏损

企业在提取法定盈余公积金之前,应先用当年利润弥补亏损。企业年度亏损可以用下一年度的税前利润弥补,下一年度不足弥补的,可以在 5 年之内用税前利润连续弥补,连续 5 年未弥补的亏损则只能用税后利润弥补。其中,税后利润弥补亏损可以用当年实现的净利润,也可以用盈余公积金转入。

2) 提取法定盈余公积金

根据我国《公司法》的规定,法定盈余公积金的提取比例为当年税后利润(弥补亏损后)的 10%。当年法定盈余公积金的累积额已达注册资本的 50% 时,可以不再提取。法定盈余公积金提取后,根据企业的需要,可用于弥补亏损或转增资本,但企业用盈余公积金转增资本后,法定盈余公积金的余额不得低于转增前公司注册资本的 25%。提取法定盈余公积金的目的是为了增加企业内部积累,以利于企业扩大再生产。

3) 提取任意盈余公积金

根据我国《公司法》的规定,公司从税后利润中提取法定盈余公积金后,为满足企业经营管理的需要,控制向投资者分配利润的水平,以及调整各年度利润分配的波动,经股东会或股东大会决议,还可以从税后利润中提取任意盈余公积金。

4) 向股东(投资者)分配股利(利润)

根据我国《公司法》的规定,公司弥补亏损和提取盈余公积金后所余税后利润,可以向股东(投资者)分配股利(利润)。其中,有限责任公司股东按照实缴的出资比例分取红利,全体股东约定不按照出资比例分取红利的除外;股份有限公司按照股东持有的股份比例分配,但股份有限公司章程规定不按照持股比例分配的除外。

【例 7-1】 大成公司开始经营的前 8 年实现的税前利润(亏损用"一"号表示)见表 7-1。

表 7-1 大成公司前 8 年的税前利润表

年　份	1	2	3	4	5	6	7	8
利润/元	-100	-40	10	10	20	20	60	40

假设除弥补亏损以外没有其他纳税调整事项,企业所得税税率为 25%,公司按规定享受连续 5 年的税前利润弥补亏损政策,按当年净利润(弥补亏损后)的 10% 提取法定盈余公积金。回答以下问题:

(1) 该公司第 7 年是否需要缴纳所得税?

(2) 该公司第 8 年是否有利润用于提取法定盈余公积金?是否有利润可供股东分配?

解:

(1) 公司第 1 年的 100 万元亏损可以由 5 年内的税前利润弥补,但公司用第 3—6 年的税前利润弥补后尚有 40 万元亏损未能弥补,需用以后年度的税后利润弥补。公司第 7 年的 60

万元利润应弥补第 2 年发生的 40 万元亏损，弥补亏损后的 20 万元利润应缴纳所得税 5 万元，税后利润 15 万元还要弥补第 1 年的亏损，因此第 7 年应缴纳所得税，但不应提取法定盈余公积金。

（2）该公司第 8 年的 40 万元利润应首先缴纳所得税 10 万元，税后利润 30 万元弥补第 1 年的 25(40－15)万元亏损后还剩余 5 万元，因此第 8 年应提取法定盈余公积金 5 000 元，剩余的 45 000 元可分配给股东。

7.2 收入管理

广义的企业收入是指因销售商品、提供劳务、转让资产使用权等所取得的各种收入的总称。由于销售收入是企业收入的主体，因此本节所涉及的收入主要是指销售收入（营业收入），即企业在日常经营活动中由于销售产品、提供劳务等形成的收入。

企业收入是企业的主要财务指标，在资金运动过程中处于起点和终点的地位，具有重要的经济意义。它是企业简单再生产和扩大再生产的资金来源，是加速资金周转的前提。因此企业必须加强销售收入的管理。企业在经营管理过程中一定要做好销售预测分析以及销售定价管理。

7.2.1 销售预测分析

销售预测分析是指通过市场调查，以有关的历史资料和各种信息为基础，运用科学的预测方法或根据管理人员的实际经验，对企业产品在计划期间的销售量或销售额做出预计或估量的过程。企业在进行销售预测时，应充分研究和分析企业产品销售的相关资料，如产品价格、产品质量、售后服务、推销方法等。此外，对企业所处的市场环境、物价指数、市场占有率及经济发展趋势等情况也应进行研究分析。

销售预测的方法主要包括定性分析法和定量分析法。

1. 销售预测的定性分析法

定性分析法即非数量分析法，是指由专业人员根据实际经验，对预测对象的未来情况及发展趋势做出预测的一种分析方法，一般适用于预测对象的历史资料不完备或无法进行定量分析的情况，主要包括推销员判断法、专家判断法和产品寿命周期分析法。

1）推销员判断法

推销员判断法又称为意见汇集法，是由企业熟悉市场情况及相关变化信息的经营管理人员对由推销人员调查得来的结果进行综合分析，从而做出科学预测的方法。这种方法用时短、耗费小，比较实用，而且在市场发生变化的情况下，能很快地对预测结果进行修正。

2）专家判断法

专家判断法是指由专家根据经验和判断能力对特定产品的未来销售量进行判断和预测的方法，主要有以下 3 种不同形式：

（1）个别专家意见汇集法，即分别向每位专家征求对本企业产品未来销售情况的个人意见，然后将这些意见再加以综合分析，确定预测值。

(2) 专家小组法，即将专家分成小组，运用专家们的集体智慧进行判断预测的方法。此方法的缺陷是预测小组中专家意见可能受权威专家的影响，客观性较差。

(3) 德尔菲法又称函询调查法，是采用函询的方法，征求各方面专家的意见，各专家在互不通气的情况下，通过预测机构向有关专家逐次寄送调查表，由有关专家根据自己的业务专长和对预测对象的深入了解，对表中提出的问题逐次发表个人意见，经多次反馈和整理后，推断出有关产品在未来一定期间内的销售变动趋势。

3) 产品寿命周期分析法

产品寿命周期分析法是利用产品销售量在不同寿命周期阶段上的变化趋势进行销售预测的一种定性分析方法，是对其他预测分析方法的补充。产品寿命周期是指产品从投入市场到退出市场所经历的时间，一般要经过萌芽期、成长期、成熟期和衰退期4个阶段。通常可根据销售增长率指标判断产品所处的寿命周期阶段。一般来说，萌芽期增长率不稳定，成长期增长率最大，成熟期增长率稳定，衰退期增长率为负数。

2. 销售预测的定量分析法

定量分析法也称为数量分析法，是指在预测对象有关资料完备的基础上，运用一定的数学方法，建立预测模型对销售量做出预测。包括趋势预测分析法和因果预测分析法两大类。

1) 趋势预测分析法

趋势预测分析法主要包括算术平均法、加权平均法和指数平滑法等。

(1) 算术平均法即将若干历史时期的实际销售量或销售额作为样本值，求出其算术平均数，并将该平均数作为下期销售量(额)的预测值。其计算公式为：

$$Y = \frac{\sum X_i}{N}$$

式中：Y——销售量(额)的预测值；

X_i——第 i 期的实际销售量(额)；

N——期数。

【例 7-2】 大成公司××年 7—12 月份每月销售量见表 7-2，试用算术平均法预测下年 1 月份的销售量。

表 7-2 大成公司××年 7—12 月份每月销售量

月 份	7	8	9	10	11	12
销售量/件	40 000	41 000	42 000	41 500	41 800	42 100

解：下年 1 月份销售量的预测值

$$= \frac{40\,000 + 41\,000 + 42\,000 + 41\,500 + 41\,800 + 42\,100}{6} = 41\,400 (件)$$

算术平均法适用于各期销售量波动不大的产品的销售预测。

(2) 加权平均法同样是将若干历史时期的实际销售量或销售额作为样本值，将各个样本值按照一定的权数计算得出加权平均数，并将该平均数作为下期销售量(额)的预测值。通常，离预测期越近的样本值对预测期影响越大，而离预测期越远的则影响越小，所以权数的选取应遵循"近大远小"的原则。其计算公式为：

$$Y = \sum_{i=1}^{N}(W_i X_i)$$

式中：Y——销售量(额)的预测值；

W_i——第 i 期的权数；

X_i——第 i 期的实际销售量(额)；

N——期数。

【例 7-3】 大成公司××年 9—12 月份每月销售量见表 7-3，试用加权平均法预测下年 1 月份的销售量。

表 7-3 大成公司××年 9—12 月份每月销售量

月 份	9	10	11	12
销售量/件	42 000	41 500	41 800	42 100

解：令 $W_1=0.1$，$W_2=0.2$，$W_3=0.3$，$W_4=0.4$

下年 1 月份销量预测值 $=0.1\times42\,000+0.2\times41\,500+0.3\times41\,800+0.4\times42\,100=41\,880$(件)

加权平均法较算术平均法更为合理，计算也较方便，因而在实践中应用较多。

(3) 指数平滑法实质上是一种加权平均法，是以事先确定的平滑指数 a 及 $(1-a)$ 作为权数进行加权计算，预测销售量(额)的一种方法。其计算公式为：

$$Y_{n+1} = a \times X_n + (1-a) \times Y_n$$

式中：Y_{n+1}——未来第 $n+1$ 期的预测值；

Y_n——第 n 期预测值，即预测前期的预测值；

X_n——第 n 期的实际销售量(额)，即预测前期的实际销售量(额)；

a——平滑指数；

n——期数。

【例 7-4】 大成公司××年 12 月份预测销售量为 42 000 件，12 月份实际销售量为 42 100 件，平滑指数 a 取 0.4，要求用指数平滑法预测下年 1 月份的销售量。

解：下年 1 月份销量预测值 $=0.4\times42\,100+(1-0.4)\times42\,000=42\,040$(件)

平滑指数的取值通常在 0.3~0.7，其取值大小决定了前期实际值与预测值对下期预测值的影响。采用较大的平滑指数，预测值可以反映样本值短期的变化趋势；采用较小的平滑指数，则预测值可以反映样本值变动的长期趋势。因此，在销售量波动较大或进行短期预测时，可选择较大的平滑指数；在销售量波动较小或进行长期预测时，可选择较小的平滑指数。该方法运用比较灵活，适用范围较广，但在平滑指数的选择上具有一定的主观随意性。

2) 因果预测分析法

因果预测分析法是指通过影响产品销售量(因变量)的相关因素(自变量)以及它们之间的函数关系，并利用这种函数关系进行产品销售预测的方法。因果预测分析法最常用的是回归分析法，本章主要介绍回归直线法。

回归直线法也称为一元回归分析法，是假定影响预测对象销售量的因素只有一个，根据直线方程式 $y=a+bx$，按照最小二乘法原理，来确定一条误差最小的、能正确反映自变量 x 和因变量 y 之间的直线，进而预测销售量的一种方法。

根据直线趋势方程 $y=a+bx$，利用最小平方法，可求得标准方程组：

$$\begin{cases} \sum Y = na + b\sum X \\ \sum XY = a\sum X + b\sum X^2 \end{cases}$$

又根据以上标准方程组，可确定直线方程中 a 和 b 的值。

其中：

$$b = \frac{n\sum XY - \sum X \sum Y}{n\sum X^2 - (\sum X)^2}$$

$$a = \frac{\sum Y - b\sum X}{n}$$

求出 b、a 的值后，代入 $y=a+bx$，结合自变量 x 的取值，即可求得预测对象 y 的预测销售量或销售额。

【例 7 - 5】 仍用【例 7 - 2】资料，采用回归直线法预测销售量。

解： 对表 7 - 2 资料整理后，可得表 7 - 4。

表 7 - 4　大成公司××年 7—12 月份每月销售量资料整理表

月　份	X	Y	XY	X²
7	1	40 000	40 000	1
8	2	41 000	82 000	4
9	3	42 000	126 000	9
10	4	41 500	166 000	16
11	5	41 800	209 000	25
12	6	42 100	252 600	36
n=6	$\sum X=21$	$\sum Y=248\,400$	$\sum XY=875\,600$	$\sum X^2=91$

代入 b、a 的计算公式后，$b = \dfrac{6\times 875\,600 - 21\times 248\,400}{6\times 91 - (21)^2} \approx 354.29$

$$a = \frac{248\,400 - 354.29 \times 21}{6} \approx 40\,159.99$$

下年 1 月份销量预测值 = 40 159.99 + 354.29×7 ≈ 42 640（件）

7.2.2　销售定价管理

加强销售定价管理是企业财务管理的重要内容。销售定价不仅影响产品的边际贡献，而且影响产品的销售数量与市场地位，从而对企业收入产生复杂而直接的影响。销售定价策略制定得正确与否，直接关系到企业的生存和发展。

1. 销售定价管理的含义

销售定价管理是指在调查分析的基础上，选用合适的产品定价方法，通过制定最为恰当的售价，并根据具体情况运用不同的价格策略，以实现经济效益最大化的过程。

企业销售各种产品时都必须确定合理的产品销售价格。产品价格的高低直接影响到销售量的大小，进而影响到企业的盈利水平。单价水平过高导致销售量降低，如果达不到保本点，企业就会亏损；单价水平过低，虽然会起到促销作用，但单位毛利降低使企业的盈利水平下降。因此，产品销售价格制定得高低，价格策略运用得恰当与否，都会影响到企业正常的生产经营活动，甚至影响到企业的生存和发展。进行良好的销售定价管理可以使企业的产品更富有吸引力，扩大市场占有率，改善企业的相对竞争地位。

2. 影响产品价格的因素

1）价值因素

价格是价值的货币表现。价值的大小决定着价格的高低。而产品价值的大小又是由生产产品的社会必要劳动时间决定的。因此，提高社会劳动生产率，缩短生产产品的社会必要劳动时间，可以相对地降低产品价格。

2）成本因素

成本是影响定价的基本因素。企业必须获得可以弥补已发生成本费用的足够多的收入，才能长期地生存发展下去。虽然短期内的产品价格有可能会低于其成本，但从长期来看，产品价格应等于总成本加上合理的利润，否则企业无利可图，也就难以长久生存。

3）市场供求因素

供求变动对价格的变动具有重大影响。当一种产品的市场供应大于需求时，就会对其价格产生向下的压力；而当其供应小于需求时，则会推动价格的提长。市场供求关系是永远矛盾着的两个方面，产品价格也会不断地随之变动。

4）竞争因素

产品竞争程度不同，对定价的影响也不同。竞争越激烈，对价格的影响也越大。在完全竞争的市场，企业几乎没有定价的主动权；在不完全竞争的市场，竞争的强度主要取决于产品生产的难易和供求形势。为了做好定价决策，企业必须充分了解竞争者的情况，最重要的是竞争对手的定价策略。

5）政策法规因素

各个国家对市场物价的高低和变动都有限制和法律规定，同时国家会通过生产市场、货币金融等手段间接地调节价格。企业在制定定价策略时一定要很好地了解本国及所在国有关方面的政策和法规。

3. 产品定价方法

产品定价方法主要包括以成本为基础的定价方法和以市场需求为基础的定价方法两大类。

1）以成本为基础的定价方法

企业成本范畴基本上有3种成本可以作为定价基础，即变动成本、制造成本和完全成本。

变动成本是指其总额随业务量的变动而成正比例变动的成本。变动成本可以作为增量产量的定价依据，但不能作为一般产品的定价依据。

制造成本是指企业为生产产品或提供劳务等而发生的直接费用支出，一般包括直接材料费用、直接人工费用和制造费用。但由于它不包括期间费用，因此不能正确地反映企业产品的真实价值消耗和转移。利用制造成本定价不利于企业简单再生产的继续进行。

完全成本是指企业为生产、销售一定种类和数量的产品所发生的费用总额，包括制造成本和期间费用。在完全成本基础上制定价格，既能保证企业简单再生产的正常进行，又能使劳动者为社会劳动所创造的价值得以全部实现。因此，产品定价的基础应该是产品的完全成本。

以成本为基础的定价方法的基本原理为：

价格＝单位成本＋单位税金＋单位利润＝单位成本＋价格×税率＋单位利润

价格×(1－税率)＝单位成本＋单位利润

(1) 完全成本加成定价法。此方法是在完全成本的基础上加合理利润来定价。合理利润的确定在工业企业一般是根据成本利润率，而在商业企业一般是根据销售利润率。在考虑税金的情况下，其有关计算公式为：

成本利润率定价：

单位利润＝单位成本×成本利润率

单位产品价格×(1－税率)＝单位成本＋单位成本×成本利润率

＝单位成本×(1＋成本利润率)

$$单位产品价格 = \frac{单位成本 \times (1 + 成本利润率)}{1 - 适用税率}$$

销售利润率定价：

单位利润＝单位价格×销售利润率

单位产品价格×(1－税率)＝单位成本＋价格×销售利润率

$$单位产品价格 = \frac{单位成本}{1 - 销售利润率 - 适用税率}$$

上述公式中，单位成本是指单位完全成本，可以用单位制造成本加上单位产品负担的期间费用来确定。

【例7-6】 大成公司生产甲产品，预计单位产品的制造成本为 150 元，计划销售 90 000 件，计划期的期间费用为 3 600 000 元，该产品适用的消费税税率为 5%，目标成本利润率为 25%，要求运用完全成本加成定价法测算甲产品的价格。

解：$$单位甲产品价格 = \frac{(150 + \frac{3\,600\,000}{90\,000}) \times (1 + 25\%)}{1 - 5\%} = 250(元)$$

(2) 保本点定价法。保本点又称为盈亏平衡点，是指企业在经营活动中既不盈利也不亏损的销售水平，在此水平上利润等于零。在这种方法下，成本需按其性态，即随产量变动而变动的关系分为固定成本和变动成本。保本点定价法的基本原理就是根据产品销售量计划数和一定时期的成本水平、适用税率来确定产品的销售价格。采用这一方法确定的价格是最低销售价格，其计算公式为：

$$单位产品价格 = \frac{单位固定成本 + 单位变动成本}{1 - 适用税率} = \frac{单位完全成本}{1 - 适用税率}$$

【例7-7】 大成公司生产乙产品，计划销售量为 20 000 件，应负担的固定成本总额为 140 000 元，单位产品变动成本为 240 元，适用的消费税税率为 5%。根据上述资料，运用保本点定价法测算单位乙产品的价格。

解：单位乙产品价格 $= \dfrac{\dfrac{140\,000}{20\,000}+240}{1-5\%} = 260$（元）

（3）目标利润定价法。目标利润是指企业在预定时期内应实现的利润。目标利润定价法是根据预期目标利润和产品销售量、产品成本、适用税率等来确定产品销售价格的方法，其计算公式为：

$$单位产品价格 = \dfrac{目标利润总额 + 完全成本总额}{产品销量\times(1-适用税率)}$$

或

$$单位产品价格 = \dfrac{单位目标利润 + 单位完全成本}{1-适用税率}$$

【例 7-8】 大成公司生产丙产品，计划销售量为 10 000 件，目标利润总额为 240 000 元，完全成本总额为 520 000 元，适用的消费税税率为 5%。根据上述资料，运用目标利润定价法测算单位丙产品的价格。

解：单位丙产品价格 $= \dfrac{240\,000 + 520\,000}{10\,000\times(1-5\%)} = 80$（元）

（4）变动成本定价法。此方法是指企业在生产能力有剩余的情况下增加生产一定数量的产品所应分担的成本，这些增加的产品可以不负担企业的固定成本，只负担变动成本。在确定价格时产品成本以变动成本计算。此处的变动成本是指完全变动成本，包括变动制造成本和变动期间费用，其计算公式为：

$$单位产品价格 = \dfrac{单位变动成本\times(1+成本利润率)}{1-适用税率}$$

【例 7-9】 大成公司生产丁产品，设计生产能力为 20 000 件，计划生产 15 000 件，预计单位产品的变动成本为 200 元，计划期的固定成本费用总额为 420 000 元，适用的消费税税率为 5%，成本利润率必须达到 25%。假定公司接到一额外订单，订购 2 000 件丁产品，定价为 265 元。则该公司计划内产品单位价格是多少？是否应接受这一额外订单？

解：计划内丁产品单位价格 $= \dfrac{(\dfrac{420\,000}{15\,000}+200)\times(1+25\%)}{1-5\%} = 300$（元）

追加生产 2 000 件丁产品的单位变动成本为 200 元，则：

计划外丁产品单位价格 $= \dfrac{200\times(1+25\%)}{1-5\%} \approx 263.16$（元）

因为额外订单单价高于其按变动成本计算的价格，所以应接受这一额外订单。

2）以市场需求为基础的定价方法

边际分析定价法是以市场需求为基础的定价方法，是基于微分极值原理，通过分析不同价格与销售量组合下的产品边际收入、边际成本和边际利润之间的关系来进行定价决策的一种定量分析方法。

边际是指每增加或减少一个单位所带来的差异，那么，产品边际收入、边际成本和边际利润就是指销售量每增加或减少一个单位所形成的收入、成本和利润的差额。按照微分极值原理，如果利润函数的一阶导数等于零，即边际利润等于零，边际收入等于边际成本，那么利润将达到最大值，此时的价格就是最优销售价格。

4. 价格运用策略

企业之间的竞争在很大程度上表现为企业产品在市场上的竞争。市场占有率的大小是衡量产品市场竞争能力的主要指标。企业除了提升产品质量之外，根据具体情况合理地运用不同的价格策略，可以有效地提高产品的市场占有率和竞争能力。其中，主要的价格运用策略有以下几种。

1) 折让定价策略

折让定价策略是指在一定条件下，以降低产品的销售价格来刺激购买者，从而达到扩大产品销售量的目的。价格的折让主要表现是折扣，一般表现为单价折扣、数量折扣、现金折扣、推广折扣和季节折扣等形式。单价折扣是指给予所有购买者以价格折扣而不管其购买数量的多少。数量折扣是指按照购买者购买数量的多少所给予的价格折扣，购买数量越多，则折扣越大；反之，则越小。现金折扣是指按照购买者付款期限长短所给予的价格折扣，其目的是鼓励购买者尽早偿还货款以加速资金周转。推广折扣是指企业为了鼓励中间商帮助推销本企业产品而给予的价格优惠。季节折扣是指企业为鼓励购买者购买季节性商品所给予的价格优惠，这样可以鼓励购买者提早采购，减轻企业的仓储压力，加速资金周转。

2) 心理定价策略

心理定价策略是指针对购买者的心理特点而采取的一种定价策略，主要有声望定价、尾数定价、双位定价和高位定价等。声望定价是指企业按照其产品在市场上的知名度和在消费者中的信任程度来制定产品价格的一种方法，声望越高，价格越高，这就是产品的"名牌效应"。尾数定价即在制定产品价格时，价格的尾数取接近整数的小数（如199.9元）或带有一定谐音的数（168元）等，一般只适用于价值较小的中低档日用消费品的定价。双位定价是指在向市场以挂牌价格销售时采用两种不同的标价来进行促销的一种定价方法，如某产品标明"原价168元，现促销价99元"，这种策略适用于市场接受程度较低或销路不太好的产品。高位定价即根据消费者"价高质优"的心理特点实行高标价促销的方法，但高位定价的产品必须是优质产品，不能弄虚作假。

3) 组合定价策略

组合定价策略是针对相关产品组合所采取的一种定价方法。它根据相关产品在市场竞争中的不同情况，使互补产品价格有高有低，或使组合售价优惠。对于具有互补关系的相关产品，可以采取降低部分产品价格而提高互补产品价格的方法，以促进销售，提高整体利润，如便宜的整车与高价的配件等。组合定价策略可以扩大销售量，节约流通费用，有利于企业整体效益的提高。

4) 寿命周期定价策略

寿命周期定价策略是根据产品从进入市场到退出市场的生命周期分阶段确定不同价格的定价策略。产品在市场中的寿命周期一般分为推广期、成长期、成熟期和衰退期。推广期的产品需要获得消费者的认同，进一步占有市场，应采用低价促销策略；成长期的产品有了一定的知名度，销售量稳步上升，可以采用中等价格；成熟期的产品市场知名度处于最佳状态，可以采用高价销售，但由于市场需求接近饱和，竞争激烈，定价时必须考虑竞争者的情况，以保持现有的市场销售量；衰退期的产品市场竞争力下降，销售量下滑，应该降价或维持现价并辅之以折扣等其他手段，同时，积极开发新产品，保持企业的市场竞争优势。

7.3 成本费用管理

成本费用是企业生产经营过程中资金消耗的反映，是企业为取得预期收益而发生的各项支出，主要包括制造成本和期间费用等。成本费用是衡量企业内部运行效率的重要指标，在收入一定的情况下，它直接决定了公司的盈利水平。成本费用指标在促进企业提高经营管理水平、降低生产经营中的劳动耗费方面起着十分重要的作用。

成本费用管理是指企业对在生产经营过程中全部费用的发生和产品成本的形成所进行的计划、控制、核算、分析和考核等一系列科学管理工作的总称。加强成本费用管理具有重要意义，既是企业提高经营管理水平的重要因素，也是企业增加盈利的要求，并且为企业抵抗内外压力、求得生存与发展提供了可靠保障。成本费用的管理模式有成本归口分级管理、标准成本管理、责任成本管理等。

7.3.1 成本归口分级管理

成本归口分级管理又称为成本管理责任制，它是在企业总部（如厂部）的集中领导下，按照成本费用发生的情况，将成本计划指标进行分解，并分别下达到有关部门、车间（或分部）和班组，以便明确责任，把成本管理纳入岗位责任制。其目的是要进行全过程、全员性的成本费用管理，使成本费用管理人员监测企业生产经营过程中的成本消耗，同时使生产技术人员参与企业的成本费用管理。

成本归口分级管理要注意以下两个方面的关系：

（1）要正确处理财务部门同其他有关部门在成本管理中的关系，以财务部门为中心，把财务部门同生产、销售、人事部门的成本管理结合起来。

（2）要正确处理厂部、车间、班组在成本管理中的关系，以厂部为主导，把厂部、车间、班组各级组织的成本管理结合起来。

成本归口分级管理可以分为成本的归口管理和分级管理两个部分。其中，成本的归口管理主要是指将企业成本与费用预算指标进行分解，按照其所发生的地点和人员进行归口，具体落实到每一个责任人，将成本与费用预算指标作为控制标准，把成本费用管理工作建立在广泛的群众基础上，实现全员性成本费用管理。成本的分级管理主要是指按照企业的生产组织形式，从上到下依靠各级、各部门的密切配合来进行的成本费用管理。一般分为三级，即厂部、车间和班组，同时开展企业的成本费用管理。

成本归口管理和分级管理是密切联系、相辅相成的。在企业分为厂部、车间和班组三级的情况下，各级成本费用管理的权责和内容概括如下。

1. 厂部的成本费用管理

厂部主要负责全厂的成本费用指标，将其分解归口到有关部门中去，并随时进行调节和控制。其成本费用管理的主要内容有：制定和组织全厂成本管理制度；进行成本预测分析，编制成本计划；加强成本控制，核算产品成本，编制成本报表；综合分析、考核全厂成本计划的完成情况；组织和指导各车间、部门开展成本管理工作。

厂部对成本费用的管理是在厂长的（经理）领导下通过财务部门而进行的。同时，要按照各职能部门的分工和生产费用的发生地点，分解、落实各职能部门归口管理的成本指标，并在此基础上确定各分管部门的责任、权限和管理内容。

2. 车间的成本费用管理

车间的成本费用管理处于企业成本与费用管理的中心环节，是成本控制的重点。其主要工作有：根据厂部下达的成本计划或费用指标，编制车间成本或节约措施计划；根据厂部批准的车间成本计划，向各班组下达有关消耗指标和费用指标；组织车间成本核算，按计划控制车间生产费用；检查和分析车间成本计划和班组有关指标的完成情况，不断提高车间成本管理水平。

车间成本费用管理工作是在车间主任直接领导下，由车间成本组或成本核算员负责组织执行的。在车间内部也应实行归口管理，即按照生产费用的内容规定各有关职能人员分管费用的职责。

以前，车间一般只进行费用核算或成本核算，但随着车间管理职能的加强，近几年来不少企业已把车间列作企业内部的利润核算单位，或者将某些重要的车间单独设置为分厂，实行单独核算。

3. 班组的成本费用管理

班组是车间具体活动的执行者，在成本费用管理上主要遵循"干什么，用什么，就管什么"的原则，调动直接生产人员来参与成本费用的控制，从加工的工序或工艺过程中节约费用消耗，以达到有效控制成本费用的目的。其成本费用管理的主要内容有：讨论全厂和车间费用计划，拟订班组各项消耗定额和费用计划；根据消耗定额和费用计划，控制班组所发生的各种消耗和费用开支；核算班组负责执行的计划指标，并及时对其进行公布；检查、分析消耗定额和费用指标的执行情况等。

班组成本费用管理是在班组长领导下由工人核算员负责组织执行的，并需要与其他工人管理员密切配合，共同努力，以降低生产消耗。

7.3.2 标准成本管理

1. 标准成本管理及相关概念

标准成本是指通过调查分析、运用技术测定等方法制定的，在有效经营条件下所能达到的目标成本。标准成本主要用来控制成本开支，衡量实际工作效率。

标准成本管理又称为标准成本控制，是指以标准成本为基础，将实际成本与标准成本进行对比，揭示成本差异形成的原因和责任，进而采取相应措施对成本进行有效控制的管理方法。标准成本管理以标准成本的确定作为起点，通过差异的计算、分析等得出结论性报告，然后据以采取有效措施，巩固成绩或克服不足。标准成本管理流程如图7.1所示。

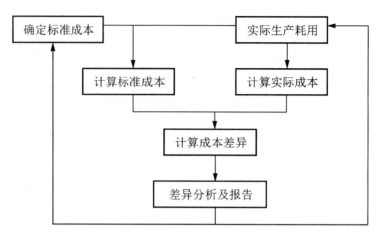

图 7.1　标准成本管理流程图

2. 标准成本的确定

企业在确定标准成本时，可以根据自身的技术条件和经营水平，在以下类型中进行选择：

（1）理想标准成本。这是一种理论标准，是指在现有条件下所能达到的最优成本水平，即在生产过程无浪费、机器无故障、人员无闲置、产品无废品的假设条件下制定的成本标准。

（2）正常标准成本。它是指在正常情况下，企业经过努力可以达到的成本标准，这一标准考虑了生产过程中不可避免的损失、故障和偏差等。

通常来说，正常标准成本大于理想标准成本。由于理想标准成本要求异常严格，一般很难达到，而正常标准成本具有客观性、现实性和激励性等特点，所以正常标准成本在实践中得到了广泛应用。

产品成本由直接材料、直接人工和制造费用 3 个项目组成。无论是确定哪一个项目的标准成本，都需要分别确定其用量和价格标准，两者的乘积就是每一个成本项目的标准成本，将各项目的标准成本汇总，即得到单位产品的标准成本，其计算公式为：

单位产品的标准成本＝直接材料标准成本＋直接人工标准成本＋制造费用标准成本

$$=\sum（价格标准 \times 用量标准）$$

1）直接材料标准成本的制定

单位产品耗用的直接材料的标准成本是由材料的价格标准和用量标准来确定的。

材料的价格标准通常采用企业编制的计划价格，通常是以订货合同的价格为基础，并考虑到未来物价、供求等各种变动因素后按材料种类分别计算的。一般由财务部门和采购部门等共同制定。

材料的用量标准是指在现有生产技术条件下，生产单位产品所需的材料数量。包括构成产品实体的材料和有助于产品形成的材料，以及生产过程中必要的损耗和难以避免的损失所耗用的材料。材料的用量标准一般应根据科学的统计调查，以技术为基础计算确定。

在制定直接材料标准成本时，其基本程序是：首先，区分直接材料的种类；其次，逐一确定它们在单位产品中的标准用量和标准价格；再次，按照种类分别计算各种直接材料的标准成本；最后，汇总得出单位产品的直接材料标准成本。其计算公式为：

$$直接材料标准成本 = \sum (材料价格标准 \times 单位产品材料用量标准)$$

2) 直接人工标准成本的制定

直接人工标准成本是由直接人工的价格和直接人工用量两项标准决定的。

直接人工的价格标准就是标准工资率，它通常由劳资部门根据用工情况制定。当采用计时工资时，标准工资率就是单位标准工资率，是由标准工资总额与标准总工时的商来确定的，即：

$$标准工资率 = \frac{标准工资总额}{标准总工时}$$

人工用量标准即工时用量标准，是指在现有的生产技术条件下，生产单位产品所耗用的必要的工作时间，包括对产品的直接加工工时、必要的间歇或停工工时以及不可避免的废次品所耗用的工时等。一般由生产技术部门、劳资部门等运用特定的技术测定方法和分析统计资料后确定。因此，直接人工标准成本的计算公式为：

$$直接人工标准成本 = 标准工资率 \times 工时用量标准$$

3) 制造费用标准的制定

制造费用标准成本是由制造费用价格标准和制造费用用量标准两项因素决定的。

制造费用价格标准，即制造费用的分配率标准，其计算公式为：

$$制造费用分配率标准 = \frac{标准制造费用总额}{标准总工时}$$

制造费用的用量标准，即工时用量标准，其含义与直接人工用量标准相同。因此，制造费用标准成本的计算公式为：

$$制造费用标准成本 = 制造费用分配率 \times 工时用量标准$$

成本按照其形态分为变动成本和固定成本。前者随着产量的变动而成正比例变动；后者相对固定，不随产量变动。所以，制定制造费用标准时，也应分别制定变动制造费用的成本标准和固定制造费用的成本标准。

通过上述各成本项目标准成本的制定，就可求得单位产品的标准成本。标准成本一经制定，应就不同品种的产品分别编制成标准成本卡，见表7-5。

表7-5 标准成本卡

产品名称： 　　　制定日期： 　　年　　月　　日 　　　　　　　　　　　　单位：件

成 本 项 目	用 量 标 准	价 格 标 准	单位标准成本/元
直接材料： 　（材料名称） 　　… 小计			
直接人工： 　（工序名称） 　　… 小计			

续表

成本项目	用量标准	价格标准	单位标准成本/元
变动制造费用： … 小计			
固定制造费用： … 小计			
单位产品标准成本			

在每种产品生产之前，其标准成本卡要送达有关人员，包括各级生产部门负责人、会计部门、仓库、工人等，作为领料、派工和费用支出的依据。

3. 变动生产成本差异的计算及分析

在标准成本管理模式下，成本差异是指一定时间生产一定数量的产品所发生的实际成本与相关的标准成本之间的差额。按其形成原因和分析方法的不同分为变动生产成本差异和固定制造费用差异两部分。

变动生产成本包括直接材料、直接人工、变动制造费用 3 项内容。从标准成本的制定过程可以看出，任何一项费用的标准成本都是由用量和价格标准两个因素决定的，因此，差异分析就应该从这两个方面进行。实际产量下的变动生产成本总差异的计算公式为：

总差异＝实际价格×实际用量－标准价格×标准用量
　　　＝(实际价格×实际用量－标准价格×实际用量)＋
　　　　(标准价格×实际用量－标准价格×标准用量)
　　　＝(实际价格－标准价格)×实际用量＋(实际用量－标准用量)×标准价格
　　　＝价格差异＋用量差异

其中：价格差异＝(实际价格－标准价格)×实际用量
　　　用量差异＝(实际用量－标准用量)×标准价格

1) 直接材料成本差异的计算分析

直接材料成本差异是指直接材料的实际总成本与实际产量下标准总成本之间的差异。它可进一步分解为直接材料价格差异和直接材料用量差异两部分。有关计算公式如下：

直接材料成本差异＝实际产量下直接材料实际成本－实际产量下直接材料标准成本
　　　　　　　　＝实际价格×实际用量－标准价格×标准用量
　　　　　　　　＝直接材料价格差异＋直接材料用量差异

直接材料价格差异＝(实际价格－标准价格)×实际用量
直接材料用量差异＝(实际用量－实际产量下标准用量)×标准价格

【例 7-10】　大成公司生产甲产品需使用一种直接材料 A。本期生产甲产品 200 件，耗用 A 材料 900 公斤，A 材料的实际价格为每千克 100 元。假设 A 材料的标准价格为每千克 95 元，单位甲产品的标准用量为 5 千克。A 材料的成本差异计算分析如下：

直接材料价格差异＝(100－95)×900＝4 500(元)

直接材料用量差异＝(900－200×5)×95＝－9 500(元)
直接材料成本差异＝100×900－95×200×5＝－5 000(元)

或　　　　　　　　＝4 500＋(－9 500)＝－5 000(元)

由【例7-10】可知，由于材料价格方面的原因使得材料成本提高了4 500元，而由于材料用量的节约使得材料成本下降了9 500元。材料价格差异的形成受各种主客观因素的影响，较为复杂，如市场价格、供货厂商、运输方式、采购批量等的变动，都可以导致材料的价格差异。但由于它与采购部门的关系更为密切，所以其差异应主要由采购部门承担责任。直接材料的用量差异形成的原因是多方面的，有生产部门的原因，也有非生产部门的原因。如产品设计结构、原料质量、工人的技术熟练程度、废品率的高低等都会导致材料用量的差异。材料用量差异的责任需要通过具体分析才能确定，但往往主要应由生产部门承担。

2) 直接人工成本差异的计算分析

直接人工成本差异是指直接人工的实际总成本与实际产量下标准总成本之间的差异。它可分为直接人工工资率差异和直接人工效率差异两部分。有关计算公式如下：

直接人工成本差异＝直接人工实际总成本－实际产量下直接人工标准成本
　　　　　　　　＝实际工资率×实际人工总工时－标准工资率×标准人工总工时
　　　　　　　　＝直接人工工资率差异＋直接人工效率差异

直接人工工资率差异＝(实际工资率－标准工资率)×实际人工总工时

直接人工效率差异＝(实际人工总工时－实际产量下标准人工总工时)×标准工资率

【例7-11】　大成公司生产甲产品200件，实际耗用人工为8 000小时，实际工资总额为80 000元，平均每工时为10元。假设标准工资率为9元，单位产品的工时耗用标准为30小时。直接人工成本差异的计算分析如下：

直接人工工资率差异＝(10－9)×8 000＝8 000(元)

直接人工效率差异＝(8 000－200×30)×9＝18 000(元)

直接人工成本差异＝10×8 000－9×200×30＝26 000(元)

或　　　　　　　　＝8 000＋18 000＝26 000(元)

由【例7-11】可知，由于实际工资率高于标准工资率造成直接人工成本上升8 000元；实际人工工时耗用量超过标准人工工时耗用量所产生的直接人工效率超支差异为18 000元。工资率差异是价格差异，其形成原因比较复杂，工资制度的变动、工人的升降级、加班或临时工的增减等都将导致工资率差异。因工资制度的制定、工资率的调整等由劳资部门负责，所以劳资部门应对工资差异负责任。直接人工效率差异是用量差异，其形成原因也是多方面的，工人技术状况、工作环境和设备条件的好坏等，都会影响效率的高低，但其主要责任还是应由生产部门承担。

3) 变动制造费用成本差异的计算和分析

变动制造费用成本差异是指实际发生的变动制造费用总额与实际产量下标准制造费用总额之间的差异。它可以分解为耗费差异和效率差异两部分，其计算公式为：

变动制造费用成本差异＝实际总变动制造费用－实际产量下标准变动制造费用
　　　　　　　　　　＝实际变动制造费用分配率×实际总工时－标准变动制造费用分配率×标准总工时
　　　　　　　　　　＝变动制造费用耗费差异＋变动制造费用效率差异

变动制造费用耗费差异＝(变动制造费用实际分配率－变动制造费用标准分配率)×实际总工时

变动制造费用效率差异＝(实际总工时－实际产量下标准总工时)×变动制造费用标准分配率

【例7-12】 大成公司生产甲产品200件,实际耗用人工为8 000小时,实际发生变动制造费用为20 000元,变动制造费用的实际分配率为2.5元。假设变动制造费用标准分配率为3元,单位产品的工时耗用标准为30小时。变动制造费用差异的计算与分析如下:

变动制造费用耗费差异＝(2.5－3)×8 000＝－4 000(元)
变动制造费用效率差异＝(8 000－200×30)×3＝6 000(元)
变动制造费用成本差异＝2.5×8 000－3×200×30＝2 000(元)

或　　　　　　　　　　＝(－4 000)＋6 000＝2 000(元)

由【例7-12】计算结果可知,变动制造费用耗费差异为有利差异,而其他均为不利差异。变动制造费用耗费差异属于价格差异,效率差异是用量差异。变动制造费用效率差异的形成原因与直接人工效率差异的形成原因基本相同。实际工作中通常根据变动制造费用各明细项目的弹性预算与实际发生数进行对比分析并采取必要的控制措施。

4. 固定制造费用成本差异的计算及分析

固定制造费用成本差异是指实际发生的固定制造费用与实际产量下标准固定制造费用的差异,其计算公式为:

固定制造费用成本差异＝实际产量下实际固定制造费用－实际产量下标准固定制造费用
　　　　　　　　　　＝实际分配率×实际总工时－标准分配率×实际产量下标准总工时

其中,标准分配率＝固定制造费用预算总额÷预算产量下标准总工时

由于固定制造费用相对固定,实际产量与预算产量的差异会对单位产品所应承担的固定制造费用产生影响,所以固定制造费用成本差异的分析有其特殊性,分为两差异分析法和三差异分析法。

1) 两差异分析法

它是指将总差异分为耗费差异和能量差异两部分,计算公式如下:

耗费差异＝实际固定制造费用－预算产量下标准固定制造费用
　　　　＝实际固定制造费用－预算产量×工时标准×标准分配率
　　　　＝实际固定制造费用－预算产量下标准总工时×标准分配率

能量差异＝预算产量下标准固定制造费用－实际产量下标准固定制造费用
　　　　＝(预算产量下标准总工时－实际产量下标准总工时)×标准分配率

【例7-13】 沿用【例7-12】中的资料,大成公司生产的甲产品固定制造费用标准分配率为10元,工时标准为30小时。假定甲产品预算产量为280件,实际生产200件,用工8 000小时,实际发生固定制造费用为90 000元。其固定制造费用差异的计算与分析如下:

固定制造费用耗费差异＝90 000－280×30×10＝6 000(元)
固定制造费用能量差异＝(280×30－200×30)×10＝24 000(元)
固定制造费用成本差异＝90 000－200×30×10＝30 000(元)

通过以上计算可以看出,大成公司甲产品固定制造费用超支30 000元,主要是由于生产能力不足、实际产量小于预算产量所致。

2) 三差异分析法

它是将两差异分析法下的能量差异进一步分解为产量差异和效率差异,即将固定制造费

用成本差异分为耗费差异、产量差异和效率差异 3 个部分。其中耗费差异的概念和计算与两差异法一致，相关计算公式为：

耗费差异＝实际固定制造费用－预算产量下标准固定制造费用
　　　　＝实际固定制造费用－预算产量×工时标准×标准分配率
　　　　＝实际固定制造费用－预算产量下标准总工时×标准分配率
产量差异＝（预算产量下标准总工时－实际产量下实际总工时）×标准分配率
效率差异＝（实际产量下实际总工时－实际产量下标准总工时）×标准分配率

【例 7-14】　沿用【例 7-13】中的资料，固定制造费用差异的计算与分析如下：

固定制造费用耗费差异＝90 000－280×30×10＝6 000(元)

固定制造费用产量差异＝(280×30－8 000)×10＝4 000(元)

固定制造费用效率差异＝(8 000－200×30)×10＝20 000(元)

固定制造费用成本差异＝90 000－200×30×10＝30 000(元)

通过以上计算可以看出，采用三差异分析法能够更好地说明生产能力利用程度和生产效率高低所导致的成本差异情况，便于分清责任。

5. 分析结果的反馈

标准成本差异分析是企业规划与控制的重要手段。通过差异分析，企业管理人员可以进一步揭示实际执行结果与标准不同的深层次原因。差异分析的结果可以更好地凸显实际生产经营活动中存在的不足或在必要时修改成本标准，这对企业成本的持续降低、责任的明确划分以及营运效率的提高具有十分重要的意义。

7.3.3　责任成本管理

1. 责任成本管理的内容

责任成本管理是指将企业内部划分成不同的责任中心，明确责任成本，并根据各责任中心的权、责、利关系来考核其工作业绩的一种成本管理模式。其中，责任中心也称为责任单位，是指企业内部具有一定权力并承担相应工作责任的部门或管理层次。责任成本管理的流程如图 7.2 所示。

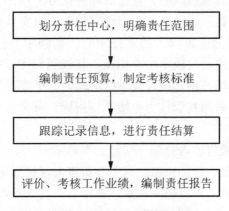

图 7.2　责任成本管理流程图

2. 责任中心及其考核

按照企业内部责任中心的权责范围以及业务活动的不同特点,责任中心一般可以划分为成本中心、利润中心和投资中心3类。每一类责任中心均对应着不同的决策权力及不同的业绩评价指标。

1) 成本中心

成本中心是指有权发生并控制成本的单位。成本中心一般不会产生收入,通常只计量考核发生的成本。成本中心是责任中心中应用最为广泛的一种形式,只要是对成本的发生负有责任的单位或个人都可以成为成本中心。如负责生产产品的车间、工段、班组等生产部门或确定费用标准的管理部门等。成本中心具有以下特点:

(1) 成本中心不考核收益,只考核成本。一般情况下,成本中心不能形成真正意义上的收入,故只需衡量投入,而不衡量产出。

(2) 成本中心只对可控成本负责,不负责不可控成本。可控成本是指成本中心可以控制的各种耗费。可控成本应具备3个条件。一是该成本的发生是成本中心可以预见的;二是该成本是成本中心可以计量的;三是该成本是成本中心可以调节和控制的。

凡不符合上述3个条件的成本都是不可控成本。可控成本和不可控成本的划分是相对的。它们与成本中心所处的管理层级别、管理权限与控制范围大小有关。对于一个独立企业而言,几乎所有的成本都是可控的。

(3) 责任成本是成本中心考核和控制的主要内容。成本中心当期发生的所有可控成本之和就是其责任成本。

成本中心考核和控制主要使用的指标包括预算成本节约额和预算成本节约率。其计算公式为:

$$预算成本节约额 = 预算责任成本 - 实际责任成本$$
$$预算成本节约率 = (预算成本节约额/预算成本) \times 100\%$$

2) 利润中心

利润中心是指既能控制成本又能控制收入和利润的责任单位。它不但有成本发生,而且还有收入发生。因此,它要同时对成本、收入及利润负责。利润中心有两种形式。一是自然利润中心。自然利润中心是自然形成的、直接对外提供劳务或销售产品以取得收入的责任中心。二是人为利润中心。人为利润中心是人为设定的、通过企业内部各责任中心之间使用内部结算价格、结算半成品内部销售收入的责任中心。利润中心往往处于企业内部的较高层次,如分店或分厂等。利润中心与成本中心相比,其权利和责任都相对较大,它不仅要降低绝对成本,还要寻求收入的增长使之超过成本的增长,即更要强调相对成本的降低。

通常情况下,利润中心采用利润作为业绩考核指标,分为边际贡献、可控边际贡献和部门边际贡献。其计算公式为:

$$边际贡献 = 销售收入总额 - 变动成本总额$$
$$可控边际贡献 = 边际贡献 - 该中心负责人可控固定成本$$
$$部门边际贡献 = 可控边际贡献 - 该中心负责人不可控固定成本$$

边际贡献是将收入减去变动成本总额,反映了该利润中心的盈利能力。

可控边际贡献也称为部门经理边际贡献,它衡量了部门经理有效地运用其控制下的资源的能力，是评价利润中心管理者业绩的理想指标。但是，该指标很大的一个局限就是难以区分可控和不可控的与生产能力相关的成本。如果该中心有权处置固定资产，那么相关的折旧费是可控成本；反之，相关的折旧费用就是不可控成本。可控边际贡献忽略了应追溯但又不可控的生产能力成本，不能全面地反映该利润中心对整个公司所做的经济贡献。

部门边际贡献又称为部门毛利，它扣除了利润中心管理者不可控的间接成本，因为对于公司最高层来说，所有成本都是可控的，部门边际贡献反映了部门为企业利润和弥补与生产能力有关的成本所做的贡献，它更多地用于评价部门业绩而不是利润中心管理者的业绩。

【例 7-15】 大成公司内部甲车间是人为利润中心，本月实现内部销售收入为 10 000 元，销售变动成本为 5 000 元，该中心可控固定间接费用为 1 000 元，不可控固定间接费用为 1 500 元，分配来的公司管理费用为 1 200 元。那么，该利润中心的考核指标计算为：

边际贡献＝10 000－5 000＝5 000（元）

可控边际贡献＝10 000－5 000－1 000＝4 000（元）

部门边际贡献＝4 000－(1 500＋1 200)＝1 300（元）

3) 投资中心

投资中心是指既对成本、收入和利润负责，又对投资及其投资收益负责的责任单位。它本质上也是一种利润中心，但它拥有最大程度上的决策权，同时也承担着最大程度上的经济责任，是企业中最高层次的责任中心，如事业部、子公司等。从组织形式上看，投资中心一般具有独立法人资格，而成本中心和利润中心往往是内部组织，不具有独立法人地位。

对投资中心的业绩进行评价时，不仅要使用利润指标，还需要计算、分析利润与投资的关系，主要包括投资利润率和剩余收益等指标。

(1) 投资利润率。投资利润率是投资中心获得的利润与投资额的比率，其计算公式为：

投资利润率＝息税前利润/平均营业资产

平均营业资产＝(期初营业资产＋期末营业资产)/2

由于利润是整个期间内实现并累积形成的，属于期间指标，而营业资产是时点指标，故取其平均数。

投资利润率主要说明了投资中心运用公司的每单位资产对公司整体利润贡献的大小，能够反映投资中心的综合获利能力，并具有横向可比性。因此，可以促使经理人员关注营业资产运用效率，并有利于调整资产存量，优化资源配置。不过，过分关注投资利润率也会引起短期行为的产生，追求局部利益最大化而损害整体利润最大化目标，导致经理人员为眼前利益而牺牲长远利益。

(2) 剩余收益。剩余收益是指投资中心的经营利润扣减经营资产按要求的最低投资利润率计算的收益额之后的余额，其计算公式为：

剩余收益＝经营利润－(经营资产×最低投资利润率)

公式中的最低投资利润率是根据资本成本来确定的。它一般等于或大于资本成本，通常可以采用企业整体的最低期望投资利润率，也可以是企业为该投资中心单独规定的最低投资利润率。

剩余收益指标弥补了投资利润率指标会使局部利润与整体利润相冲突的不足；但由于其是一个绝对指标，因此难以在不同规模的投资中心之间进行业绩比较。另外，剩余收益同样仅反映当期业绩，单纯使用这一指标也会导致投资中心管理者的短期行为。

【例 7-16】 大成公司下设投资中心 A 和投资中心 B，该公司加权平均最低投资利润率为 10%，现准备追加投资。有关资料见表 7-6。

表 7-6 投资中心指标计算表　　　　　　　　　　单位：万元

项　目		投资额	利润	投资利润率	剩余收益
追加投资前	A	20	1	5%	1−20×10%=−1
	B	30	4.5	15%	4.5−30×10%=1.5
	Σ	50	5.5	11%	5.5−50×10%=0.5
向投资中心 A 追加投资 10 万	A	30	1.8	6%	1.8−30×10%=−1.2
	B	30	4.5	15%	4.5−30×10%=1.5
	Σ	60	6.3	10.5%	6.3−60×10%=0.3
向投资中心 B 追加投资 20 万	A	20	1	5%	1−20×10%=−1
	B	50	7.4	14.8%	7.4−50×10%=2.4
	Σ	70	8.4	12%	8.4−70×10%=1.4

根据上表资料评价 A、B 两个投资中心的经营业绩，可知：

如果以投资利润率作为考核指标，追加投资后 A 中心的利润率由 5% 提高到了 6%，B 中心的利润率由 15% 下降到了 14.8%，按此指标向 A 中心投资比向 B 中心投资好。

但如果以剩余收益作为考核指标，A 中心的剩余收益由原来的−1 万元变成了−1.2 万元，B 中心的剩余收益由原来的 1.5 万元增加到了 2.4 万元，由此应当向 B 中心投资。

如果从整个公司进行评价，就会发现向 A 中心追加投资时，全公司总体投资利润率由 11% 下降到 10.5%，剩余收益由 0.5 万元下降到 0.3 万元；而向 B 中心追加投资时，全公司总体投资利润率由 11% 上升到 12%，剩余收益由 0.5 万元上升到 1.4 万元，这和剩余收益指标评价各投资中心的业绩的结果一致。所以，以剩余收益作为评价指标可以保持各投资中心获利目标与公司总的获利目标达成一致。

3. 内部转移价格的制定

内部转移价格是指企业内部有关责任单位之间提供产品或劳务的结算价格。内部转移价格直接关系到不同责任中心的获利水平，合理地制定内部转移价格可以有效地防止成本转移引起的责任中心之间的责任转嫁，从而使每个责任中心都能够作为单独的组织单位进行业绩评价，并且可以作为一种价格信号引导下级采取正确决策，保证局部利润和整体利润的一致。

内部转移价格的制定，可以参照以下几种类型：

(1) 市场价格，即根据产品或劳务的现行市场价格作为计价基础。市场价格具有客观真实的特点，能够同时满足分部和公司的整体利益，但是它要求产品或劳务具有完全竞争的外部市场，以取得市价依据。

(2) 协商价格，即内部责任中心之间以正常的市场价格为基础，并建立定期协商机制，共同确定双方都能接受的价格作为标准。采用该价格的前提是中间有非竞争性的市场可以交易，在该市场内双方有权决定是否买卖这种产品。协商价格的上限是市场价格，下限则是单位变动成本。当双方协商僵持时，会导致公司高层的行政干预。

(3) 双重价格，即由内部责任中心的交易双方采用不同的内部转移价格作为计价基础。采用双重价格，买卖双方可以选择不同的市场价格或协商价格，能够较好地满足企业内部交易双方在各方面的管理需要。

(4) 以成本为基础的转移定价，是指所有的内部交易均以某种形式的成本价格进行结算，它适用于内部转移的产品或劳务没有市价的情况，包括完全成本、完全成本加成、变动成本以及变动成本加固定制造费用 4 种形式。以成本为基础的转移定价方法具有简便、客观的特点，但存在信息和激励方面的问题。比如，采用完全成本作为计价基础时，对于中间产品的"买方"有利，而"卖方"得不到任何利润，虽然采用完全成本加成可以解决这个问题，但加成比例的确定又容易受人为因素影响。同样，变动成本和变动成本加固定制造费用的计价方法也存在类似的问题。

7.4 收益分配管理

7.4.1 收益分配应考虑的因素

1. 法律因素

为了保护债权人和股东的利益，许多国家的有关法规如公司法、证券法和税收相关法律法规都对企业收益分配予以一定的硬性限制。这些限制主要体现在以下几个方面：

(1) 资本保全约束。要求收益分配的客体不能来源于原始投资，也就是不能将资本（包括股本和资本公积）用于分配，目的在于使公司能有足够的资本来保护债权人的权益。

(2) 股利出自盈利。规定公司年度累计净利润必须为正数时才可发放股利，以前年度亏损必须足额弥补。有税后净收益是股利支付的前提，但不管净收益是本年度实现的，还是以前年度实现节余的。

(3) 偿债能力约束。如果公司已经无力偿还债务或因发放股利将极大影响公司的偿债能力，则不准发放股利。

(4) 资本积累约束。要求企业按照一定比例和基数提取盈余公积金，贯彻无利润不分配的原则。

(5) 超额累积利润积累约束。股东接受股利缴纳的所得税高于其进行股票交易的资本利得税，许多国家规定公司不得超额累积利润，一旦公司的保留盈余超过法律认可的水平，将被加征额外税额。我国法律对公司累积利润尚未做出限制性规定。

2. 股东因素

股东从自身需要出发，对公司的股利分配往往产生一定的影响。

(1) 稳定的收入和避税。一些依靠股利维持生活的股东往往要求公司支付稳定的股利，若公司留存较多的利润将受到这部分股东的反对。另外，一些高股利收入的股东又出于避税的考虑（股利收入的所得税高于股票交易的资本利得税），往往反对公司发放较多的股利。

(2) 控制权的稀释。公司支付较高的股利就会导致留存收益减少，这又意味着将来依靠发行股票等方式筹集资金的可能性增大；而发行新股，尤其是普通股，意味着企业控制权有旁落他人或其他公司的可能，因为发行新股必然稀释公司的控制权，这是公司持有控制权的原股东们所不愿看到的局面。因此，若原股东们拿不出更多的资金购买新股以满足公司的需要，宁可不分配股利而反对募集新股。

3. 公司因素

就公司的经营需要来讲，也存在一些影响股利分配的因素。

(1) 盈余的稳定性。公司是否能获得长期稳定的盈余是其股利决策的重要基础。盈余相对稳定的公司有可能支付比盈余不稳定的公司较高的股利，而盈余不稳定的公司一般采取低股利政策。对于盈余不稳定的公司来讲，低股利政策可以减少因盈余下降而造成的股利无法支付、股价急剧下降的风险，还可将更多的盈余再投资，以提高公司权益资本比重，减少财务风险。

(2) 资产的流动性。如果企业资产的流动性较高，即持有大量的货币资金和其他流动资产，变现能力强，企业也就可以采取较高的股利率分配股利；反之就应该采取低股利率。一般来说，企业不应该也不会为了单纯地追求发放高额股利而降低企业资产的流动性，削弱企业的应变能力而去冒较大的财务风险。

(3) 举债能力。具有较强举债能力的公司因为能够及时地筹措到所需的现金，有可能采取较宽松的股利政策；而举债能力弱的公司则不得不多滞留盈余，因而往往采取较紧的股利政策。

(4) 投资机会。有着良好投资机会的公司需要有强大的资金支持，因而往往少发放股利，将大部分盈余用于投资；缺乏良好投资机会的公司，保留大量现金会造成资金的闲置，于是倾向于支付较高的股利。所以，处于成长中的公司常采取低股利政策，陷于经营收缩的公司多采取高股利政策。

(5) 资本成本。与发行新股相比，留存收益不需付出筹资费用，是一种比较经济的筹资渠道。所以，从资本成本考虑，如果公司有扩大资金的需要，也应当采取低股利政策。

(6) 债务需要。具有较高债务偿还需要的公司可以通过举借新债、发行新股筹集资金偿还债务，也可直接用经营积累偿还债务。如果公司认为后者适当（比如，前者资本成本高或受其他限制难以进入资本市场），将会减少股利的支付。

4. 其他因素

(1) 债务合同约束。公司的债务合同，特别是长期债务合同，往往有限制公司现金支付程度的条款，这使公司只能采取低股利政策。

(2) 通货膨胀。在通货膨胀的情况下，公司折旧基金的购买力水平下降，会导致公司没有足够的资金来源重置固定资产。这时，盈余会被当作弥补折旧基金购买力水平下降的资金来源，因此在通货膨胀时期公司股利政策往往偏紧。

由于存在上述种种影响股利分配的因素，股利政策与股票价格就不是无关的，公司的价值或者说股票价格不会仅仅由其投资的获利能力所决定。

7.4.2 收益分配政策的评价与选择

收益分配政策是企业就股利分配所采取的策略和方针，如设计多高的股利支付率、以何种形式支付股利、何时支付股利等问题。其目的主要是权衡公司与投资者之间、股东财富最大化与提供足够的资金以保证企业扩大再生产之间、企业股票在市场上的吸引力与企业财务负担之间的各种利弊，然后寻求股利与留存利润之间的比例关系。

支付给股东的盈余与留在企业的保留盈余存在此消彼长的关系。所以，股利分配既决定给股东分配多少红利，也决定有多少净利润留在企业。目前，主要的股利分配政策有以下4种。

1. 剩余股利政策

剩余股利政策是指在公司有着良好的投资机会时，根据一定的目标资本结构（最佳资本结构），测算出投资所需的权益资本，先从盈余当中留用，然后将剩余的盈余作为股利予以分配。采用剩余股利政策时，应遵循以下4个步骤：

（1）设定目标资本结构，即确定权益资本与债务资本的比率，在此资本结构下，加权平均资本成本将达到最低水平。

（2）确定目标资本结构下投资所需的股东权益数额。

（3）最大限度地使用保留盈余来满足投资方案所需的权益资本数额。

（4）投资方案所需权益资本已经满足后，若有剩余盈余，再将其作为股利发放给股东。

【例7-17】 大成公司现有盈利1 800 000元，可用于股利发放，也可用于留存。假定该公司的最优资本结构为50%的负债和50%的权益。公司现有3种投资方案，预计资本支出预算额分别为1 500 000元、2 400 000元和3 200 000元，公司采用的收益分配政策是剩余股利政策，试计算出3种方案下的股利发放额。计算方法与计算过程见表7-7。

表7-7 股利发放额计算表 单位：元

项 目	投资方案1	投资方案2	投资方案3
（1）资本支出预算额	1 500 000	2 400 000	3 200 000
（2）现有留存收益额	1 800 000	1 800 000	1 800 000
（3）资本预算所需权益资金(1)×50%	750 000	1 200 000	1 600 000
（4）股利发放额(2)－(3)	1 050 000	600 000	200 000
（5）资本预算所需负债资金(1)－(3)	750 000	1 200 000	1 600 000

表7-7中资本预算所需权益资金(3)＝资本支出预算额(1)×最佳资本结构下权益资金比率(50%)，如750 000＝1 500 000×50%。

剩余政策的优点是能保持理想的资金结构，使综合资金成本最低；缺点是股利额随投资机会而变动，不能与盈余较好地配合。

2. 固定股利政策

固定股利政策是指将每年发放的股利固定在某一水平上并在较长的时期内保持不变，只有当公司认为未来盈余会显著地不可逆转地增长时，才提高年度的股利发放额。

固定股利政策的主要目的是避免出现由于经营不善而削减股利的情况。采用这种股利政策的理由在于：①稳定的股利向市场传递着公司正常发展的信息，有利于树立公司良好形象，增强投资者对公司的信心，稳定股票价格；②稳定的股利额有利于投资者安排股利收入和支出，特别是对那些对股利有着很高依赖性的股东更是如此，而股利忽高忽低的股票则不会受这些股东的欢迎，股票价格会因此而下降；③稳定的股利政策可能会不符合剩余股利理论，但考虑到股票市场会受到多种因素的影响，其中包括股东的心理状态和其他要求，因此为了使股利维持在稳定的水平上，即使推迟某些投资方案或者暂时偏离目标资本结构，也可能要比降低股利或降低股利增长率更为有利。

3. 固定股利支付率政策

固定股利支付率政策是指公司确定一个股利占收益的比率，长期按此比率来支付股利的政策。在这一股利政策下，各年股利额随公司经营的好坏而波动，获得较多盈余的年份股利额高，获得较少盈余的年份股利额低。

主张实行固定股利支付率的人认为这样能使股利与公司盈余紧密地配合，以体现多盈多分、少盈少分、无盈不分的原则，才算真正公平地对待每一位股东。但是，在这种政策下各年的股利变动较大，极易给人造成公司不稳定的感觉，对于稳定股票价格不利。

固定股利比例政策的优点是充分体现了风险投资与风险收益的对等，缺点是容易使外界产生公司经营不稳定的印象，不利于股票价格的稳定与上涨，很少有公司采用这种政策。

4. 正常股利加额外股利政策

正常股利加额外股利政策是指公司一般情况下每年只支付固定的、数额较低的股利，在盈余较多的年份，再根据实际情况向股东发放额外股利。但额外股利并不固定化，不意味着公司永久地提高了规定的股利率。

主张实行正常股利加额外股利政策的人认为该政策有以下优点：

（1）这种股利政策使公司具有较大的灵活性。当公司盈余较少或投资需用较多资金时，可维持设定的较低但正常的股利，股东不会有股利跌落感；而当盈余有较大幅度增加时，则可适度增发股利，把经济增长的部分利益分配给股东，使他们增强对公司的信心，这有利于稳定股票的价格。

（2）这种股利政策可使那些依靠股利度日的股东每年至少可以得到虽然较低但比较稳定的股利收入，从而吸引住这部分股东。

由于正常股利加额外股利政策的优点是具有较大的灵活性，在维持既定的股利发放水平的同时给企业带来较大的弹性，对企业和股东都比较有利，因而被很多公司采用。

以上各种股利政策各有所长，公司在分配股利时应结合其基本决策思想，制定适合自己实际情况的股利政策。

在企业生命周期的各个阶段，应采用哪种股利政策更合理？为什么？

7.4.3 股利支付的方式

股利支付方式有多种,常见的有以下几种。

1. 现金股利

现金股利是指以现金支付的股利,是公司中最常见的、也是最易被投资者接受的股利支付方式。现金股利减少了公司的所有者权益和现金,增加了公司的支付压力。因而公司支付现金股利除了要有累计盈余(特殊情况下可用弥补亏损后的盈余公积金支付)外,还要协调公司的股价、投资需要和股东要求之间的矛盾,并考虑以下因素。

1) 股东的意愿

股东是公司的所有者,对公司的重大经营决策拥有表决权,股利分配方案也必须经股东大会决议通过,因此,股东的意愿决定着公司股利的支付方式。不同类型的股东,其分配意愿不尽相同:有的愿意少分配现金股利,期待获得股票增值的收益;有的则欢迎现金股利。因此,公司在决定股利支付方式时必须充分考虑股东的意愿。

2) 公司投资的需要

投资需要的资金是由对外筹资解决还是通过内部盈余解决,需要考虑公司综合资本成本最低化、资本结构达到最佳化和对外筹资的风险。处于成熟期、经营稳定和信誉好的公司应当采取发放现金股利的方式;处于成长期或投资项目风险较大的公司应尽量不发或少发放现金股利。

3) 现金供应量

支付现金股利受公司现金供应量的限制。公司可供分配的利润不等同于可以用现金方式发放的股利额。公司是否发放现金股利需要考虑股东的意愿、公司的投资需要,还要考虑现金流出对公司生产经营的影响,更要考虑公司的现金供应量。

可用于投资、分派股利的现金=本期经营活动的现金收入+投资活动取得的现金收入+公司对外筹资额-偿还借款等现金支出-经营活动各项现金支出±非经常性项目现金净额

至于公司支付的现金股利占公司现金供应量的比例,国外公司一般控制在40%左右。

2. 股票股利

股票股利是公司以增发股票作为股利的支付方式,是一种比较特殊的股利,它不会引起公司资产的流出或负债的增加,不会改变每位股东的股权比例,只涉及股东权益内部结构的调整,将资金从留存收益账户转移到其他股东权益账户,因此不会引起股东权益总额的改变。

【例7-18】 大成公司在发放股票股利前资产负债表上的股东权益账户见表7-8。

表7-8 发放股票股利前的股东权益账户 单位:万元

股本(普通股面值1元,已发行2 000万股)	2 000
资本公积	1 000
留存收益	5 000
股东权益合计	8 000

假定该公司宣布发放10%的股票股利,即股东每100股可得到10股增发的普通股,公司共发放200万股普通股股利。当时股票的公开市价为每股15元。很多西方国家以市价计算股票股利的价格,而我国按股票面值计算股票股利的价格。如以市价计算股票股利的价格,试列出发放股票股利对股东权益各项目的影响。

随着股票股利的发放,留存收益中有3 000万元(200×15)的资金要转移到股本和资本公积账户上,使之减少到2 000万元。转移到股本账户使股本增加200万元(200×1)而达到2 200万元,其余转移到资本公积账户上,使资本公积增加2 800万元(3 000-200)而达到3 800万元。所以股票股利发放对资产负债表中股东权益各账户的影响见表7-9。

表7-9 发放股票股利后的股东权益账户　　　　　　　　　　　　　　单位:万元

股本(普通股面值1元,已发行2 200万股)	2 200
资本公积	3 800
留存收益	2 000
股东权益合计	8 000

公司发放股票股利,可能出于以下几方面的考虑。

1) 保留现金

发放现金股利会使公司的现金大量减少,可能会使公司由于资金短缺而丧失投资良机或增加公司的财务负担;而发放股票股利既不会减少公司现金持有量,又能使股东获得投资收益,有利于公司将更多的现金用于投资和扩展业务,减少对外部资金的依赖。

2) 避免股东增加税收负担

对股东而言,得到现金股利需要缴纳所得税,而股票股利则不需要纳税,即使将来出售需要缴纳资本利得税,其税率也较低。

3) 满足股东投资的意愿

股东投资的目的是为了获得投资报酬,一般难以忍受没有报酬的股票,而对于通过股票市场价格的变动获取价差收益的风险又难以承担,此时,发放股票股利可以使股东得到减轻税收负担的好处,又会使股东得到相当于现金股利的收益。

4) 降低公司的股价

发放股票股利可以增加公司流通在外的股份数,使公司股价降低至一个便于交易的范围之内。降低公司的股价有利于吸引更多的中小投资者,提高股票市场占有率,有助于减轻股市大户对股票的冲击,有利于公司进一步增发新股。

课堂思考

试观察、对比在现实经济生活中,发放现金股利与发放股票股利对股东和公司各有哪些不同的影响?

3. 财产股利

财产股利是指以现金以外的资产支付的股利,主要是以公司所拥有的其他企业的有价证券,如债券、股票,作为股利支付给股东。具体有以下几种:①实物股利。发给股东实物资产或实物产品,多用于额外股利的股利形式。这种方式不增加货币资金支出,多用于现金支付能力不足的情况。实物股利的方式会引起公司资产净值的减少，这种形式不经常采用。②证券股利。这是最常见的财产股利支付方式，是以其他公司的证券代替货币资金发放给股东的股利。由于证券的流动性及安全性均较好，仅次于货币资金，股东愿意接受。对企业来说，把证券作为股利发给股东，既发放了股利，又实际保留了对其他公司的控制权，可谓一举两得。

4. 负债股利

负债股利是公司以负债支付的股利。具体有发行公司债券和开出商业票据支付给股东两种方式。二者都是带息的票据并有一定的到期日。对于股东来说，到期收到货币股利的时间要很长，但可获得额外的利息收入；对于公司来说，增加了支付利息的财务压力。所以它只是公司已宣布并必须立即发放股息而货币资金不足时采用的一种权宜之策。

财产股利和负债股利实际上是现金股利的替代。这两种股利方式目前在我国公司实务中很少使用，但并非法律所禁止。

7.4.4 股利分配的程序

1. 确定股利分配方案

我国《公司法》规定，公司分配股利，首先由公司董事会根据公司盈余情况和股利政策，拟定股利分配方案（包括配股方案），然后提交股东大会审议通过。只有经股东大会审议通过的股利分配方案才具有法律效力，才能向社会公布；未经股东大会审议通过的分配方案不具有法律效力，不能向社会公布。

2. 股利分配方案宣布和股权登记

股利分配方案经股东大会审议通过后，公司必须及时予以公开宣布，宣布的内容包括股利分配金额、股利宣告日、股权登记日、除权除息日、实际支付日（派息日）、派息方式（现金或送股等）、配股数额、配股价、领取股利的地点、参加分配的资格等。

1）股利宣告日

股利宣告日指将公司股东会议决定的股利分配情况予以公告的日期。例如，大成公司2014年4月26日召开股东会议，宣布每股派现0.5元，5月7日为股权登记日，5月17日为支付日。

2）股权登记日

股权登记日指有权领取股利的股东资格登记截止日期。只有这一天在公司股东名册上登记的股东，方有权领取最近一次发放的股利。在股权登记日以后购买股票的新股东无权参与本次分配。股权登记日一般在分配方案宣布后的10~20天内。

3）除权除息日

除权除息日就是除去股利的日期，也就是领取股利的权利和股票相互分离的日期。在除息日前，股利包含在股票的价格之中。该股票称为含权股（含息股）。持有该股票者就享有获取股利的权利。除息日开始，股利权与股票相互分离，股票价格会下降。此时，该股票称为除息股或除权股。而在除息日当日或以后新购买股票的股东则不能享受这次股利。其原因是股票买卖之间的交接过户需要一定的时间，如果有股票的转让，公司可能不能够及时地获得股东变更的资料，只能以原登记的股东为股利支付对象。

例如，大成公司若以5月7日为股权登记日、5月8日为除息日，则购买股票的人如果希望获取股利，就必须在5月8日以前购买；否则，股利仍属于原来的股东。

当公司的现金股利比较丰厚时，除息日对买卖双方就会显得特别重要。在不考虑股市波动的前提下，在除息日股票的价格会下降，下降的幅度与每股股利相当。接前例，大成公司每股派现0.5元，5月7日的收盘价为8.5元，则5月8日的开盘价将下降为8.0元。

4）股利支付日

股利支付日是指公司向股东正式发放股利的日期。

3. 股利发放

从股利支付日起，公司将在几天内向已经登记在册的各个股东发放应得股利。我国目前的实际发放情况大致有3种渠道。①流通股利：通过证券交易所的各级清算网络直接划到各个入市者的资金账户中。②国有股股利：直接划到政府委托的部门。③法人股、内部职工股的股利：通过托管机构或证券登记机构等中介机构发放或由公司直接发放。

本章知识结构图

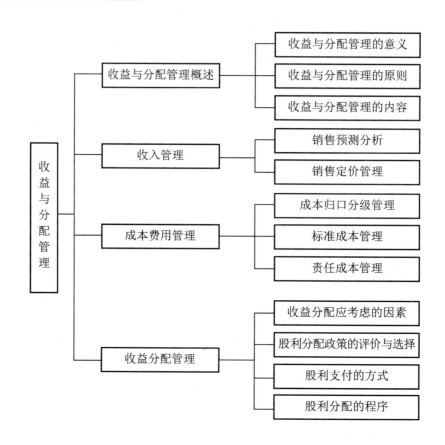

课后练习题

一、单项选择题

1. 狭义的收益分配是指对（　　）进行的分配。
   A. 收入　　　　　B. 成本费用　　　　C. 净利润　　　　D. 息税前利润

2. 以资源无浪费、设备无故障、产出无废品、工时都有效的假设前提为依据而制定的标准成本是（　　）。
   A. 基本标准成本　B. 理想标准成本　　C. 正常标准成本　　D. 现行标准成本

3. 成本中心只对（　　）负责。
   A. 固定成本　　　B. 可控成本　　　　C. 变动成本　　　　D. 生产成本

4. 自然利润中心的特征不包括（　　）。
   A. 直接面向市场　　　　　　　　　　B. 具有价格制定权
   C. 通常只计算可控成本　　　　　　　D. 对外销售产品而取得收入

5. 下列关于投资中心的说法不正确的有（　　）。
   A. 不对成本、收入和利润负责　　　　B. 对投资效果负责
   C. 是最高层次的责任中心　　　　　　D. 承担最大的责任

6. 在投资中心的主要考核指标中，能使个别投资中心的利益与整个企业的利益统一起来的指标是（　　）。
   A. 投资利润率　　B. 可控成本　　　　C. 利润总额　　　　D. 剩余收益

7. 某企业甲责任中心将 A 产品转让给乙责任中心时，厂内银行按 A 产品的单位市场售价向甲支付价款，同时按 A 产品的单位变动成本从乙收取价款。据此可以认为，该项内部交易采用的内部转移价格是（　　）。
   A. 市场价格　　　　　　　　　　　　B. 协商价格
   C. 双重价格　　　　　　　　　　　　D. 以成本为基础的转移定价

8. 在确定企业的收益分配政策时，应当考虑相关因素的影响。下列属于应该考虑的股东因素的是（　　）。
   A. 投资机会　　　B. 资本保全　　　　C. 资本成本　　　　D. 控制权的稀释

9. 下列股利支付形式中，与现金股利无关的是（　　）。
   A. 现金股利　　　B. 财产股利　　　　C. 负债股利　　　　D. 股票股利

10. 如果上市公司以其应付票据作为股利支付给股东，则这种股利的方式称为（　　）。
    A. 现金股利　　　B. 股票股利　　　　C. 财产股利　　　　D. 负债股利

二、多项选择题

1. 下列属于销售预测的定量方法有（　　）。
   A. 趋势预测分析法　　　　　　　　　B. 因果预测分析法
   C. 产品寿命周期分析法　　　　　　　D. 专家判断法

2. 就一般情况而言，下列关于成本差异责任归属的叙述，正确的有（　　）。
   A. 材料用量差异的主要责任应由生产部门承担

B. 材料价格差异的主要责任应由采购部门承担
C. 直接人工效率差异的主要责任应由生产部门承担
D. 直接人工工资率差异的主要责任应由劳动人事部门承担

3. 在变动成本法下，产品标准成本的构成内容有（   ）。
   A. 直接材料的标准成本　　　　　B. 直接人工的标准成本
   C. 变动制造费用的标准成本　　　D. 固定制造费用的标准成本

4. 可控成本需要具备的条件包括（   ）。
   A. 可以预见　　B. 可以计量　　C. 可以调节　　D. 可以控制

5. 利润中心包括（   ）两种形式。
   A. 自然利润中心　　　　　　　　B. 投资中心
   C. 人为利润中心　　　　　　　　D. 成本中心

6. 投资中心的考核指标有（   ）。
   A. 投资利润率　　　　　　　　　B. 剩余收益
   C. 责任成本　　　　　　　　　　D. 边际贡献

7. 下列属于内部转移价格的有（   ）。
   A. 市场价格　　　　　　　　　　B. 协商价格
   C. 双重价格　　　　　　　　　　D. 成本转移价格

8. 下列关于收益分配的说法正确的有（   ）。
   A. 企业的收益分配必须依法进行
   B. 企业的收益分配是对投资者投入的资本所进行的分配
   C. 企业进行收益分配时，应当统筹兼顾
   D. 企业进行收益分配时，应当正确处理分配与积累的关系

9. 按照资本保全约束的要求，企业发放股利所需资金的来源包括（   ）。
   A. 当期利润　　B. 留存收益　　C. 原始投资　　D. 股本

10. 下列关于固定股利支付率政策的说法正确的有（   ）。
    A. 传递的信息容易成为公司的不利因素
    B. 从企业支付能力的角度看，这是一种不稳定的股利政策
    C. 比较适用于那些处于稳定发展阶段且财务状况也较稳定的公司
    D. 容易使公司面临较大的财务压力

三、判断题

1. 正常标准成本从数额上看，应当大于理想标准成本，但又小于历史平均成本水平。
   （　　）
2. 公式"变动制造费用效率差异＝（实际产量下实际工时－实际产量下标准工时）×变动制造费用标准分配率"中的工时指的是机器工时。（　　）
3. 成本中心只对可控成本负责。（　　）
4. 人为利润中心通常不仅要计算可控成本，而且还要计算不可控成本。（　　）
5. 根据我国《公司法》的规定，法定盈余公积的提取比例为当年税后利润的10%。
   （　　）

6. 从理论上说，债权人不得干预企业的资金投向和股利分配方案。（   ）

7. 剩余股利政策是指公司生产经营所获得的净收益首先应满足公司的全部资金需求，如果还有剩余，则派发股利；如果没有剩余，则不派发股利。（   ）

8. 以发行公司债券的方式支付股利属于支付财产股利。（   ）

9. 对于投资者来说，与现金股利相比，股票股利具有更大的灵活性。（   ）

10. 在除息日之前，股利权利从属于股票；从除息日开始，新购入股票的投资者不能分享本次已宣告发放的股利。（   ）

四、计算分析题

1. 大成公司 2011—2014 年的产品销售量资料如下：

项 目	年 度			
	2011	2012	2013	2014
销售量/吨	2 100	2 040	2 260	2 110
权数	0.1	0.2	0.3	0.4

要求：

（1）根据以上相关资料，用算术平均法预测 2015 年的销售量。

（2）根据以上相关资料，用加权平均法预测 2015 年的销售量。

（3）假设 2014 年预测的销售量为 2 200 吨，若平滑系数 $a=0.6$，要求用指数平滑法预测公司 2015 年的销售量。

2. 大成公司运用标准成本系统计算甲产品成本，有关资料如下：

（1）本期单位产品直接材料的标准用量为 10 千克，单位材料的标准价格为 2 元，单位产品的标准人工工时为 5 小时，预计标准总工时为 2 500 小时，标准工资总额为 16 000 元，标准制造费用总额为 70 000 元（其中变动制造费用为 50 000 元，固定制造费用为 20 000 元）。

（2）其他情况：本期产品的实际产量为 490 件，耗用直接人工为 2 400 小时，支付工资为 16 620 元，支付制造费用为 71 300 元（其中变动制造费用为 54 000 元，固定制造费用为 17 300 元），采购原材料的价格为 2.2 元/千克，本期领用原材料 5 100 千克。

要求：

（1）编制甲产品标准成本卡，填写下表。

甲产品标准成本卡　　　　　　　　　　　　单位：元

项 目	用量标准	价格标准	单位标准成本
直接材料			
直接人工			
变动制造费用			
固定制造费用			
单位标准成本			

（2）计算直接材料的成本差异、直接材料的价格差异和直接材料的用量差异，并分析它

们产生的可能原因（每项差异说出两个因素即可）。

（3）计算直接人工的成本差异、直接人工工资率差异和直接人工效率差异，并分析它们产生的可能原因（每项差异说出两个因素即可）。

（4）计算变动制造费用效率差异、变动制造费用耗费差异和变动制造费用成本差异。

（5）计算固定制造费用成本差异、固定制造费用耗费差异、固定制造费用能量差异、固定制造费用产量差异和固定制造费用效率差异。

3. 某集团公司下设 A、B 两个投资中心。A 中心的投资额为 500 万元，投资利润率为 12%，剩余收益为 10 万元；B 中心的投资利润率为 15%，剩余收益为 30 万元。集团公司决定追加投资 200 万元，若投向 A 中心，则每年增加利润 25 万元；若投向 B 中心，则每年增加利润 30 万元。

要求：

（1）计算追加投资前 A 中心的最低投资收益以及集团公司规定的最低投资利润率。

（2）计算追加投资前 B 中心的投资额。

（3）计算追加投资前集团公司的投资利润率。

（4）若 A 公司接受追加投资，计算其剩余收益和投资利润率。

（5）若 B 公司接受追加投资，计算其投资利润率和剩余收益。

（6）从集团公司看，应向谁追加投资，并说明理由。

（7）计算追加投资后的集团公司的投资利润率。

4. 某公司成立于 2013 年 1 月 1 日，2013 年度实现的净利润为 1 000 万元，分配现金股利 550 万元，留存收益为 450 万元（留存收益均已指定用途）。2014 年实现的净利润为 900 万元（未计提盈余公积）。2015 年计划增加投资，所需资金为 700 万元。假定公司目标资本结构为自有资金占 60%，借入资金占 40%。

要求：

（1）在保持目标资本结构的前提下，计算 2015 年投资方案所需的自有资金额和需要从外部借入的资金额。

（2）在保持目标资本结构的前提下，如果公司执行剩余股利政策，计算 2014 年度应分配的现金股利。

（3）在不考虑目标资本结构的前提下，如果公司执行固定股利政策，计算 2014 年度应分配的现金股利、可用于 2015 年投资的留存收益和需要额外筹集的资金额。

（4）不考虑目标资本结构的前提下，如果公司执行固定股利支付率政策，计算该公司的股利支付率和 2014 年度应分配的现金股利。

（5）假定公司 2015 年面临着从外部筹资的困难，只能从内部筹资，不考虑目标资本结构，计算在此情况下 2014 年度应分配的现金股利。

第 8 章

财务报表分析

CAIWU BAOBIAO FENXI

【学习目标】

(1) 了解财务报表分析的目的与评价标准。
(2) 掌握财务报表分析的基本方法及其注意事项。
(3) 理解各财务比率指标的含义及内容。
(4) 掌握各财务比率指标的计算与分析方法。
(5) 掌握杜邦分析体系的应用。

【本章提要】

财务管理的基本目标是实现企业价值的最大化,而不是财务报表上某个会计数据的最大化。然而,要想实现企业价值最大化的目标,就需要了解企业目前的业绩情况、企业未来的发展方向,就需要对企业财务报表提供的会计信息进行评价。

本章将主要介绍财务报表分析的基本方法,特别是能够反映企业偿债能力、营运能力、盈利能力以及发展能力方面的财务比率的计算分析和杜邦综合分析在企业中的应用,以此来说明企业管理层如何运用财务报表来提高企业业绩;债权人如何根据财务报表来判断债务本金和利息的安全性;股东如何根据财务报表来判断企业的盈利水平和股票价值。

【导入案例】

A股上市公司2013年年报和2014年一季报披露4月30日完美收官,2 473家上市公司捧出了2013年靓丽的成绩单。据数据统计,2013年A股上市公司各项财务指标好转,2 473家公司实现营业收入26.81万亿元,同比增长9.68%;实现净利润2.24万亿元,同比增长14.68%。资产负债率降低近两个百分点,但房地产行业平均负债率攀升。存货周转天数缩短为280天,每股企业自由现金流量首现正值。

A股公司2013年度的整体资产负债率水平有所下降,资产负债率为44.43%,而2012年这一数据为45.85%。其中,有366家公司资产负债率水平超过了70%的"警戒线"。房地产行业平均负债率有所上升,139家房企的平均负债率为63.15%,相较于2012年的61.64%上升了近两个百分点,逾四成房企资产负债率超过了70%。有色金属行业资产负债率下降明显,由2012年的60.81%降为2013年的47.65%,由于行业整体仍然不景气,大多数的公司选择了较保守的策略。

库存周转能力提速,2013年A股公司存货周转天数为280天,与2012年存货周转天数285天相比有小幅下降,显示其存货周转能力和收现能力有所提升。房地产企业存货仍有上涨趋势,2013年存货量达1.96万亿元,同比增长26.16%。

企业现金流量改善,每股企业自由现金流量首现正值。2013年每股企业自由现金流量为0.07元,而此前两年均为负值,2011年、2012年分别为-0.60元和-0.11元。共有1 548家公司的企业自由现金流量为正值,占总数的63.29%……

那么,公司财务报表分析有哪些指标?可以采用哪些分析方法?

8.1 财务报表分析概述

8.1.1 财务报表分析的目的

财务报表分析是企业以财务报表及其他有关财务资料为主要依据,采用专门的方法,对企业的财务状况和经营成果以及未来前景进行研究评价的过程。财务分析的主要目的可以概括为:评价企业过去的经营业绩,反映企业在运营过程中的利弊得失,衡量现在的财务状况,预测未来的发展趋势,为财务报表使用者做出相关决策提供可靠的依据。

财务报表的使用者包括投资者、债权人、企业管理层、供应商、竞争对手和政府等不同的利益主体,它们的利益倾向存在差异,因此对财务报表进行分析的具体目的也会有所不同。

1. 投资者的分析目的

投资者作为企业的所有者或股东,高度关心其资本的保值和增值情况。通过财务报表分析评估投资报酬、投资风险和投资前景,以便做出正确的投资决策,是企业投资者进行财务报表分析的主要目的。因此,和投资者利益密切相关的企业的盈利能力、营运能力及发展趋势是投资者需要深入了解的。

2. 债权人的分析目的

企业的债权人也十分关心企业的经营情况,但他们最关心的不是企业是否具有强劲的盈利能力，而主要是这种盈利能力最终能否形成强大的偿债能力，以保证其按时足额地偿还债务本金及利息。因此，全面了解企业的盈利能力和偿债能力是债权人进行财务报表分析的目的。

3. 经营管理人员的分析目的

企业的生存、发展和获利是企业管理的基本目的。要实现这些目标，企业经营管理人员必须自我剖析，综合考虑自身经营活动的各个方面，并依此规划和调整企业的策略和行为目标。因此，通过财务报表分析，了解企业的资产流动情况和偿债能力、掌握企业的盈利水平和能力、评价资产的使用效率、适时合理地采取相应措施、改善企业经营管理是企业管理人员进行财务报表分析的目的。

4. 政府部门的分析目的

财政、税务及有关经济管理部门从国家财政收入和宏观经济的角度，也要对企业的财务状况及发展趋势进行评估，以衡量企业对国家或社会的贡献水平。

需要注意的是，政府作为一个特殊的主体，在本质上不同于其他投资者，它更多地从全面利益最大化角度对企业财务状况进行判断。不仅需要了解资金占用的使用效率、预测财政收入的增长情况、有效地组织和调整社会资金资源的配置，而且还要借助财务报表分析，检查企业是否存在违法乱纪、偷税漏税的问题。

除上述目的之外，财务报表分析还有一些目的，比如供应商要通过财务报表分析，决定能否与企业长期合作，了解企业的信用水平，以便决定是否对企业延长付款期；竞争对手需要通过财务报表分析，了解企业的盈利水平、其产品的市场占有率等信息，从而在制定产品价格、调整产品品种结构等方面做出合理的决策；注册会计师通过财务报表分析可以确定审计重点。

8.1.2 财务报表分析的内容

1. 偿债能力分析

偿债能力是指企业对债务的清偿能力或保证程度。短期偿债能力又称为支付能力，是指企业以流动资产偿付流动负债的能力。短期偿债能力主要取决于流动资产和流动负债的比例关系以及流动资产的变现能力。长期偿债能力又称为财务能力，是指企业偿还债务本金和利息的能力。长期偿债能力既与资本结构有关，又与企业盈利能力有关。

2. 营运能力分析

营运能力即资产运用效率，是指企业单位资产创造营业收入的能力。它主要取决于收入和资产的比例关系。营运能力既影响偿债能力，又影响盈利能力。

3. 盈利能力分析

所谓盈利能力，是指企业运用资产赚取利润和使企业资金增值的能力。它主要取决于利润与获取利润的资产或销售收入的比例关系。盈利是企业经营理财的核心，盈利能力大小是衡量企业经营好坏的重要标志。

4. 发展能力分析

发展能力主要指企业不断改善财务状况和经营业绩、扩大规模、壮大实力的潜在能力。发展能力主要通过经营规模、资本增值等的增长情况来判断。

5. 综合分析

综合分析是将企业的偿债能力、营运能力、盈利能力分析等方面纳入一个有机的整体之中，对企业经营状况、财务状况进行全面的解剖和分析，从而对企业经济效益的优劣作出准确的评价与判断的系统性分析。

8.2 财务报表分析的基本方法

财务报表分析的方法是实现财务报表分析的手段。由于分析的目的不同，为了适应不同目的的要求，财务报表分析必然要采用多种多样的分析方法。

8.2.1 比较分析法

比较分析法是财务报表分析中最常用的方法之一，也是一种最基本的方法。它是将两个或两个以上有关的可比数据进行对比，从数量上揭示差异和矛盾，并进行分析的方法。

在实际工作中，比较分析法的形式主要有实际指标与历史标准比较、实际指标与行业标准比较、实际指标与预算标准比较3种形式。这3种形式分别揭示了企业的发展趋势、先进程度和业绩完成情况。

1. 实际指标与历史标准比较

这是对财务报表项目在不同时间的纵向比较，一般使用本期实际指标与历史标准进行比较。历史标准的具体运用有3种方式：①期末与期初对比，即本期期末的指标实际数与上期期末（本期期初）相同指标的实际数对比；②与历史同期对比；③与历史最高水平对比。财务报表分析中采用历史标准有利于揭示企业财务状况和经营成果的变化趋势及存在的差距。

2. 实际指标与行业标准比较

进行历史比较能揭示变化趋势，不能反映企业的竞争地位。因此，需要将企业主要财务指标与同行业的平均指标或同行业中先进企业的指标做比较，这样有利于揭示本企业在同行业中所处的位置或与同行业先进水平的差距。

3. 实际指标与预算标准比较

预算标准即企业在分析影响财务指标的客观因素的基础上制定的具体目标。通过对实际指标与预算标准进行比较，可以说明企业计划的完成情况和程度，为改进工作指出方向。如果企业的实际指标未达到预算标准而产生差异，应进一步查明原因，做出合理的改进。

采用比较分析法，有以下几点是需要注意的：

（1）实际指标要与对比标准的计算口径保持一致。所谓口径一致，是指实际指标包括的内容、范围要与对比标准一致，否则没有可比性。

（2）实际指标与对比标准的时间期限要一致。如果实际指标是年度指标，那么对比标准也应是年度指标；否则二者不可比。

（3）实际指标与对比标准的计算方法要一致。不仅二者的计算方法要一致，而且影响指标的各因素内容也需一致；否则二者不可比。

8.2.2 比率分析法

比率分析法是指利用财务报表中两项相关数值的比率揭示企业财务状况和经营成果的一种分析方法。在财务报表分析中，比率分析法的应用比较广泛。根据分析目的和要求不同，比率指标主要有以下3种。

1. 构成比率

构成比率又称为结构比率，是某个经济指标的某个组成部分与总体的比例，反映部分与总体的关系，用以考察总体构成的合理性，如流动资产占资产总额的比重。

2. 效率比率

效率比率是某项经济活动中投入与产出、花费与所得的比率，用以考察经营成果，评价经济效益，如成本利润率、销售利润率及资本利润率等指标。

3. 相关比率

相关比率是将两个不同但又有一定关联的项目加以对比计算得出的比率，用以反映经济活动的相互关系，考察有联系的相关业务安排得是否合理，以发现经营管理中存在的问题。如将流动资产与流动负债加以对比，计算出流动比率，用来判断企业的短期偿债能力。

比率分析法的优点是计算简便，计算结果容易判断，而且也能在不同规模的企业间进行比较。但仍要注意对比项目的相关性、计算比率的子项和母项两个指标口径的一致性、衡量标准的科学性。

8.2.3 趋势分析法

趋势分析法是利用财务报表提供的数据资料，将两期或连续数期的财务报表的相关指标进行对比，揭示企业财务状况和经营成果的变化趋势的一种分析方法。观察连续多期的报表比单看一个报告期的报表能了解更多的情况和信息，并能预测企业的发展前景。趋势分析法的具体运用主要有3种不同的方式。

1. 项目金额比较分析

项目金额比较分析是将连续两期或数期的财务报表有关项目并行排列，比较相同项目的金额增减变化和变动幅度，以此来说明企业财务状况和经营成果变化的分析。一般可以编制比较资产负债表、比较利润表及比较现金流量表。

【例8-1】 表8-1是大成公司连续3年的利润表资料,按此编制的变动差额与百分比报表见表8-2。

表8-1 大成公司利润表　　　　　　　　　　　　　　　　　　　　单位:万元

项目	2011年	2012年	2013年
营业收入	6 270	6 646	6 778
减:营业成本	3 162	3 370	3 932
减:营业税金及附加	628	664	678
减:期间费用	860	1 200	1 040
营业利润	1 620	1 412	1 128
加:营业外损益	130	234	134
利润总额	1 750	1 646	1 262
减:所得税费用	437.5	411.5	315.5
净利润	1 312.5	1 234.5	946.5

表8-2 比较利润表

项目	2012年		2013年	
	差额/万元	百分比/%	差额/万元	百分比/%
营业收入	376	5.99	132	1.99
减:营业成本	208	6.58	562	16.68
减:营业税金及附加	36	5.73	14	2.11
减:期间费用	340	39.53	−160	−13.33
营业利润	−208	−12.84	−284	−20.11
加:营业外损益	104	80	−100	−42.74
利润总额	−104	−5.94	−384	−23.33
减:所得税费用	−26	−5.94	−96	−23.33
净利润	−78	−5.94	−288	−23.33

通过表8-2可以看出,营业收入的增长呈现减慢的趋势;营业成本的增长要快于营业收入的增长,因此毛利下降的速度很快;期间费用呈下降的趋势;净利润呈下降的趋势。因此,可以认为大成公司的盈利能力在下降,最主要的原因是营业成本的大幅度升高。

2. 结构百分比分析

这种方法是以财务报表中某个总体指标作为100%,再计算出各组成项目占该总体指标的百分比,以此来比较各个项目百分比的增减变动,判断有关财务活动的变化趋势。

在通常情况下,资产负债表的总体是资产总额,利润表的总体是营业收入,现金流量表的总体是现金流量合计。结构百分比分析方法不仅适用于同一企业不同时期财务状况的纵向比较,也适用于不同企业间的横向比较,并且可以消除不同时期(不同企业)业务规模差异的影响,有助于分析企业的耗费水平和盈利水平。

【例8-2】 根据表8-1,编制大成公司结构百分比利润表,见表8-3。

表 8-3 结构百分比利润表　　　　　　　　　　单位:%

项　　目	2011 年	2012 年	2013 年
营业收入	100	100	100
减：营业成本	50	51	58
减：营业税金及附加	10	10	10
减：期间费用	14	18	15
营业利润	26	21	17
加：营业外损益	2	4	2
利润总额	28	25	19
减：所得税费用	7	6	5
净利润	21	19	14

通过表 8-3 可以看出，营业成本占总体指标营业收入的比重越来越大，已经从 2011 年的 50% 上升到 2013 年的 58%；期间费用的比重也是上升的，虽然 2013 年有所下降，但还是较 2011 年增加了。由以上分析可以看出，营业成本的逐年上升仍是大成公司利润下降最主要的原因，所以一定要加强企业营业成本的控制。

3. 定基百分比分析

定基百分比分析是首先选定一个基期，将基期报表上的各项目金额指定为指数 100，其他各期财务报表上的项目金额根据与基期的关系也用指数表示出来，由此可得到定基百分比分析报表，即可了解各项目的变化趋势。其中报告期指数的计算公式为：

$$报告期指数 = \frac{报告期数值}{基期数值} \times 100$$

【例 8-3】　根据表 8-1，编制大成公司定基百分比利润表，见表 8-4。

表 8-4　定基百分比利润表　　　　　　　　　　单位：万元

项　　目	基年 2011 年	2012 年	2013 年
营业收入	100	106	108
减：营业成本	100	107	124
营业毛利			
减：营业税金及附加	100	106	108
减：期间费用	100	140	121
营业利润	100	87	70
加：营业外损益	100	180	103
利润总额	100	94	72
减：所得税	100	94	72
净利润	100	94	72

从表 8-4 中可以看出，以 2011 年为基期，2013 年的营业收入指数上涨了 108 万元的同时，营业成本的指数却上涨了 124 万元，上升的速度显然已经超过了营业收入。其他成本费用类项目较基期也都有上涨的趋势。但导致大成公司相关利润指数降低的原因主要还是营业成本指数相对于营业收入指数增长得过快。

采用趋势分析法时要特别注意两点：一是由于偶然性因素的影响，使不同时期的财务报表可能不具备可比性，为使数据不受偶然性的影响，在分析时要剔除偶然性因素；二是当绝对值很小时，计算百分比时应特别注意，因为绝对数小的变化会导致百分比变化很大。

8.2.4 因素分析法

因素分析法是分析财务指标各个因素变动对总体指标变动的影响程度，并说明引起财务指标变动或差异的主要原因的一种分析方法。采用因素分析法，能分析出各原始因素对综合财务指标的影响程度，明确指标完成好坏的原因和责任。因此，这种方法在财务报表分析中，尤其是内部成本管理分析中具有很重要的意义。常用的因素分析法有差额分析法和连环替代法，一般假定某个因素变动，而其他因素均保持不变，来确定该因素的变动对综合分析指标的影响程度。

1. 差额分析法

差额分析法是利用各因素的实际数与标准数之间的差额，直接算出各因素对综合指标差异的影响值的一种因素分析法。

假设财务指标 $N=A\times B\times C$，受到 A、B、C 这 3 个因素的影响，其实际指标与标准指标以及有关因素的关系由下式构成：

实际指标： $N_1=A_1\times B_1\times C_1$

标准指标： $N_0=A_0\times B_0\times C_0$

实际与标准的总差异为 N_1-N_0，分别分析 3 个因素 A、B、C 对财务指标 N 的影响。

A 因素变动对财务指标 N 的影响程度：

$$\Delta A=(A_1-A_0)\times B_0\times C_0$$

B 因素变动对财务指标 N 的影响程度：

$$\Delta B=A_1\times(B_1-B_0)\times C_0$$

C 因素变动对财务指标 N 的影响程度：

$$\Delta C=A_1\times B_1\times(C_1-C_0)$$

将以上因素的影响数相加应该等于总差异 N_1-N_0。

【例 8-4】 A 公司 2013 年产品产量、单位成本、总成本的计划数与实际数见表 8-5。

表 8-5 计划数与实际数比较表

项 目	计 划 数	实 际 数	差 异 数
产品产量/件	1 000	1 100	100
单位成本/元	400	380	−20
总成本/元	400 000	418 000	18 000

要求：运用差额分析法计算产品产量、单位成本变动对总成本的影响。

解：确定产品成本的数学表达式　总成本＝产品产量×单位成本

进一步确定各因素的差额对总成本的影响：

产品产量变动对总成本的影响＝(1 100−1 000)×400＝＋40 000(元)

单位成本变动对总成本的影响＝1 100×(380－400)＝－22 000(元)
确定两因素综合作用的结果：
两因素综合作用对总成本的影响＝(＋40 000)＋(－22 000)＝＋18 000(元)
由此可以看出，2013年因产品产量增加100件导致总成本增加40 000元，由于单位成本的减少使总成本减少22 000元。

2. 连环替代法

连环替代法是将分析指标分解为各个可以计量的因素，并根据各个因素之间的依存关系，顺次用各因素实际值替代标准值，据以测定各因素对分析指标的影响的一种因素分析法。

假设某一财务指标 N 是由相互联系的 A、B、C 这3个因素的乘积组成的。其实际指标与标准指标以及有关因素的关系由下式构成：

实际指标： $N_1 = A_1 \times B_1 \times C_1$
标准指标： $N_0 = A_0 \times B_0 \times C_0$
总差异： $N_1 - N_0$
实际值顺次替代标准值：
标准指标： $N_0 = A_0 \times B_0 \times C_0$ ①
第一次替代： $A_1 \times B_0 \times C_0$ ②
第二次替代： $A_1 \times B_1 \times C_0$ ③
第三次替代： $A_1 \times B_1 \times C_1$ ④

A 因素变动的影响＝②－①
B 因素变动的影响＝③－②
C 因素变动的影响＝④－③

将以上因素变动相加，就得到总变动为 $A_1 \times B_1 \times C_1 - A_0 \times B_0 \times C_0 = N_1 - N_0$。

【例8-5】 大成公司甲产品的材料成本见表8-6，试运用连环替代法来分析各因素对材料成本的影响程度。

表8-6 材料成本表

项 目	产品产量	单位产品消耗量/千克	原材料单价/元	原材料费用总额/元
计划数	2 000	20	50	2 000 000
实际数	2 200	18	55	2 178 000
差异	200	－2	5	178 000

解：首先，确定材料总成本的表达式：材料成本＝产量×单位产品消耗量×原材料单价
其次，确定各因素对成本的影响：
材料成本总差异＝2 178 000－2 000 000＝178 000(元)
产量变动对材料成本的影响(第一次替代)＝(2 200－2 000)×20×50＝＋200 000(元)
单位产品消耗量对材料成本的影响(第二次替代)＝2 200×(18－20)×50＝－220 000(元)
原材料单价对材料成本的影响(第三次替代)＝2 200×18×(55－50)＝＋198 000(元)
3个因素的影响＝(＋200 000)＋(－220 000)＋(＋198 000)＝178 000(元)

采用因素分析法要注意以下几点：

（1）因素分析的关联性。构成经济指标的因素，必须是客观上存在因果关系，确实是形成该项指标的内在构成原因。

（2）因素替代的顺序性。替代因素必须按照各因素的依存关系，排成一定顺序依次替代，不能随意颠倒，否则就会计算出不同的结果。在实际工作中，往往是先替代数量因素，后替代质量因素；先替代实物量、劳动量因素，后替代价值量因素；先替代原始的、主要的因素，再替代派生的、次要的因素。

（3）顺序替代的连环性。采用连环替代法计算每一个因素变动的影响时，都必须在前一次计算的基础上进行，并采用连环比较的方法确定因素变化影响结果；否则会出现错误。

（4）计算结果的假定性。由于采用因素分析法计算各个因素变动的影响值会因替代计算顺序的不同而有所差别，所以计算结果具有近似性。

8.3 财务比率分析

财务比率是根据财务报表数据计算出的反映财务报表各项目之间相互关系的比值。通过进行财务比率分析，可以对企业进行偿债能力、营运能力、盈利能力、发展能力的分析。

这里要特别说明一点：比率仅仅是一个数字除以另一个数字的值，因此可以考察的比率非常多。本书只是选取了一些具有代表性的常用比率，并不是全部的，也不一定是最好的。作为财务分析人员，始终是可以自行选择并计算财务比率的。为方便说明，本章各项财务比率的计算将主要以甲股份有限公司为例，该公司的资产负债表、利润表见表 8-7、表 8-8。

表 8-7　资产负债表　　　　　　　　　　　　　　　　　　会企 01 表

编制单位：甲股份有限公司　　　2013 年 12 月 31 日　　　　　　　单位：元

资产	年末数	年初数	负债及所有者权益	年末数	年初数
流动资产：			流动负债：		
货币资金	14 504 690	14 063 000	短期借款	500 000	3 000 000
交易性金融资产	1 050 000	150 000	交易性金融负债	0	0
应收票据	343 000	2 460 000	应付票据	1 000 000	2 000 000
应收账款	6 982 000	3 991 000	应付账款	9 548 000	9 548 000
预付账款	1 000 000	1 000 000	预收账款	0	0
其他应收款	3 050 000	3 050 000	应付职工薪酬	1 800 000	1 100 000
存货	25 827 000	25 800 000	应交税费	907 440	366 000
一年内到期非流动资产	0	0	应付利息	0	0
流动资产合计：	52 756 690	50 514 000	应付股利	0	0
非流动资产：			其他应付款	500 000	500 000
长期股权投资	2 500 000	2 500 000	一年内到期非流动负债	0	0

续表

资产	年末数	年初数	负债及所有者权益	年末数	年初数
长期应收款	0	0	其他流动负债	10 000 000	10 000 000
固定资产	18 864 700	8 000 000	流动负债合计	24 255 440	26 514 000
在建工程	5 280 000	15 000 000	非流动负债:		
工程物资	1 500 000	0	长期借款	10 000 000	6 000 000
固定资产清理	0	0	应付债券	0	0
无形资产	5 400 000	6 000 000	长期应付款	0	0
长期待摊费用	0	0	递延所得税负债	0	0
递延所得税资产	75 000	0	其他非流动负债	0	0
其他非流动资产	2 000 000	2 000 000	非流动负债合计	10 000 000	6 000 000
非流动资产合计	35 619 700	33 500 000	负债合计	34 255 440	32 514 000
			所有者权益:		
			股本(每股面值5元)	50 000 000	50 000 000
			资本公积	0	0
			盈余公积	1 262 095	1 000 000
			未分配利润	2 858 855	500 000
			所有者权益合计	54 120 950	51 500 000
资产合计	88 376 390	84 014 000	负债和所有者权益合计	88 376 390	84 014 000

表 8-8 利润表　　　　　　　　　　　　　　　　　会企 02 表

编制单位：甲股份有限公司　　　　2013 年度　　　　　　　　　　单位：元

项目	本期金额	上期金额
一、营业收入	12 500 000	10 400 000
减：营业成本	7 500 000	6 500 000
营业税金及附加	20 000	19 000
销售费用	200 000	150 000
管理费用	971 000	690 000
财务费用	300 000	235 000
资产减值损失	309 000	280 000
加：公允价值变动损益(损失以"—"号填列)	0	0
投资收益(损失以"—"号填列)	15 000	225 000
二、营业利润	3 215 000	2 751 000
加：营业外收入	500 000	480 000
减：营业外支出	220 400	211 000
三、利润总额(亏损总额以"—"号填列)	3 494 600	3 020 000
减：所得税费用	873 650	755 000
四、净利润(净亏损以"—"号填列)	2 620 950	2 265 000

8.3.1 偿债能力比率分析

偿债能力是指企业偿还各种到期债务的能力。偿债能力的强弱是衡量企业财务状况好坏的重要标志。企业的经营管理人员、投资者、债权人都非常重视企业的偿债能力。根据债务的长短,企业偿债能力分析包括短期偿债能力分析和长期偿债能力分析。

1. 短期偿债能力

企业的短期债务一般要用流动资产来偿付,因此短期偿债能力是指企业流动资产对流动负债及时足额偿还的保证程度,是衡量流动资产变现能力的重要标志。这些比率重点关注的是流动资产和流动负债。评价短期偿债能力的指标主要有流动比率、速动比率和现金流量比率等。

1) 流动比率

流动比率是运用最广泛的比率之一,是流动资产与流动负债之比,表示企业每 1 元的流动负债能有多少流动资产作为偿还的保证。其计算公式为:

$$流动比率 = \frac{流动资产}{流动负债}$$

【例 8-6】 根据表 8-7 所示的资料,甲股份有限公司(简称甲公司)2013 年流动比率计算如下:

$$年初流动比率 = \frac{50\ 514\ 000}{26\ 514\ 000} \approx 1.91$$

$$年末流动比率 = \frac{52\ 756\ 690}{24\ 255\ 440} \approx 2.18$$

计算结果表明,该公司每 1 元的流动负债在年初和年末分别有 1.91 和 2.18 元作为偿还的保证。

在一般情况下,流动比率越高,说明企业短期偿债能力越强,债权人的权益越有保证。除了特别极端的情况之外,国际上一般认为最适当的流动比率为 2,至少不能小于 1,因为流动比率小于 1 就说明企业净营运成本(流动资产减去流动负债)是负值,这是一个健康的企业所不允许的。

在运用流动比率时,有以下 3 点需要注意:

(1) 对于债权人而言,尤其是供应商等短期债权人而言,流动比率越高越好,它表示企业短期偿债能力越强。对于企业而言,过高的流动比率同时也意味着有很多资产分布在流动资产上,造成资金闲置、企业的机会成本增加和盈利能力降低。

(2) 虽然流动比率高,企业偿还短期债务的流动资产保证程度强,但这并不等于说明企业已有足够的现金或存款用来偿债。流动比率高也可能是存货积压、应收账款增多且收账期延长所致,而真正可用来偿债的现金和存款却严重短缺。所以企业应在分析流动比率的基础上,进一步对现金流量加以考察。

(3) 流动比率是否合理要因行业而异。如果行业生产周期长,则企业的流动比率就要相应提高;如果行业生产周期短,则企业流动比率相对降低。不能用统一的标准来评价各企业流动比率是否合理。

课堂思考

1. 假如企业向供应商和短期债权人偿付部分债务,对流动比率会产生什么影响?假如企业购买一些存货又会怎样?如果企业销售一些商品呢?
2. 企业举借长期债务来筹集资金,对企业的流动比率和短期偿债能力有什么影响?

2) 速动比率

速动比率是指速动资产与流动负债的比率,也称为酸性试验比率,它也是反映企业短期偿债能力的指标。速动资产是指可以迅速变现的流动资产,主要包括货币资金、交易性金融资产、应收票据、应收账款等。速动资产不包括存货,主要原因是存货通常是流动性最弱的流动资产,变现能力较差,而且变现时很有可能发生损失,企业资产很大一部分的流动性都被周转缓慢的存货所牵制。速动资产也不包括预付账款、一年到期的非流动资产和其他流动资产等。由于剔除了流动性较差的流动资产,速动比率相对于流动比率能够更加准确、可靠地评价企业资产的流动性及短期偿债能力。

速动比率的计算方法有两种:一般速动比率和保守速动比率。它们的计算公式为:

$$一般速动比率 = \frac{流动资产-存货}{流动负债}$$

$$保守速动比率 = \frac{货币资金+交易性金融资产+应收账款+应收票据}{流动负债}$$

说明:财务报表中应收股利、应收利息和其他应收款项目可视情况归入速动资产项目。

【例 8-7】 根据表 8-7 所示的资料,假设该公司 2012 年和 2013 年度的其他应收款流动性较差,则甲公司 2013 年速动比率计算如下:

$$年初速动比率 = \frac{14\ 063\ 000+150\ 000+2\ 460\ 000+3\ 991\ 000}{26\ 514\ 000} \approx 0.78$$

$$年末速动比率 = \frac{14\ 504\ 690+1\ 050\ 000+343\ 000+6\ 982\ 000}{24\ 255\ 440} \approx 0.94$$

计算结果表明,该公司每 1 元的流动负债年初和年末分别有 0.78 和 0.94 元的速动资产作为偿还的保证,并且年末的速动比率比年初有所增加。

在一般情况下,速动比率越高,说明企业偿还短期债务的能力越强。国际上通常认为,速动比率等于 1 时较为适当。如果速动比率小于 1,企业必然会面临较大的偿债风险。如果速动比率大于 1,尽管企业偿债的安全性很高,但却会因为企业持有大量货币资金及占用过多应收账款而大大增加企业的机会成本。在实际分析中,还应根据不同行业的情况来判断。如零售业采用大量的现金交易,可保持较低的速动比率;而其他采用赊销方式的行业,则应保持较高的速动比率。

注意:如果企业的应收账款中有较大部分不易收回,可能成为坏账,那么速动比率就不能真实地反映企业的短期偿债能力了。所以,应收账款的变现能力是影响速动比率可信度的关键因素。

课堂思考

某企业目前流动比率为 1.2,赊购材料一批(不含税),其结果会导致流动比率和速动比率如何变动?

3) 现金流量比率

现金流量比率是企业经营活动现金净流量与流动负债的比率。以收付实现制为基础的经营活动现金净流量同流动负债对比,能充分体现企业经营活动所产生的现金净流量可以在多大程度上保证当期流动负债的偿还,用此指标评价企业短期债务偿还能力更加谨慎。其计算公式为:

$$现金流量比率 = \frac{经营活动现金净流量}{年末流动负债}$$

公式中分子的数据来自现金流量表。现金流量比率大,不仅表明企业支付到期债务能力强,也说明企业经营活动创造现金流量的能力强,财务状况比较好。

注意:由于企业经营活动产生的现金净流量说明的是本年创造现金的能力,而年末流动负债是下期需要归还的债务,在时间上两者比较的意义会受到一定影响。因此使用该指标时,可以将年度经营活动净流量与年初流动负债相比较,以说明本年通过经营活动创造现金偿还流动负债的能力。

【例8-8】 根据表8-7所示的资料,假设该公司2013年度经营活动产生的现金流量为3 288 390元,则甲公司2013年现金流量比率(以年初流动负债为分母)计算如下:

$$现金流量比率 = \frac{3\ 288\ 390}{26\ 514\ 000} \approx 0.12$$

2. 长期偿债能力

长期偿债能力是指企业在长期内偿还其债务的能力。分析长期偿债能力的指标主要有资产负债率、产权比率与利息保障倍数。

1) 资产负债率

资产负债率是企业负债总额与资产总额的比率,也称为负债比率。它表明了企业的资产总额中有多大比例的资金是通过举债来筹集的,以及企业资产对债权人的保障程度,即每1元资产所承担的负债数额,是衡量负债偿还的物资保证程度的指标。其计算公式为:

$$资产负债率 = \frac{负债总额}{资产总额} \times 100\%$$

企业的资产是由所有者权益和负债构成的,因此这个指标的高低对企业的债权人、投资者和管理者都有不同的影响。

对债权人而言,这个指标是越低越好。资产负债率越低,表明债权人的利益保障程度越高,本息收回的风险越小;反之,资产负债率越高,本息收回的风险越大。正因为如此,债权人在决定是否借贷之前,都要详细分析企业的资产负债率,有些借贷合同中还要规定借款期内资产负债率的最高限额,以确保自身利益。

对投资者而言,不同的情况有不同的要求。投资者主要考虑的是投入资金的报酬率。当企业的息税前利润率大于利息率时,他们会希望负债率高一些,以此获得财务杠杆利益,有利于权益资本收益率的提高;当企业息税前利润率小于利息率时,他们会希望负债率低一些,这样能延缓权益资本收益率的下降,回避风险,防止企业陷入困境。

对管理者而言,企业管理者是企业所有者的代理人,基于受托责任,管理者的经营目标应在某种程度上与投资者是一致的。但管理者的终极目标是谋求自身年薪最大化,而年薪是和经营业绩相联系的。经营业绩一方面体现在权益资本收益率是否能稳步提高上，另一方面还体现在企业风险能否得到控制上。因此，管理者往往会在风险和收益综合平衡的基础上，要求资产负债率能够适度，这也是实务界倡导的适度负债问题。

企业究竟应该保持多大的资产负债率，关键取决于企业管理者的风险承受能力和对未来企业资产报酬率的预测情况。目前，国际上一般认为资产负债率在 0.6(60%)左右比较适当。在实际评价该指标时，还应结合行业平均负债水平来选择标准。

【例 8-9】 根据表 8-7 所示的资料，甲公司 2013 年的资产负债率为：

$$年初资产负债率=\frac{32\,514\,000}{84\,014\,000}\times 100\% \approx 38.70\%$$

$$年末资产负债率=\frac{34\,255\,440}{88\,376\,390}\times 100\% \approx 38.76\%$$

计算结果表明，甲公司年初、年末的资产负债率都不高，长期偿债能力较强。

2）产权比率

产权比率是指负债总额与所有者权益总额的比率，也称为负债权益比率，是企业财务结构稳健与否的重要标志。它反映了所有者权益对债权人权益的保障程度。其计算公式为：

$$产权比率=\frac{负债总额}{所有者权益总额}$$

产权比率越低，说明企业长期偿债能力越强，债权人权益的保障程度越高，财务风险越小，但企业不能充分发挥负债的财务杠杆效应。所以在评价该指标时，应从盈利能力和增强偿债能力两个方面综合分析，即在保障债权偿还安全的前提下，应尽可能提高产权比率。

【例 8-10】 根据表 8-7 所示的资料，甲公司 2013 年的产权比率为：

$$年初产权比率=\frac{32\,514\,000}{51\,500\,000}\approx 0.63$$

$$年末产权比率=\frac{34\,255\,440}{54\,120\,950}\approx 0.63$$

计算结果表明，甲公司年初和年末的产权比率均不高，同资产负债率的计算结果可相互印证，说明公司整体长期偿债能力较强。

3）利息保障倍数

利息保障倍数是指支付利息前和缴纳所得税前的利润（息税前利润）相当于利息支出的倍数，也称为利息所得倍数、已获利息倍数等。利息保障倍数衡量了企业偿还借款利息的承担能力和保证程度，同时反映了债权人投资的风险程度，属于利用利润表的资料来分析企业长期偿债能力的指标。其计算公式为：

$$利息保障倍数=\frac{息税前利润}{利息支出}$$

该公式中的分子根据利润总额加利息费用（或财务费用）计算。分母根据财务费用中的利息费用（一般按财务费用计算）和计入固定资产成本的资本化利息计算。

这个指标的评价标准要看行业水平或企业历史水平，一般应保持在 3 以上。企业利息保障倍数越高，说明企业承担利息的能力越强。如果倍数小于 1，则表示企业的盈利能力无法承担债务利息，长期下去，必将出现债务不能支付的问题。

【例 8-11】 根据表 8-8 所示的资料，甲公司 2013 年的利息保障倍数为：

$$\text{利息保障倍数} = \frac{3\,494\,600 + 300\,000}{300\,000} \approx 12.65$$

计算结果表明，该企业承担利息支出的能力很强。

8.3.2 营运能力比率分析

营运能力是指企业对其拥有或控制的各项资产的利用效率，一般是将企业资产的投入与获取的收入进行对比，计算资产的周转速度指标，以此来衡量企业资产的使用效率。企业营运能力的大小对企业盈利能力的持续增长和偿债能力的不断提高都具有重大的影响。

资产周转速度指标分为资产周转率和资产周转期两种。资产周转率是指企业在一定时期内资产的周转额与平均余额的比率，它反映企业资产在一定时期的周转次数。周转次数越多，说明周转速度越快，资产营运能力就越强。资产周转期是周转率的反指标，它是周转次数的倒数与计算期天数的乘积，反映资产周转一次所需要的天数。周转天数越少，表明周转速度越快，资产营运能力越强。其计算公式如下：

$$\text{资产周转率（周转次数）} = \frac{\text{周转额}}{\text{资产平均余额}}$$

$$\text{资产周转期（周转天数）} = \frac{\text{计算期天数}}{\text{周转率}}$$

具体来说，资产营运能力的分析可以从总资产周转情况分析、流动资产周转情况分析、固定资产周转情况分析 3 个方面进行。

1. 总资产周转情况分析

总资产周转情况主要反映了企业总资产的营运能力，其评价指标是总资产周转率，是一定时期内企业营业收入与总资产平均余额的比率，也称为总资产利用率。其计算公式为：

$$\text{总资产周转率} = \frac{\text{营业收入}}{\text{总资产平均余额}}$$

其中：

$$\text{总资产平均余额} = \frac{\text{期初总资产余额} + \text{期末总资产余额}}{2}$$

$$\text{总资产周转天数} = \frac{\text{总资产平均余额} \times 360}{\text{营业收入}}$$

总资产周转率越高，周转天数越少，表明企业全部资产的运营效率越高；反之，如果总资产周转率越低，周转天数越多，说明企业全部资产的运营效率越差，会影响企业的盈利能力。企业应采取各项措施来提高企业资产的利用效率，比如提高销售收入或处理多余的闲置资产。

某企业 2013 年营业收入为 75 000 万元，流动资产平均余额为 8 000 万元，固定资产平均余额为 17 000 万元。假定没有其他资产，计算该企业 2013 年的总资产周转率和周转天数。

2. 流动资产周转情况分析

为了更详尽地分析流动资产周转情况，企业通常还要对构成流动资产的主要要素如存货、应收账款等的周转情况进行考察。

1）流动资产周转率

流动资产周转率指企业一定时期营业收入与流动资产平均余额的比率，可以反映企业流动资产的周转速度，用以评价企业全部流动资产的利用效率。其计算公式为：

$$流动资产周转率=\frac{营业收入}{流动资产平均余额}$$

$$流动资产平均余额=\frac{期初流动资产余额+期末流动资产余额}{2}$$

$$流动资产周转天数=\frac{流动资产平均余额\times360}{营业收入}$$

在一定时期内，流动资产周转率越高（周转天数越少），说明相同的流动资产完成的营业收入越多，流动资产的利用效果越好，可相对节约流动资产，扩大资产投入，增强企业的盈利能力；反之，流动资产周转速度缓慢，则说明需要补充更多的流动资产参与周转，这必然会降低企业的盈利能力。

2）应收账款周转率

应收账款周转率是企业一定时期营业收入与应收账款平均余额的比率，它反映了企业应收账款的周转速度。其计算公式为：

$$应收账款周转率=\frac{营业收入}{应收账款平均余额}$$

$$应收账款平均余额=\frac{期初应收账款余额+期末应收账款余额}{2}$$

$$应收账款周转天数=\frac{应收账款平均余额\times360}{营业收入}$$

应收账款周转率反映了企业应收账款变现速度的快慢及管理效率的高低。周转率高，周转天数少，说明企业收账迅速，账龄较短，应收账款流动性强，短期偿债能力强，相关的收账费用和坏账损失也比较少。

利用上述公式计算应收账款周转率时，要注意以下两个问题：

（1）应收账款是赊销造成的，因此公式中的营业收入应采用赊销金额，但是财务报表中一般不能直接提供赊销金额，所以一般采用营业收入。

（2）公式中的应收账款应包括会计核算中"应收账款"和"应收票据"等全部赊销额在内。

3）存货周转率

存货周转率是企业一定时期的营业成本与平均存货的比率，是反映存货周转速度、变现能力、利用效率以及存货质量的指标。其计算公式为：

$$存货周转率=\frac{营业成本}{存货平均余额}$$

$$存货平均余额=\frac{期初存货余额+期末存货余额}{2}$$

$$存货周转天数=\frac{存货平均余额\times360}{营业成本}$$

存货周转速度的快慢不仅反映出企业采购、储存、生产、销售各环节管理工作状况的好坏，而且对企业的偿债能力和盈利能力都有决定性的影响。一般来讲，存货的周转速度越快越好，存货周转率越高，表示其变现的速度越快，周转额大，利用效率越高，企业的销售能力越强，存货的质量越好，资金占用水平越低。因此，通过对存货的周转情况进行分析，有助于找到存货管理中存在的问题。

课堂思考

为了提高企业存货的周转率，企业应尽量减少存货的储存量，是不是储存量越少越好？

在计算存货周转率时要注意：存货计价方法对存货周转率具有较大的影响。因此，在分析企业不同时期或不同企业的存货周转率时，要注意存货计价方法的选择是否一致。

课堂自测

某企业年末流动负债为120万元，流动比率为2，速动比率为1.2，营业成本为200万元，年初存货为104万，计算本年度存货周转次数。

3. 固定资产周转情况分析

反映企业固定资产周转情况的主要指标是固定资产周转率，它是企业一定时期营业收入与固定资产平均净值的比率，是衡量固定资产利用效率的指标。其计算公式为：

$$固定资产周转率 = \frac{营业收入}{固定资产平均净值}$$

$$固定资产平均余额 = \frac{期初固定资产净值 + 期末固定资产净值}{2}$$

$$固定资产周转天数 = \frac{固定资产平均净值 \times 360}{营业收入}$$

在一般情况下，固定资产周转率越高，表明企业固定资产利用越充分，管理水平越高；反之，如果固定资产周转率较同行业偏低，则说明企业生产效率较低，生产利用能力不够，可能会影响企业的盈利能力。

在计算固定资产周转率时，要注意以下两点：

(1) 需要考虑固定资产因计提折旧其净值会不断减少，以及因更新重置其净值突然增加的影响。

(2) 由于固定资产折旧方法不同，可能会影响固定资产周转率的可比性。在分析时，一定要剔除不可比因素。

【例 8-12】 根据表 8-7、表 8-8 所示的资料，同时假定甲公司 2012 年年初的流动资产为 49 300 000 元，应收账款（包括应收票据）为 5 003 000 元，存货为 24 000 000 元，固定资产净值为 6 800 000 元，总资产为 75 600 000 元，计算分析甲公司资产的周转情况。

解： 甲公司应收账款周转情况：

$$2012 年应收账款周转率 = \frac{10\,400\,000}{(5\,003\,000 + 6\,451\,000) \div 2} \approx 1.82(次)$$

$$2012 年应收账款周转期 = 360 \div 1.82 \approx 197.80(天)$$

2013年应收账款周转率 = $\dfrac{12\,500\,000}{(6\,451\,000 + 7\,325\,000) \div 2} \approx 1.81$（次）

2013年应收账款周转期 = $360 \div 1.81 \approx 198.90$（天）

以上计算结果表明：甲公司2012年度及2013年度应收账款周转率较低，同时2013年比2012年还要略低一些，说明该公司的营运能力可能又进一步恶化了。

甲公司存货周转情况：

2012年存货周转率 = $\dfrac{6\,500\,000}{(24\,000\,000 + 25\,800\,000) \div 2} \approx 0.26$（次）

2012年存货周转期 = $360 \div 0.26 \approx 1\,384.62$（天）

2013年存货周转率 = $\dfrac{7\,500\,000}{(25\,800\,000 + 25\,827\,000) \div 2} \approx 0.29$（次）

2013年存货周转期 = $360 \div 0.29 \approx 1\,241.38$（天）

以上计算结果表明：甲公司2012年度和2013年度的存货周转率都非常低，这反映出该公司存货管理的效率很低。2013年度的存货周转率比2012年度有所提高，其原因可能与2013年营业成本的上升有关。

甲公司流动资产周转情况：

2012年流动资产周转率 = $\dfrac{10\,400\,000}{(49\,300\,000 + 50\,514\,000) \div 2} \approx 0.21$（次）

2012年流动资产周转期 = $360 \div 0.21 \approx 1\,714.29$（天）

2013年流动资产周转率 = $\dfrac{12\,500\,000}{(50\,514\,000 + 52\,756\,690) \div 2} \approx 0.24$（次）

2013年流动资产周转期 = $360 \div 0.24 \approx 1\,500.00$（天）

以上计算结果表明：甲公司2012年度和2013年度流动资产的周转率非常低，这反映出该公司流动资产管理的效率低下。但2013年度的周转率较2012年有所提高，其原因可能与2013年营业收入的增长有关。

甲公司固定资产周转情况：

2012年固定资产周转率 = $\dfrac{10\,400\,000}{(6\,800\,000 + 8\,000\,000) \div 2} \approx 1.41$（次）

2012年固定资产周转期 = $360 \div 1.41 \approx 255.32$（天）

2013年固定资产周转率 = $\dfrac{12\,500\,000}{(8\,000\,000 + 18\,864\,700) \div 2} \approx 0.93$（次）

2013年固定资产周转期 = $360 \div 0.93 \approx 387.10$（天）

以上计算结果表明：甲公司2013年度固定资产周转率比2012年度延缓了，主要原因在于固定资产净值增加幅度已经高于营业收入增长幅度，这表明公司的营运能力有所降低。

甲公司总资产周转情况：

2012年总资产周转率 = $\dfrac{10\,400\,000}{(75\,600\,000 + 84\,014\,000) \div 2} \approx 0.13$（次）

2012年总资产周转期 = $360 \div 0.13 \approx 2\,769.23$（天）

2013年总资产周转率 = $\dfrac{12\,500\,000}{(84\,014\,000 + 88\,376\,390) \div 2} \approx 0.145$（次）

2013年总资产周转期 = $360 \div 0.15 \approx 2\,400.00$（天）

以上计算结果表明：甲公司2013年度总资产周转率比2012年度略有提高。这是因为该公司存货平均余额的增长速度（3.67%）虽远低于营业收入的增长速度（20.19%），导致存货周转率和流动资产周转率都有所提高，但固定资产平均净值增长速度（81.5%）却以更大的幅度高于营业收入的增长速度，所以总资产周转速度难以有大幅度提高。

8.3.3 盈利能力比率分析

盈利能力是企业在一定时期赚取利润、实现资金增值的能力，它通常表现为企业收益数额的大小和水平的高低。在一定条件下，企业能实现的利润能够直接体现企业经营管理水平的高低和经济效益的好坏。盈利能力大小是一个相对的概念，企业必须与同行业先进水平、企业前期盈利情况进行比较，才能做出正确的评价。盈利能力分析主要包括投资收益能力分析、经营获利能力分析、上市公司盈利能力分析等。

1. 投资收益能力分析

投资收益能力主要侧重于对企业资本经营与资产经营收益能力的分析，反映的是企业的资产和资本的投资回报情况。

1) 净资产收益率

净资产收益率是指企业一定时期净利润与平均净资产的比率，也称为权益净利率。这个比率体现了企业投资者投入资本获取收益的能力大小，反映了投资与报酬的关系，是评价企业自有资本及其积累获取报酬水平的最具综合性与代表性的指标。其计算公式为：

$$净资产收益率 = \frac{净利润}{净资产平均余额} \times 100\%$$

一般认为，该指标越高，企业自有资本获取收益的能力越强，运营效益越好，对企业投资者、债权人利益的保证程度越高。

2) 总资产报酬率

总资产报酬率是指企业一定时期内获得的息税前利润与平均总资产的比率。这个指标主要用来衡量企业利用资产获取利润的能力，表示企业全部资产的总体获利能力。其计算公式为：

$$总资产报酬率 = \frac{息税前利润}{总资产平均余额} \times 100\% = \frac{利润总额 + 利息费用}{总资产平均余额} \times 100\%$$

总资产报酬率越高，表明企业总资产投入产出水平越高，企业的资产运营越有效。企业还可以将该指标与市场资本利率进行比较，如果该指标大于市场利率，则表明企业可以加大债务资金的比重，发挥债务资金的财务杠杆利用；如果小于市场利率，说明过多利用负债已经不利，财务风险过大。

【例8-13】 根据表8-7、表8-8所示的资料，同时假定表中财务费用全部为利息支出，而且该公司2011年度的年末资产总额为75 600 000元，净资产为49 476 600元。计算分析甲公司总资产报酬率和净资产报酬率。

解：甲公司2012年总资产报酬率 $= \dfrac{3\ 020\ 000 + 235\ 000}{(75\ 600\ 000 + 84\ 014\ 000) \div 2} \times 100\% \approx 4.08\%$

甲公司2013年总资产报酬率 $= \dfrac{3\ 494\ 600 + 300\ 000}{(84\ 014\ 000 + 88\ 376\ 390) \div 2} \times 100\% \approx 4.40\%$

甲公司 2012 年净资产收益率 $=\dfrac{2\,265\,000}{(49\,476\,600+51\,500\,000)\div 2}\times 100\% \approx 4.49\%$

甲公司 2013 年净资产收益率 $=\dfrac{2\,620\,950}{(51\,500\,000+54\,120\,950)\div 2}\times 100\% \approx 4.96\%$

以上计算结果表明：甲公司 2013 年度对总资产的综合利用效率略微高于 2012 年，说明公司在资产的使用情况、增产节约工作等方面略微有改进。另一方面，公司 2013 年度的净资产报酬率也比 2012 年度略有提高，这是由于公司净利润的增长速度高于净资产的增长速度而引起的。

2. 经营获利能力分析

经营获利能力是相对于资产和资本投资收益能力而言的。经营获利能力不考虑企业的筹资或投资问题，只研究利润与收入或成本之间的比率关系。因此，反映经营获利能力的指标可分为两类：一类是各种利润额与收入之间的比率；另一类是各种利润额与成本之间的比率。

1) 收入利润率分析

收入利润率指标根据利润的内涵不同，揭示了收入与不同层次利润的关系。它主要有以下 3 种指标：

（1）营业毛利率。营业毛利率是指企业一定时期营业收入与营业成本的差额与营业收入之间的比率。其计算公式为：

$$营业毛利率=\dfrac{营业收入-营业成本}{营业收入}\times 100\%$$

营业毛利率主要受到产品销售价格、单位产品成本的影响，其中产品销售价格与市场竞争和企业竞争力有关，单位成本主要与企业成本管理水平高低有关。

（2）营业利润率。营业利润率是指企业一定时期营业利润与营业收入的比率，反映了企业经营业务获利的能力。其计算公式为：

$$营业利润率=\dfrac{营业利润}{营业收入}\times 100\%$$

其中，营业利润=营业收入-营业成本-营业金及附加-销售费用-财务费用-管理费用-资产减值损失+公允价值变动损益(-公允价值变动损失)+投资收益(-投资损失)。

（3）营业净利率。营业净利率主要指企业一定时期净利润与营业收入的比率。其计算公式为：

$$营业净利率=\dfrac{净利润}{营业收入}\times 100\%$$

收入利润率类指标是一系列正指标，指标值越高越好，说明企业盈利能力越强，发展潜力越大。分析时注意根据分析目的的不同选择不同的标准指标，如行业平均值、行业先进值、企业目标值等。

2) 成本利润率分析

反映成本利润率的指标也有很多形式，主要有营业成本利润率、成本费用利润率等。

（1）营业成本利润率。营业成本利润率主要指企业一定时期营业利润与其营业成本的比率。其计算公式为：

$$营业成本利润率 = \frac{营业利润}{营业成本} \times 100\%$$

（2）成本费用利润率主要指企业一定时期利润总额与成本费用总额之间的比率，反映了企业经营过程中发生的耗费与获得的收益之间的关系。其计算公式为：

$$成本费用利润率 = \frac{利润总额}{成本费用总额} \times 100\%$$

其中，成本费用总额包括营业成本、营业税费、期间费用和资产减值损失。

成本费用利润率类指标整体反映了企业投入产出水平，即所得与费用的比率，体现了增加的利润是要以降低成本为基础的。这类指标越高，表明生产和销售商品的每1元成本及费用取得的利润越多，劳动消耗的效益越高；反之，则说明耗费的每1元取得的效益越低。因此，这同样是一类正指标。分析评价时，要注意选取适当的标准指标进行对比。

【例8-14】 根据表8-8资料，计算分析甲公司有关经营获利能力的指标。

解： 甲公司2012年营业毛利率 $= \frac{10\,400\,000 - 6\,500\,000}{10\,400\,000} \times 100\% = 37.50\%$

甲公司2013年营业毛利率 $= \frac{12\,500\,000 - 7\,500\,000}{12\,500\,000} \times 100\% = 40.00\%$

甲公司2012年营业利润率 $= \frac{2\,751\,000}{10\,400\,000} \times 100\% \approx 26.45\%$

甲公司2013年营业利润率 $= \frac{3\,215\,000}{12\,500\,000} \times 100\% = 25.72\%$

甲公司2012年营业净利率 $= \frac{2\,265\,000}{10\,400\,000} \times 100\% \approx 21.78\%$

甲公司2013年营业净利率 $= \frac{2\,620\,950}{12\,500\,000} \times 100\% \approx 20.97\%$

甲公司2012年营业成本利润率 $= \frac{2\,751\,000}{6\,500\,000} \times 100\% \approx 42.32\%$

甲公司2013年营业成本利润率 $= \frac{3\,215\,000}{7\,500\,000} \times 100\% \approx 42.87\%$

甲公司2012年成本费用利润率

$$= \frac{3\,020\,000}{6\,500\,000 + 19\,000 + 150\,000 + 690\,000 + 235\,000 + 280\,000} \times 100\% \approx 38.35\%$$

甲公司2013年成本费用利润率

$$= \frac{3\,494\,600}{7\,500\,000 + 20\,000 + 200\,000 + 971\,000 + 300\,000 + 309\,000} \times 100\% \approx 37.58\%$$

以上计算结果表明：甲公司2013年度相对2012年度营业毛利率是上升的，但营业利润率却是下滑的，说明营业费用中期间费用增长比较快，导致营业利润的增长速度（16.87%）低于营业收入的增长速度（20.19%）。另外，公司2013年度营业成本利润率基本上没变，说明营业利润的增长速度与营业成本的增长速度基本持平，但成本费用利润率却是下滑的，说明公司利润总额的增长速度（15.72%）低于成本费用总额的增长速度（18.11%）。可见，甲公司应加大对成本费用，特别是期间费用的控制管理。

3. 上市公司盈利能力分析

投资者购买上市公司股票,最主要的目的是获得良好的股票收益。因此,投资者对上市公司的盈利能力必然十分关心,特别是能够反映上市公司市场价值的相关比率。

1)每股利润

每股利润又称为每股收益、每股盈余,是指某时期股份有限公司实现的税后净利润减去应付优先股股利后的余额与该时期普通股股份总数的比值,是表明公司普通股每股盈利能力大小的重要指标。其计算公式为:

$$每股利润 = \frac{净利润 - 优先股股利}{普通股平均股数}$$

因为我国上市公司基本上没有优先股,所以在每股利润的计算中可以不考虑优先股股利。普通股平均股数应是对本期内发行或回购的股份按发行在外的时间进行加权平均计算得到的值,即:

当期发行在外的普通股股数加权平均数 = 期初发行在外普通股股数 + 本期新增普通股股数 $\times \frac{已发行月份数}{12}$ - 本期回购普通股股数 $\times \frac{已回购月份数}{12}$

除此之外,因为公司当期实现的净利润应归属于当期期末在册的发行在外的全体普通股股东,按此计算出的应是期末每股收益。其计算公式为:

$$期末每股收益 = \frac{净利润 - 优先股股利}{期末流通在外普通股股数}$$

每股利润是衡量上市公司盈利能力最常用的财务指标,用以反映普通股的获利水平。在通常情况下,每股利润越高,可以分配给股东的每股红利就越多,投资者从每股中取得的收益也就越多;反之则相反。分析时,可以在不同公司间进行比较,以评价公司的相对盈利能力;也可以对公司不同时期的盈利能力进行比较,以了解公司的盈利变化趋势。

2)市盈率

市盈率是指上市公司普通股每股市价相当于每股利润的倍数,也称为价格盈余比率,表示投资者为取得上市公司的单位利润,需要支付多少倍的价格。该指标把每股利润作为衡量上市公司股票内在价值的标准,反映了上市公司盈利能力与股票市价状况之间的关系。其计算公式为:

$$市盈率 = \frac{普通股每股市价}{普通股每股利润}$$

市盈率的高低与上市公司的盈利能力密切相关。它是将股票市价与当前上市公司盈利状况联系在一起的一种比较直观的财务比率,可以较好地解释股票价格有无高估或低估。一般市盈率较高时,表明市场对公司的发展前景看好,愿意出较高价格购买公司的股票。但如果市盈率过高,则可能存在股价被高估的泡沫风险。在每股市价确定的情况下,每股利润越高,市盈率越低,投资风险越小;反之则相反。在每股利润确定的情况下,市价越高,市盈率越高,风险越大;反之则相反。

对市盈率的分析有以下几点需要特别注意:

(1)市盈率指标不能用于不同证券市场、不同行业公司间的简单比较。发展较好的新兴市场和新兴行业通常市盈率都比较高,而成熟市场和成熟行业的市盈率会相对较低,但这并不意味着后者的股票没有投资价值。

（2）上市公司每股利润很小甚至亏损时，由于股票市价不会为零，其市盈率势必会很高，但这往往是存在高估风险的表现。

（3）市盈率的高低与上市公司净利润的大小有关，而净利润会受到会计政策的影响，从而使市盈率在公司间的比较受到限制。

（4）市盈率的高低还与每股市价有关，股票市价的影响因素有很多，包括市场环境、投资者心理等，因此市盈率一时的高低参考意义不大，其长期趋势更重要。

3）每股股利

每股股利是指股份有限公司用于分配的普通股现金股利与期末普通股股数之比，反映普通股股东每股股份所获得的收益，是衡量股票质量的一项重要指标。其计算公式为：

$$每股股利 = \frac{普通股现金股利总额}{期末普通股股数}$$

上市公司每股股利正常稳定并能持续增长是高质量股票的标志之一，尤其是对于追求稳定股利的投资者而言。每股股利的高低，不仅取决于公司的盈利能力的强弱，也与公司的股利分配政策和现金充裕程度有很大的关系。

4）股利支付率

股利支付率是指普通股每股利润中股利所占的比重，也称为股利发放率。它反映了上市公司的股利分配政策和支付股利的能力。其计算公式为：

$$股利支付率 = \frac{普通股每股股利}{普通股每股利润} \times 100\%$$

股利支付率的大小主要取决于公司的股利分配政策，并无固定的标准。

【例 8-15】 根据表 8-7、表 8-8 所示的资料，并已知甲公司普通股股数为 10 000 000 股，2013 年度支付股利为 1 500 000 元，假定甲公司普通股每股市价为 10 元。计算甲公司盈利指标。

解：每股利润 $= \dfrac{2\ 620\ 950}{10\ 000\ 000} \approx 0.262$（元）

市盈率 $= \dfrac{10}{0.262} \approx 38$（倍）

每股股利 $= \dfrac{1\ 500\ 000}{10\ 000\ 000} = 0.150$（元）

股利支付率 $= \dfrac{0.150}{0.262} \times 100\% \approx 57.25\%$

8.3.4 发展能力比率分析

企业的发展能力是指在生存的基础上扩大规模、壮大实力的潜在能力。分析指标主要包括营业收入增长率、资本保值增值率、总资产增长率和营业利润增长率。

1. 营业收入增长率

营业收入增长率是指企业本年营业收入增长额与上年营业收入的比率。它表示与上年相比，企业营业收入的增减情况，是评价企业成长状况和发展能力的重要指标。其计算公式为：

$$营业收入增长率=\frac{本年营业收入增长额}{上年营业收入总额}\times100\%$$

营业收入增长率一般是用来衡量企业的经营状况和市场占有能力，预计企业经营业务拓展趋势的指标。若该指标大于零，则说明企业本年的营业收入有所增长，指标值越高，说明营业收入增长得越快，企业拓展业务的能力越强。若该指标小于零，说明企业营业收入有所减少，可能是产品或服务的销售没有对路，或后期服务存在问题，导致了市场份额减小。在实际分析工作中，要注意结合企业营业收入的历史水平、行业发展趋势等因素综合考察。

2. 资本保值增值率

资本保值增值率是企业扣除客观因素后的本年末所有者权益总额与年初所有者权益总额的比率，反映了企业当年资本的实际增减情况。其计算公式为：

$$资本保值增值率=\frac{扣除客观因素后的本年末所有者权益总额}{年初所有者权益总额}\times100\%$$

扣除客观因素后的本年末所有者权益总额是指一些受到客观因素影响而增加或减少的所有者权益数额应予以扣除或加回。客观因素影响的增加额包括所有者追加投资额等，客观因素影响的减少额包括分配现金股利等。

资本保值增值率是根据"资本保全"原则设计的指标，更加谨慎地反映了对企业资本保全和增值的要求，体现了对所有者权益的保护，能够及时有效地发现侵蚀所有者权益的情况。该指标越高，表明企业资本保全状况越好，所有者权益增长越快，债权人的债务越有保障。如果该指标小于100%，表明企业资本受到侵蚀，没有做到资本保全，应予以重视。

3. 总资产增长率

总资产增长率是指企业本年总资产增长额同年初资产总额的比率，它反映了企业本年资产规模的扩大情况。其计算公式为：

$$总资产增长率=\frac{本年总资产增长额}{年初资产总额}\times100\%$$

总资产增长率是从企业资产总量扩张的角度衡量企业的发展能力。该指标越高，表明企业在一段时间内的资产经营规模扩张的速度越快。但也要注意该指标只能从数量上说明资产规模的扩张情况，应考虑扩张的质量和数量的关系，避免盲目扩张。

4. 营业利润增长率

营业利润增长率是企业本年营业利润增长额与上年营业利润总额的比率，反映了企业营业利润的增减变动情况。其计算公式为：

$$营业利润增长率=\frac{本年营业利润增长额}{上年营业利润总额}\times100\%$$

【例8-16】 根据表8-7、表8-8所示的资料，计算甲公司发展能力的相关指标。

解：营业收入增长率 $=\dfrac{12\,500\,000-10\,400\,000}{10\,400\,000}\times100\%\approx20.19\%$

资本保值增值率 $=\dfrac{54\,120\,950}{51\,500\,000}\times100\%\approx105.09\%$

$$总资产增长率 = \frac{88\ 376\ 390 - 84\ 014\ 000}{84\ 014\ 000} \times 100\% \approx 5.19\%$$

$$营业利润增长率 = \frac{3\ 215\ 000 - 2\ 751\ 000}{2\ 751\ 000} \times 100\% \approx 16.87\%$$

8.4 财务报表的综合分析

通过前面介绍的有关企业偿债能力、营运能力、盈利能力、发展能力的评价分析，可以了解到企业某一方面的财务活动及其取得的成绩或存在的问题。但是，企业的经济活动是一个有机的整体，它的各项活动、各项财务指标都是紧密联系、相互影响的。因此，要想真正了解和评估企业的经营业绩和经济效益，就必须以财务报告为主要依据，从整体出发，将反映企业经营投资活动的各项财务指标综合起来，进行全面、系统、综合的分析。这就是财务报表的综合分析。本书主要介绍杜邦财务分析法和综合系数分析法。

8.4.1 杜邦财务分析体系

1. 杜邦财务分析体系的含义和特点

杜邦财务分析体系是以盈利能力为企业的核心能力，以净资产收益率为核心指标，根据盈利能力、营运能力、偿债能力之间的内在联系，将核心指标分解为能够代表上述三大能力的关键财务比率，并将其结合成一个完整的指标体系，从而对企业的财务状况和经营成果进行综合、系统的分析和评价的一种方法。由于该指标体系是由美国杜邦公司首创并使用的，故称为杜邦财务分析体系。

杜邦财务分析体系的特点在于：该体系从数学计算的角度来看，是以净资产收益率为出发点，通过数学变换，将其逐项分解为营业净利率、总资产周转率、权益乘数 3 项比率的乘积，而这 3 个比率正是代表企业盈利能力、营运能力和偿债能力的关键指标。其公式如下：

$$净资产收益率 = \frac{净利润}{平均净资产} = \frac{净利润}{平均总资产} \times \frac{平均总资产}{平均净资产} = 总资产净利率 \times 权益乘数$$

$$总资产净利率 = \frac{净利润}{平均总资产} = \frac{净利润}{营业收入} \times \frac{营业收入}{平均总资产} = 营业净利率 \times 总资产周转率$$

因此，净资产收益率就可以表示为：

$$净资产收益率 = 营业净利率 \times 总资产周转率 \times 权益乘数$$

【知识链接】

式中的权益乘数是总资产相对于净资产的倍数。其值越大，说明所有者投入的资本在资产中的比重越小，偿债能力越差。权益乘数的公式以及与资产负债率的关系为：

$$权益乘数 = \frac{总资产}{净资产} = \frac{1}{\frac{净资产}{总资产}} = \frac{1}{\frac{总资产 - 总负债}{总资产}} = \frac{1}{1 - 资产负债率}$$

上述公式说明，权益乘数的大小主要受到负债程度的影响，即资产负债率大小的影响。负债程度大，资产负债率高，权益乘数就大；反之，权益乘数就小。因此，权益乘数是可以反映企业的资本结构和偿债能力的。要注意，权益乘数公式中的"资产负债率"应是一个平均数。

同时，从核心指标的分解可以看到，这个体系已涉及所有会计要素：净利润、营业收入、总资产、净资产、负债，涵盖了利润表和资产负债表的全部会计信息。因此，杜邦财务分析体系不仅综合了三大财务能力对核心指标净资产收益率的影响，而且也综合运用了资产负债表和利润表的会计信息，充分显示了核心指标的综合性，有利于对企业财务状况和经营成果做出综合评价。

2. 杜邦财务分析体系图

利用杜邦财务分析体系进行分析时，可以根据其分解公式有序地排列成杜邦财务分析指标体系图，简称"杜邦图"，这样便于更直观、清晰地理解并运用杜邦财务分析法进行财务分析，如图8.1所示。

从图8.1中可以看出杜邦财务分析体系的主要因素。

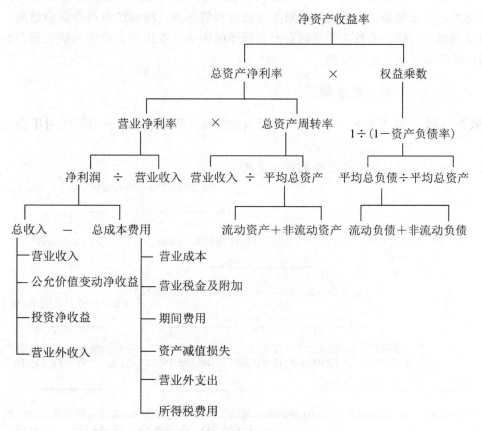

图8.1 杜邦财务分析指标体系图

1) 净资产收益率

净资产收益率是杜邦财务指标体系中综合性最强的核心指标。该指标反映了企业所有者投入资本的回报水平，是所有者财富最大化的基础和保证。其中，营业净利率、总资产周转率和权益乘数是影响净资产收益率高低的主要因素。

2) 营业净利率

营业净利率反映了企业净利润与营业收入的关系，它的高低取决于企业净利润和营业收入。扩大企业营业收入以及降低企业成本费用是提高营业净利率的重要途径。其中成本费用的控制取决于企业经营管理水平的高低。如果企业营业成本、期间费用等过高，就会冲减净利润，进一步降低企业营业净利率；反之，如果企业能够有效控制成本费用支出，就会使企业净利润增加，从而提高营业净利率。

3) 总资产周转率

总资产周转率反映了企业运用资产实现营业收入的综合能力，它一方面取决于企业的盈利能力，另一方面取决于企业资产总额的控制。资产由流动资产和非流动资产组成，它们的组成结构是否合理直接影响到资产的周转速度。因此应从各项资产所占比重是否合理入手，进而通过对流动资产周转率、应收账款周转率、存货周转率以及固定资产周转率等进行分析，判断影响总资产周转率的主要因素。

4) 权益乘数

权益乘数反映了企业所有者权益与总资产的关系，它与净资产收益率呈正比例关系。权益乘数越大，负债越多，负债引起的财务杠杆收益就越多，净资产收益率就会越高，但是承担的风险也越大。权益乘数主要受到资产负债率的影响，取决于企业的筹资政策。企业应当正确权衡风险和收益，适度负债。

3. 杜邦财务分析体系的应用

【例 8-17】 根据表 8-7、表 8-8 所示的资料，采用杜邦财务分析法对甲公司进行综合分析。

解：对甲公司进行的综合分析如图 8.2 所示。

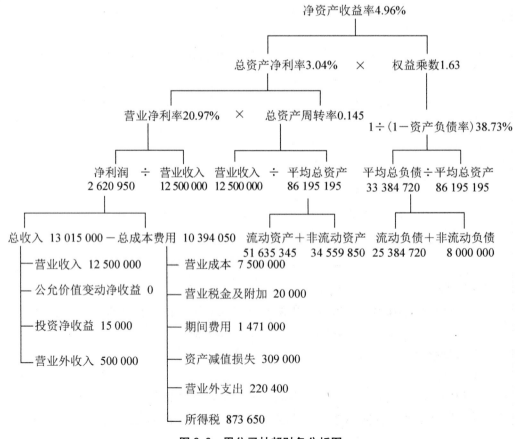

图 8.2 甲公司杜邦财务分析图

根据甲公司资产负债表(表8-7)和利润表(表8-8),同时假定2011年年末资产总额为75 600 000元,负债总额为26 123 400元。运用连环替代法对该公司2013年度净资产收益率进行分析。

甲公司2012年度相关指标:

营业净利率=2 265 000÷10 400 000×100%≈21.78%

总资产周转率=10 400 000÷79 807 000≈0.130(次)

资产负债率=[(26 123 400+32 514 000)÷2]÷[(75 600 000+84 014 000)÷2]×100%≈36.74%

权益乘数=1÷(1-36.74%)≈1.58

由此得出,2012年度净资产收益率=21.78%×0.130×1.58≈4.49%　　　　　①

第一次替代:20.97%×0.130×1.58≈4.31%　　　　　②

第二次替代:20.97%×0.145×1.58≈4.80%　　　　　③

第三次替代:20.97%×0.145×1.63≈4.96%　　　　　④

②-①=4.31%-4.49%=-0.18%　　　营业净利率下降的影响

③-②=4.80%-4.31%=0.49%　　　总资产周转率上升的影响

④-③=4.96%-4.80%=0.16%　　　权益乘数上升的影响

甲公司2013年度较2012年度净资产收益率上升了0.47%(4.96%-4.49%),其中总资产周转率上升带来的影响较大。

通过杜邦财务分析法的应用可以看出,该指标体系是通过自上而下的分析、指标的层层分解来揭示企业各项指标间的结构关系的,查明各主要指标的影响因素,为决策者优化管理、提高经营效率提供思路。

4. 杜邦财务分析体系的作用及局限性

杜邦财务分析体系考虑了企业财务管理的目标,关注企业价值最大化,强调为股东创造财富,反映了企业在某一年度股东资本盈利水平的高低,确定了影响其高低的关键因素,并揭示了企业在经营中存在的管理漏洞,便于及时纠正和改善。

然而,杜邦财务分析体系中的核心指标净资产收益率是以利润为中心的指标,显然会受到会计利润短期性的影响,因此杜邦财务分析体系的局限在于目标短期化,没有考虑可持续发展能力对企业日后发展的影响,并忽略了企业股利政策对企业未来的作用。

8.4.2 综合系数评分法

综合系数评分法是指选择一系列能够反映企业各方面财务状况的财务指标,按其重要程度确定权重,然后评出每项指标的得分,再求出综合得分,最后将综合得分与标准分值进行比较,以判断企业财务状况的优劣。该方法的思路最早是在20世纪初由美国银行家亚历山大·沃尔提出的,所以也称为沃尔评分法。

综合系数评分法的基本步骤为:

第一,选择评价指标并分配指标权重。

财务指标的选择对于综合系数评分法十分重要,应当注意以下几个方面。①全面性。所选的财务指标要能涵盖反映企业偿债能力、营运能力、盈利能力以及发展能力的4大类指标。②代表性。要选择能够说明问题的重要财务指标，评价内容差别不大的指标不要重复设置。③变化方向一致性。一般应选择反映企业财务状况的正指标。

在通常情况下，盈利能力应选择的主要指标是总资产净利率、营业净利率和净资产收益率；偿债能力的常用指标是权益比率、流动比率；营运能力的常用指标是应收账款周转率、存货周转率；发展能力的常用指标是营业收入增长率、资本积累率、净利润增长率。

财务指标权重的分配没有固定标准，应根据评价目的而确定。在一般情况下，盈利能力、偿债能力、营运能力和发展能力的权重是按10∶3∶3∶4的比例来分配的，但如果债权人尤其关注企业的偿债能力也可以加大偿债能力指标的权重。由此可见，权重的分配是带有主观性的，分配不当将会影响评价结果的正确性。

评价指标的选择及分配指标权重见表8-9。

表8-9 评价指标的选择及分配指标权重

选择的指标	分配的权重
一、偿债能力指标	20
1. 资产负债率	12
2. 已获利息倍数	8
二、获利能力指标	38
1. 净资产收益率	25
2. 总资产报酬率	13
三、营运能力指标	18
1. 总资产周转率	9
2. 流动资产周转率	9
四、发展能力指标	24
1. 营业增长率	12
2. 资本积累率	12
	100

第二，确定各项评价指标的标准值。

财务指标的标准值一般可以行业平均数、企业历史先进数、国家有关标准或者国际公认数为基准来加以确定。表8-10中的标准值是为举例目的而假设的。

表8-10 所选指标的标准值

选择的指标	指标的标准值
一、偿债能力指标	
1. 资产负债率	60%
2. 已获利息倍数	3
二、获利能力指标	
1. 净资产收益率	25%
2. 总资产报酬率	16%

续表

选择的指标	指标的标准值
三、营运能力指标	
1. 总资产周转率	2
2. 流动资产周转率	5
四、发展能力指标	
1. 营业增长率	10%
2. 资本积累率	15%

第三，对各项评价指标计分并计算综合分数。

$$各项评价指标的得分 = 各项指标的权重 \times \left(\frac{指标的实际值}{标准值}\right)$$

$$综合分数 = \sum 各项评价指标的得分$$

表 8-11　对各项评价指标的计分

选择的指标	分配的权重 1	指标的标准值 2	指标的实际值 3	实际得分 4=1×3÷2
一、偿债能力指标	20			
1. 资产负债率	12	60%	28.26%	5.65
2. 已获利息倍数	8	3	15	40
二、获利能力指标	38			
1. 净资产收益率	25	25%	16.21%	16.21
2. 总资产报酬率	13	16%	20.93%	17.00
三、营运能力指标	18			
1. 总资产周转率	9	2	0.93	4.19
2. 流动资产周转率	9	5	2.64	4.75
四、发展能力指标	24			
1. 营业增长率	12	10%	11.11%	13.33
2. 资本积累率	12	15%	13.01%	10.41
综合得分	100			111.54

第四，形成评价结果。

在最终评价时，如果综合得分大于 100，则说明企业的财务状况较好；反之，则说明企业的财务状况比同行业平均水平或者本企业历史先进水平差。由于该公司综合得分为 111.54，大于 100，说明其财务状况为良好。

综合系数评分法是评价企业总体财务状况的一种比较可取的方法，这一方法的关键在于指标的选定、权重的分配以及标准值的确定等。

本章知识结构图

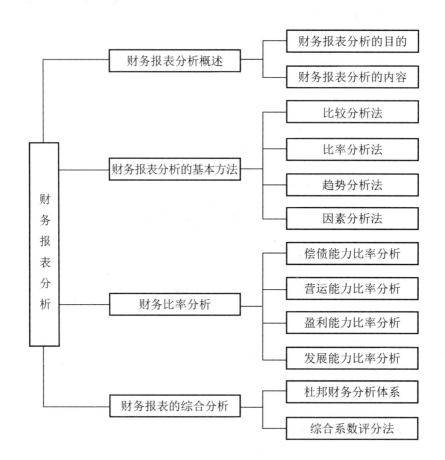

课后练习题

一、单项选择题

1. 下列各项中不会影响流动比率的业务是( )。
   A. 用现金购买短期债券 B. 用现金购买长期债券
   C. 用存货进行对外长期投资 D. 从银行取得长期借款

2. 在计算速动比率时，要从流动资产中扣除存货部分，原因是( )。
   A. 存货数量难以确定 B. 存货的变现能力低
   C. 存货质量难以保证 D. 存货的价值变化大

3. 企业大量增加速动资产可能导致的结果是( )。
   A. 减小财务风险 B. 提高流动资产的收益率
   C. 增加财务风险 D. 减少资金的机会成本

4. 某企业原流动比率为2，速动比率为1，现以银行存款预付下半年的报刊费，则企业的( )。

A. 流动比率下降　　　　　　　　B. 速动比率下降
C. 两种比率都不变　　　　　　　D. 两种比率都提高

5. 某企业2013年年初和年末的所有者权益分别为250万元和400万元，则资本保值增值率为(　　)。
　A. 40%　　　　B. 60%　　　　C. 160%　　　　D. 62.5%

6. 如果流动比率大于1，则下列结论成立的是(　　)。
　A. 速动比率大于1　　　　　　B. 营运资金大于零
　C. 现金流量比率大于1　　　　D. 短期偿债能力绝对有保障

7. (　　)指标是综合性最强的财务比率，也是杜邦财务分析体系的核心。
　A. 营业利润率　　　　　　　　B. 总资产周转率
　C. 净资产收益率　　　　　　　D. 权益乘数

8. 在其他基本条件不变的情况下，下列经济业务可能导致总资产报酬率下降的是(　　)。
　A. 用银行存款支付一笔销售费用　　B. 用银行存款购入一台设备
　C. 将可转换债券转换为普通股　　　D. 用银行存款归还银行借款

9. 下列指标中，其数值大小与偿债能力大小同方向变动的是(　　)。
　A. 产权比率　　　　　　　　　B. 资产负债率
　C. 已获利息倍数　　　　　　　D. 权益乘数

10. 某公司年末财务报表上部分数据是：流动负债为120万，流动比率为2，速动比率为1.2，营业成本为260万，年初存货为104万，则本年存货周转次数为(　　)次。
　A. 1.6　　　　B. 2.6　　　　C. 2　　　　D. 2.3

二、多项选择题

1. 下列各项指标中，可以用于分析企业长期偿债能力的是(　　)。
　A. 流动比率　　B. 速动比率　　C. 资产负债率　　D. 产权比率

2. 对资产负债率的评价下列表述正确的有(　　)。
　A. 从债权人角度看，负债比率越低越好
　B. 从股东角度看，负债比率越高越好
　C. 从债权人角度看，负债比率越高越好
　D. 从股东角度看，当企业息税前报酬率高于债务利息率时，应适度提高负债比率

3. 财务比率分析的内容包括(　　)。
　A. 偿债能力分析　　　　　　　B. 营运能力分析
　C. 盈利能力分析　　　　　　　D. 发展能力分析

4. 调整企业的资金结构，提高负债的比例能(　　)。
　A. 提高资产负债率　　　　　　B. 提高权益乘数
　C. 增加企业的财务风险　　　　D. 降低资金成本

5. 应收账款周转率提高意味着企业(　　)。
　A. 短期偿债能力增强　　　　　B. 流动比率提高
　C. 坏账成本下降　　　　　　　D. 盈利能力提高

6. 属于评价企业营运能力的指标有(　　)。
　A. 存货周转率　　　　　　　　B. 流动资产周转率

C. 应收账款周转率　　　　　　　D. 固定资产周转率

7. 影响存货周转率的因素有（　　）。
A. 营业成本　　　　　　　　　　B. 营业收入
C. 存货的计价方法　　　　　　　D. 存货平均余额

8. 下列指标比率越高，说明企业获利能力越强的有（　　）。
A. 资产报酬率　　　　　　　　　B. 成本费用利润率
C. 资产负债率　　　　　　　　　D. 存货周转率

9. 权益乘数的计算公式为（　　）。
A. 权益乘数＝资产÷所有者权益　　B. 权益乘数＝1÷（1－资产负债率）
C. 权益乘数＝所有者权益÷资产　　D. 权益乘数＝1÷产权比率

10. 从杜邦财务分析体系得出，提高净资产收益率的途径有（　　）。
A. 加强负债管理，提高负债比率　　B. 加强资产管理，提高资产利用率
C. 加强资产流动性，提高流动比率　D. 加强销售管理，提高销售利润率

三、判断题

1. 效率比率是反映部分与总体之间的关系的。　　　　　　　　　　　　（　）
2. 无论是企业的债权人还是企业投资者、经营者，都希望流动比率越高越好。（　）
3. 提高速动比率不仅增强了企业的短期偿债能力，而且还提高了企业的收益水平。
　　　　　　　　　　　　　　　　　　　　　　　　　　　　　　　　（　）
4. 采用因素分析法，可以分析引起变化的主要原因、变动性质，并可预测企业未来的发展前景。　　　　　　　　　　　　　　　　　　　　　　　　　　　　（　）
5. 所有者最关心的是企业的偿债能力，债权人最关心的是企业的盈利能力。（　）
6. 负债比率越高，则权益乘数越大，财务风险越大。　　　　　　　　　（　）
7. 在杜邦财务分析体系中计算权益乘数时，资产负债率是用期末负债总额与期末资产总额来计算的。　　　　　　　　　　　　　　　　　　　　　　　　　（　）
8. 出售固定资产可使资产负债率提高。　　　　　　　　　　　　　　　（　）
9. 在总资产净利率不变的情况下，资产负债率越高，净资产收益率就越高。（　）
10. 利息保障倍数中偿付的"利息费用"仅指财务费用中的利息费用，不包括资本化利息。
　　　　　　　　　　　　　　　　　　　　　　　　　　　　　　　　（　）

四、计算分析题

1. 某公司年初存货为30万元，应收账款为24万元。年末流动比率为2，速动比率为1.5，存货周转率为4次，流动资产为84万元，其中现金类资产为20万元，本期销售成本率为80%（假设该公司流动资产包括存货、应收账款和现金类资产，其他可忽略不计）。

要求：计算该公司的本年营业收入和应收账款的平均收账期。

2. 某公司流动资产由速动资产和存货构成，年初存货为145万元，年初应收账款为125万元，年末速动比率为1.5，存货周转率为4次，年末流动资产余额为270万元，营业成本为596万元。一年按360天计算。

要求：
（1）计算该公司流动负债年末余额。

(2) 计算该公司存货年末余额和年平均余额。

3. 某公司资产负债简表如下：

2014 年 12 月 31 日　　　　　　　　　　　　　　　单位：元

资　　产	金　　额	负债及所有者权益	金　　额
货币资金	25 000	流动负债	
应收账款净额			
存货		长期负债	
固定资产净额	294 000	所有者权益	240 000
资产总计		负债及所有者权益合计	

已知：该公司 2014 年产品销售成本为 315 000 元，存货周转率为 4.5 次，年末流动比率为 1.5，产权比率为 0.8，期初存货等于期末存货。

要求：

(1) 根据上述资料计算填写该公司 2014 年 12 月 31 日的资产负债简表（写出计算过程）。

(2) 假定本年销售收入为 430 000 元，期初应收账款等于期末应收账款，计算该公司应收账款周转期。

4. 已知某公司 2014 年财务报表的有关资料如下：

2014 年 12 月 13 日　　　　　　　　　　　　　　　单位：万元

资产负债表项目	年　初　数	年　末　数
资产	8 000	10 000
负债	4 500	6 000
所有者权益	3 500	4 000
营业收入净额	（略）	20 000
净利润	（略）	500

要求：

(1) 计算杜邦财务分析体系中的下列指标（凡计算指标涉及资产负债表项目数据的，均按平均数计算）：

① 净资产收益率。

② 总资产净利率（保留 3 位小数）。

③ 营业净利率。

④ 总资产周转率（保留 3 位小数）。

⑤ 权益乘数。

(2) 用文字列出净资产收益率与上述其他各项指标间的关系式，并用本题数据验证。

5. 已知 A 公司 2013 年度营业净利率为 16%，总资产周转率为 0.5 次，权益乘数为 2.5，净资产收益率为 20%，2014 年度营业收入为 700 万元，净利润为 126 万元，2014 年年末资产负债表如下：

2014 年 12 月 31 日　　　　　　　　　　　　　　　　　　单位：万元

资　产	年初数	年末数	负债及所有者权益	年初数	年末数
流动资产			流动负债合计	210	300
货币资金	146	162	长期负债合计	490	400
应收账款净额	120	180	负债合计	700	700
存货	184	288			
流动资产合计	450	630	所有者权益合计	700	700
固定资产净值	950	770			
总计	1 400	1 400	总计	1 400	1 400

要求：

(1) 计算 2014 年流动比率、速动比率、资产负债率。

(2) 计算 2014 年总资产周转率、营业净利率和净资产收益率。

(3) 分析营业净利率、总资产周转率和权益乘数变动对净资产收益率的影响。

6. 某公司 2014 年度财务报表的主要资料如下：

2014 年 12 月 31 日　　　　　　　　　　　　　　　　　　单位：千元

资　产		负债及所有者权益	
现金(年初 764)	310	应付账款	516
应收账款(年初 1 156)	1 344	应付票据	336
		其他流动负债	468
存货(年初 700)	966	长期负债	1 026
固定资产净额(年初 1 170)	1 170	实收资本	1 444
资产总额(年初 3 790)	3 790	负债及所有者权益	3 790

2014 年利润表的有关资料如下：营业收入为 6 430 000 元，营业成本为 5 570 000 元，营业毛利为 860 000 元，管理费用为 580 000 元，利息费用为 98 000 元，利润总额为 182 000 元，所得税为 45 500 元，净利润为 136 500 元。

要求：

(1) 计算填写该公司的财务比率。

比率名称	本公司	行业平均数
流动比率		1.98
资产负债率		62%
已获利息倍数		3.8
存货周转率		6 次
应收账款周转天数		35 天
固定资产周转率		13 次

续表

比率名称	本公司	行业平均数
总资产周转率		3次
营业净利率		1.3%
总资产利润率		3.4%
净资产收益率		8.3%

（2）与行业平均财务比率比较，说明该公司经营管理可能存在的问题。

附录 资金时间价值系数表

附录1 1元复利终值表

$(1+i)^n$

期数	1%	2%	3%	4%	5%	6%	7%	8%	9%	10%
1	1.010 0	1.020 0	1.030 0	1.040 0	1.050 0	1.060 0	1.070 0	1.080 0	1.090 0	1.100 0
2	1.020 1	1.040 4	1.060 9	1.081 6	1.102 5	1.123 6	1.144 9	1.166 4	1.188 1	1.210 0
3	1.030 3	1.061 2	1.092 7	1.124 9	1.157 6	1.191 0	1.225 0	1.259 7	1.295 0	1.331 0
4	1.040 6	1.082 4	1.125 5	1.169 9	1.215 5	1.262 5	1.310 8	1.360 5	1.411 6	1.464 1
5	1.051 0	1.104 1	1.159 3	1.216 7	1.276 3	1.338 2	1.402 6	1.469 3	1.538 6	1.610 5
6	1.061 5	1.126 2	1.194 1	1.265 3	1.340 1	1.418 5	1.500 7	1.586 9	1.677 1	1.771 6
7	1.072 1	1.148 7	1.229 9	1.315 9	1.407 1	1.503 6	1.605 8	1.713 8	1.828 0	1.948 7
8	1.082 9	1.171 7	1.266 8	1.368 6	1.477 5	1.593 8	1.718 2	1.850 9	1.992 6	2.143 6
9	1.093 7	1.195 1	1.304 8	1.423 3	1.551 3	1.689 5	1.838 5	1.999 0	2.171 9	2.357 9
10	1.104 6	1.219 0	1.343 9	1.480 2	1.628 9	1.790 8	1.967 2	2.158 9	2.367 4	2.593 7
11	1.115 7	1.243 4	1.384 2	1.539 5	1.710 3	1.898 3	2.104 9	2.331 6	2.580 4	2.853 1
12	1.126 8	1.268 2	1.425 8	1.601 0	1.795 9	2.012 2	2.252 2	2.518 2	2.812 7	3.138 4
13	1.138 1	1.293 6	1.468 5	1.665 1	1.885 6	2.132 9	2.409 8	2.719 6	3.065 8	3.452 3
14	1.149 5	1.319 5	1.512 6	1.731 7	1.979 9	2.260 9	2.578 5	2.937 2	3.341 7	3.797 5
15	1.161 0	1.345 9	1.558 0	1.800 9	2.078 9	2.396 6	2.759 0	3.172 2	3.642 5	4.177 2
16	1.172 6	1.372 8	1.604 7	1.873 0	2.182 9	2.540 4	2.952 2	3.425 9	3.970 3	4.595 0
17	1.184 3	1.400 2	1.652 8	1.947 9	2.292 0	2.692 8	3.158 8	3.700 0	4.327 6	5.054 5
18	1.196 1	1.428 2	1.702 4	2.025 8	2.406 6	2.854 3	3.379 9	3.996 0	4.717 1	5.559 9
19	1.208 1	1.456 8	1.753 5	2.106 8	2.527 0	3.025 6	3.616 5	4.315 7	5.141 7	6.115 9
20	1.220 2	1.485 9	1.806 1	2.191 1	2.653 3	3.207 1	3.869 7	4.661 0	5.604 4	6.727 5
21	1.232 4	1.515 7	1.860 3	2.278 8	2.786 0	3.399 6	4.140 6	5.033 8	6.108 8	7.400 2
22	1.244 7	1.546 0	1.916 1	2.369 9	2.925 3	3.603 5	4.430 4	5.436 5	6.658 6	8.140 3
23	1.257 2	1.576 9	1.973 6	2.464 7	3.071 5	3.819 7	4.740 5	5.871 5	7.257 9	8.254 3
24	1.269 7	1.608 4	2.032 8	2.563 3	3.225 1	4.048 9	5.072 4	6.341 2	7.911 1	9.849 7

续表

期数	1%	2%	3%	4%	5%	6%	7%	8%	9%	10%
25	1.282 4	1.640 6	2.093 8	2.665 8	3.386 4	4.291 9	5.427 4	6.848 5	8.623 1	10.83 5
26	1.295 3	1.673 4	2.156 6	2.772 5	3.555 7	4.549 4	5.807 4	7.396 4	9.399 2	11.91 8
27	1.308 2	1.706 9	2.221 3	2.883 4	3.733 5	4.882 3	6.213 9	7.988 1	10.245	13.110
28	1.321 3	1.741 0	2.287 9	2.998 7	3.920 1	5.111 7	6.648 8	8.627 1	11.167	14.421
29	1.334 5	1.775 8	2.356 6	3.118 7	4.116 1	5.418 4	7.114 3	9.317 3	12.17 2	15.863
30	1.347 8	1.811 4	2.427 3	3.243 4	4.321 9	5.743 5	7.612 3	10.063	13.268	17.449
40	1.488 9	2.208 0	3.262 0	4.801 0	7.040 0	10.286	14.794	21.725	31.408	45.259
50	1.644 6	2.691 6	4.383 9	7.106 7	11.467	18.420	29.457	46.902	74.358	117.39
60	1.816 7	3.281 0	5.891 6	10.520	18.679	32.988	57.946	101.26	176.03	304.48

期数	12%	14%	15%	16%	18%	20%	24%	28%	32%	36%
1	1.120 0	1.140 0	1.150 0	1.160 0	1.180 0	1.200 0	1.240 0	1.280 0	1.320 0	1.360 0
2	1.254 4	1.299 6	1.322 5	1.345 6	1.392 4	1.440 0	1.537 6	1.638 4	1.742 4	1.849 6
3	1.404 9	1.481 5	1.520 9	1.560 9	1.643 0	1.728 0	1.906 6	2.087 2	2.300 0	2.515 5
4	1.573 5	1.689 0	1.749 0	1.810 6	1.938 8	2.073 6	2.364 2	2.684 4	3.036 0	3.421 0
5	1.762 3	1.925 4	2.011 4	2.100 3	2.287 8	2.488 3	2.931 6	3.436 0	4.007 5	4.652 6
6	1.973 8	2.195 0	2.313 1	2.436 4	2.699 6	2.986 0	3.635 2	4.398 0	5.289 9	6.327 5
7	2.210 7	2.502 3	2.660 0	2.826 2	3.185 5	3.583 2	4.507 7	5.629 5	6.982 6	8.605 4
8	2.476 0	2.852 6	3.059 0	3.278 4	3.758 9	4.299 8	5.589 5	7.205 8	9.217 0	11.703
9	2.773 1	3.251 9	3.517 9	3.803 0	4.435 5	5.159 8	6.931 0	9.223 4	12.166	15.917
10	3.105 8	3.707 2	4.045 6	4.411 4	5.233 8	6.191 7	8.594 4	11.806	16.060	21.647
11	3.478 5	4.226 2	4.652 4	5.117 3	6.175 9	7.430 1	10.657	15.112	21.199	29.439
12	3.896 0	4.817 9	5.350 3	5.936 0	7.287 6	8.916 1	13.215	19.343	27.983	40.037
13	4.363 5	5.492 4	6.152 8	6.885 8	8.599 4	10.69 9	16.386	24.759	36.937	54.451
14	4.887 1	6.261 3	7.075 7	7.987 5	10.147	12.839	20.319	31.691	48.757	74.053
15	5.473 6	7.137 9	8.137 1	9.265 5	11.974	15.407	25.196	40.565	64.359	100.71
16	6.130 4	8.137 2	9.357 6	10.748	14.129	18.488	31.243	51.923	84.954	136.97
17	6.866 0	9.276 5	10.761	12.468	16.672	22.186	38.741	66.461	112.14	186.28

续表

期数	12%	14%	15%	16%	18%	20%	24%	28%	32%	36%
18	7.690 0	10.575	12.375	14.463	19.673	26.623	48.039	86.071	148.02	253.34
19	8.612 8	12.056	14.232	16.777	23.214	31.948	59.568	108.89	195.39	344.54
20	9.646 3	13.743	16.367	19.461	27.393	38.338	73.864	139.38	257.92	468.57
21	10.804	15.668	18.822	22.574	32.324	46.005	91.592	178.41	340.45	637.26
22	12.100	17.861	21.645	26.186	38.142	55.206	113.57	228.36	449.39	866.67
23	13.552	20.362	24.891	30.376	45.008	66.247	140.83	292.30	593.20	1 178.7
24	15.179	23.212	28.625	35.236	53.109	79.497	174.63	374.14	783.02	1 603.0
25	17.000	26.462	32.919	40.874	62.669	95.396	216.54	478.90	1 033.6	2 180.1
26	19.040	30.167	37.857	47.414	73.949	114.48	268.51	613.00	1 364.3	2 964.9
27	21.325	34.390	43.535	55.000	87.260	137.37	332.95	784.64	1 800.9	4 032.3
28	23.884	39.204	50.066	63.800	102.97	164.84	412.86	1 004.3	2 377.2	5 483.9
29	26.750	44.693	57.575	74.009	121.50	197.81	511.95	1 285.6	3 137.9	7 458.1
30	29.960	50.950	66.212	85.850	143.37	237.38	634.82	1 645.5	4 142.1	1 014.3
40	93.051	188.83	267.86	378.72	750.38	1 469.8	5 455.9	19 427	66 521	*
50	289.00	700.23	1 083.7	1 670.7	3 927.4	9 100.4	46 890	*	*	*
60	897.60	2 595.9	4 384.0	7 370.2	20 555	56 348	*	*	*	*

* >99 999

附录2　1元复利现值表

$$(1+i)^{-n}$$

期数	1%	2%	3%	4%	5%	6%	7%	8%	9%	10%
1	0.990 1	0.980 4	0.970 9	0.961 5	0.952 4	0.943 4	0.934 6	0.925 9	0.917 4	0.909 1
2	0.980 3	0.971 2	0.942 6	0.924 6	0.907 0	0.890 0	0.873 4	0.857 3	0.841 7	0.826 4
3	0.970 6	0.942 3	0.915 1	0.889 0	0.863 8	0.839 6	0.816 3	0.793 8	0.772 2	0.751 3
4	0.961 0	0.923 8	0.888 5	0.854 8	0.822 7	0.792 1	0.762 9	0.735 0	0.708 4	0.683 0
5	0.951 5	0.905 7	0.862 6	0.821 9	0.783 5	0.747 3	0.713 0	0.680 6	0.649 9	0.620 9
6	0.942 0	0.888 0	0.837 5	0.790 3	0.746 2	0.705 0	0.666 3	0.630 2	0.596 3	0.564 5
7	0.932 7	0.860 6	0.813 1	0.759 9	0.710 7	0.665 1	0.622 7	0.583 5	0.547 0	0.513 2
8	0.923 5	0.853 5	0.787 4	0.730 7	0.676 8	0.627 4	0.582 0	0.540 3	0.501 9	0.466 5
9	0.914 3	0.836 8	0.766 4	0.702 6	0.644 6	0.591 9	0.543 9	0.500 2	0.460 4	0.424 1
10	0.905 3	0.820 3	0.744 1	0.675 6	0.613 9	0.558 4	0.508 3	0.463 2	0.422 4	0.385 5
11	0.896 3	0.804 3	0.722 4	0.649 6	0.584 7	0.526 8	0.475 1	0.428 9	0.387 5	0.350 5
12	0.887 4	0.788 5	0.701 4	0.624 6	0.556 8	0.497 0	0.444 0	0.397 1	0.355 5	0.318 6
13	0.878 7	0.773 0	0.681 0	0.600 6	0.530 3	0.468 8	0.415 0	0.367 7	0.326 2	0.289 7
14	0.870 0	0.757 9	0.661 1	0.577 5	0.505 1	0.442 3	0.387 8	0.340 5	0.299 2	0.263 3
15	0.861 3	0.743 0	0.641 9	0.555 3	0.481 0	0.417 3	0.362 4	0.315 2	0.274 5	0.239 4
16	0.852 8	0.728 4	0.623 2	0.533 9	0.458 1	0.393 6	0.338 7	0.291 9	0.251 9	0.217 6
17	0.844 4	0.714 2	0.605 0	0.513 4	0.436 3	0.371 4	0.316 6	0.270 3	0.231 1	0.197 8
18	0.836 0	0.700 2	0.587 4	0.493 6	0.415 5	0.350 3	0.295 9	0.250 2	0.212 0	0.179 9
19	0.827 7	0.686 4	0.570 3	0.474 6	0.395 7	0.330 5	0.276 5	0.231 7	0.194 5	0.163 5
20	0.819 5	0.673 0	0.553 7	0.456 4	0.376 9	0.311 8	0.258 4	0.214 5	0.178 4	0.148 6
21	0.811 4	0.659 8	0.537 5	0.438 8	0.358 9	0.294 2	0.241 5	0.198 7	0.163 7	0.135 1
22	0.803 4	0.646 8	0.521 9	0.422 0	0.341 8	0.277 5	0.225 7	0.183 9	0.150 2	0.122 8
23	0.795 4	0.634 2	0.506 7	0.405 7	0.325 6	0.261 8	0.210 9	0.170 3	0.137 8	0.111 7
24	0.787 6	0.621 7	0.491 9	0.390 1	0.310 1	0.247 0	0.197 1	0.157 7	0.126 4	0.101 5
25	0.779 8	0.609 5	0.477 6	0.375 1	0.295 3	0.233 0	0.184 2	0.146 0	0.116 0	0.092 3

续表

期数	1%	2%	3%	4%	5%	6%	7%	8%	9%	10%
26	0.772 0	0.597 6	0.463 7	0.360 4	0.281 2	0.219 8	0.172 2	0.135 2	0.106 4	0.083 9
27	0.764 4	0.585 9	0.450 2	0.346 8	0.267 8	0.207 4	0.160 9	0.125 2	0.097 6	0.076 3
28	0.756 8	0.574 4	0.437 1	0.333 5	0.255 1	0.195 6	0.150 4	0.115 9	0.089 5	0.069 3
29	0.749 3	0.563 1	0.424 3	0.320 7	0.242 9	0.184 6	0.140 6	0.107 3	0.082 2	0.063 0
30	0.741 9	0.552 1	0.412 0	0.308 3	0.231 4	0.174 1	0.131 4	0.099 4	0.075 4	0.057 3
35	0.705 9	0.500 0	0.355 4	0.253 4	0.181 3	0.130 1	0.093 7	0.067 6	0.049 0	0.035 6
40	0.671 7	0.452 9	0.306 6	0.208 3	0.142 0	0.097 2	0.066 8	0.046 0	0.031 8	0.022 1
45	0.649 1	0.410 2	0.264 4	0.171 2	0.111 3	0.072 7	0.047 6	0.031 3	0.020 7	0.013 7
50	0.608 0	0.371 5	0.228 1	0.140 7	0.087 2	0.054 3	0.033 9	0.021 3	0.013 4	0.008 5
55	0.578 5	0.336 5	0.196 8	0.115 7	0.068 3	0.040 6	0.024 2	0.014 5	0.008 7	0.005 3

期数	12%	14%	15%	16%	18%	20%	24%	28%	32%	36%
1	0.892 9	0.877 2	0.869 6	0.862 1	0.847 5	0.833 3	0.806 5	0.781 3	0.757 6	0.735 3
2	0.797 2	0.769 5	0.756 1	0.743 2	0.718 2	0.694 4	0.650 4	0.610 4	0.573 9	0.540 7
3	0.711 8	0.675 0	0.657 5	0.640 7	0.608 6	0.578 7	0.524 5	0.476 8	0.434 8	0.397 5
4	0.635 5	0.592 1	0.571 8	0.552 3	0.515 8	0.482 3	0.423 0	0.372 5	0.329 4	0.292 3
5	0.567 4	0.519 4	0.497 2	0.476 2	0.437 1	0.401 9	0.341 1	0.291 0	0.249 5	0.214 9
6	0.506 6	0.455 6	0.432 3	0.410 4	0.370 4	0.334 9	0.275 1	0.227 4	0.189 0	0.158 0
7	0.452 3	0.399 6	0.375 9	0.353 8	0.313 9	0.279 1	0.221 8	0.177 6	0.143 2	0.116 2
8	0.403 9	0.350 6	0.326 9	0.305 0	0.266 0	0.232 6	0.178 9	0.138 8	0.108 5	0.085 4
9	0.360 6	0.307 5	0.284 3	0.263 0	0.225 5	0.193 8	0.144 3	0.108 4	0.082 2	0.062 8
10	0.322 0	0.269 7	0.247 2	0.226 7	0.191 1	0.161 5	0.116 4	0.084 7	0.062 3	0.046 2
11	0.287 5	0.236 6	0.214 9	0.195 4	0.161 9	0.134 6	0.093 8	0.066 2	0.047 2	0.034 0
12	0.256 7	0.207 6	0.186 9	0.168 5	0.137 3	0.112 2	0.055 7	0.051 7	0.035 7	0.025 0
13	0.229 2	0.182 1	0.162 5	0.145 2	0.116 3	0.093 5	0.061 0	0.040 4	0.027 1	0.018 4
14	0.204 6	0.159 7	0.141 3	0.125 2	0.098 5	0.077 9	0.049 2	0.031 6	0.020 5	0.013 5
15	0.182 7	0.140 1	0.122 9	0.107 9	0.083 5	0.064 9	0.039 7	0.024 7	0.015 5	0.009 9
16	0.163 1	0.122 9	0.106 9	0.098 0	0.070 9	0.054 1	0.032 0	0.019 3	0.011 8	0.007 3
17	0.145 6	0.107 8	0.092 9	0.080 2	0.060 0	0.045 1	0.025 9	0.015 0	0.008 9	0.005 4

续表

期数	12%	14%	15%	16%	18%	20%	24%	28%	32%	36%
18	0.130 0	0.094 6	0.080 8	0.069 1	0.050 8	0.037 6	0.020 8	0.011 8	0.006 8	0.003 9
19	0.116 1	0.082 9	0.070 3	0.059 6	0.043 1	0.031 3	0.016 8	0.009 2	0.005 1	0.002 9
20	0.103 7	0.072 8	0.061 1	0.051 4	0.036 5	0.026 1	0.013 5	0.007 2	0.003 9	0.002 1
21	0.092 6	0.063 8	0.053 1	0.044 3	0.030 9	0.021 7	0.010 9	0.005 6	0.002 9	0.001 6
22	0.082 6	0.056 0	0.046 2	0.038 2	0.026 2	0.018 1	0.008 8	0.004 4	0.002 2	0.001 2
23	0.073 8	0.049 1	0.040 2	0.032 9	0.022 2	0.015 1	0.007 1	0.003 4	0.001 7	0.000 8
24	0.065 9	0.043 1	0.034 9	0.028 4	0.018 8	0.012 6	0.005 7	0.002 7	0.001 3	0.000 6
25	0.058 8	0.037 8	0.030 4	0.024 5	0.016 0	0.010 5	0.004 6	0.002 1	0.001 0	0.000 5
26	0.052 5	0.033 1	0.026 4	0.021 1	0.013 5	0.008 7	0.003 7	0.001 6	0.000 7	0.000 3
27	0.046 9	0.029 1	0.023 0	0.018 2	0.011 5	0.007 3	0.003 0	0.001 3	0.000 6	0.000 2
28	0.041 9	0.025 5	0.020 0	0.015 7	0.009 7	0.006 1	0.002 4	0.001 0	0.000 4	0.000 2
29	0.037 4	0.022 4	0.017 4	0.013 5	0.008 2	0.005 1	0.002 0	0.000 8	0.000 3	0.000 1
30	0.033 4	0.019 6	0.015 1	0.011 6	0.007 0	0.004 2	0.001 6	0.000 6	0.000 2	0.000 1
35	0.018 9	0.010 2	0.007 5	0.005 5	0.003 0	0.001 7	0.000 5	0.000 2	0.000 1	*
40	0.010 7	0.005 3	0.003 7	0.002 6	0.001 3	0.000 7	0.000 2	0.000 1	*	*
45	0.006 1	0.002 7	0.001 9	0.001 3	0.000 6	0.000 3	0.000 1	*	*	*
50	0.003 5	0.001 4	0.000 9	0.000 6	0.000 3	0.000 1	*	*	*	*
55	0.002 0	0.000 7	0.000 5	0.000 3	0.000 1	*	*	*	*	*

* <0.000 1

附录3　1元年金终值表

$$\frac{(1+i)^n-1}{i}$$

期数	1%	2%	3%	4%	5%	6%	7%	8%	9%	10%
1	1.000 0	1.000 0	1.000 0	1.000 0	1.000 0	1.000 0	1.000 0	1.000 0	1.000 0	1.000 0
2	2.010 0	2.020 0	2.030 0	2.040 0	2.050 0	2.060 0	2.070 0	2.080 0	2.090 0	2.100 0
3	3.030 1	3.060 4	3.090 9	3.121 6	3.152 5	3.183 6	3.214 9	3.246 4	3.278 1	3.310 0
4	4.060 4	4.121 6	4.183 6	4.246 5	4.310 1	4.374 6	4.439 9	4.506 1	4.573 1	4.641 0
5	5.101 0	5.204 0	5.309 1	5.416 3	5.525 6	5.637 1	5.750 7	5.866 6	5.984 7	6.105 1
6	6.152 0	6.308 1	6.468 4	6.633 0	6.801 9	6.975 3	7.153 3	7.335 9	7.523 3	7.715 6
7	7.213 5	7.434 3	7.662 5	7.898 3	8.142 0	8.393 8	8.654 0	8.922 8	9.200 4	9.487 2
8	8.285 7	8.583 0	8.892 3	9.214 2	9.549 1	9.897 5	10.260	10.637	11.028	11.436
9	9.368 5	9.754 6	10.159	10.583	11.027	11.491	11.978	12.488	13.021	13.579
10	10.462	10.950	11.464	12.006	12.578	13.181	13.816	14.487	15.193	15.937
11	11.567	12.169	12.808	13.486	14.207	14.972	15.784	16.645	17.560	18.531
12	12.683	13.412	14.192	15.026	15.917	16.870	17.888	18.977	20.141	21.384
13	13.809	14.680	15.618	16.627	17.713	18.882	20.141	21.495	22.953	24.523
14	14.947	15.974	17.086	18.292	19.599	21.015	22.550	24.214	26.019	27.975
15	16.097	17.293	18.599	20.024	21.579	23.276	25.129	27.152	29.361	31.772
16	17.258	18.639	20.157	21.825	23.657	25.673	27.888	30.324	33.003	35.950
17	18.430	20.012	21.762	23.698	25.840	28.213	30.840	33.750	36.974	40.545
18	19.615	21.412	23.414	25.645	28.132	30.906	33.999	37.450	41.301	45.599
19	20.811	22.841	25.117	27.671	30.539	33.760	37.379	41.446	46.018	51.159
20	22.019	24.297	26.870	29.778	33.066	36.786	40.995	45.752	51.160	57.275
21	23.239	25.783	28.676	31.969	35.719	39.993	44.865	50.423	56.765	64.002
22	24.472	27.299	30.537	34.248	38.505	43.392	49.006	55.457	62.873	71.403
23	25.716	28.845	32.453	36.618	41.430	46.996	53.436	60.883	69.532	79.543
24	26.973	30.422	34.426	39.083	44.502	50.816	58.177	66.765	76.790	88.497
25	28.243	32.030	36.459	41.646	47.727	54.863	63.249	73.106	84.701	98.347

期数	1%	2%	3%	4%	5%	6%	7%	8%	9%	10%
26	29.526	33.671	38.553	44.312	51.113	59.156	68.676	79.954	93.324	109.18
27	30.821	35.344	40.710	47.084	54.669	63.706	74.484	87.351	102.72	121.10
28	32.129	37.051	42.931	49.968	58.403	68.528	80.698	95.339	112.97	134.21
29	33.450	38.792	45.219	52.966	62.323	73.640	87.347	103.97	124.14	148.63
30	34.785	40.568	47.575	56.085	66.439	79.058	94.461	113.28	136.31	164.49
40	48.886	60.402	75.401	95.026	120.80	154.76	199.64	259.06	337.88	442.59
50	64.463	84.579	112.80	152.67	209.35	290.34	406.53	573.77	815.08	1 163.9
60	81.670	114.05	163.05	237.99	353.58	533.13	813.52	1 253.2	1 944.8	3 034.8

期数	12%	14%	15%	16%	18%	20%	24%	28%	32%	36%
1	1.000 0	1.000 0	1.000 0	1.000 0	1.000 0	1.000 0	1.000 0	1.000 0	1.000 0	1.000 0
2	2.120 0	2.140 0	2.150 0	2.160 0	2.180 0	2.200 0	2.240 0	2.280 0	2.320 0	2.360 0
3	3.374 4	3.439 6	3.472 5	3.505 6	3.572 4	3.640 0	3.777 6	3.918 4	3.062 4	3.209 6
4	4.779 3	4.921 1	4.993 4	5.066 5	5.215 4	5.368 0	5.684 2	6.015 6	6.362 4	6.725 1
5	6.352 8	6.610 1	6.742 4	6.877 1	7.154 2	7.441 6	8.048 4	8.699 9	9.398 3	10.146
6	8.115 2	8.535 5	8.753 7	8.977 5	9.442 0	9.929 9	10.980	12.136	13.406	14.799
7	10.089	10.730	11.067	11.414	12.142	12.916	14.615	16.534	18.696	21.126
8	12.300	13.233	13.727	14.240	15.327	16.499	19.123	22.163	25.678	29.732
9	14.776	16.085	16.786	17.519	19.086	20.799	24.712	29.369	34.895	41.435
10	17.549	19.337	20.304	21.321	23.521	25.959	31.643	38.593	47.062	57.352
11	20.655	23.045	24.349	25.733	28.755	32.150	40.238	50.398	63.122	78.998
12	24.133	27.271	29.002	30.850	34.931	39.581	50.895	65.510	84.320	108.44
13	28.029	32.089	34.352	36.786	42.219	48.497	64.110	84.853	112.30	148.47
14	32.393	37.581	40.505	43.672	50.818	59.196	80.496	109.61	149.24	202.93
15	37.280	43.842	47.580	51.660	60.965	72.035	100.82	141.30	198.00	276.98
16	42.753	50.980	55.717	60.925	72.939	87.442	126.01	181.87	262.36	377.69
17	48.884	59.118	65.075	71.673	87.068	105.93	157.25	233.79	347.31	514.66
18	55.750	68.394	75.836	84.141	103.74	128.12	195.99	300.25	459.45	770.94
19	63.440	78.969	88.212	98.603	123.41	154.74	244.03	385.32	607.47	954.28

续表

期数	12%	14%	15%	16%	18%	20%	24%	28%	32%	36%
20	72.052	91.025	102.44	115.38	146.63	186.69	303.60	494.21	802.86	1 298.8
21	81.699	104.77	118.81	134.84	174.02	225.03	377.46	633.59	1 060.8	1 767.4
22	92.503	120.44	137.63	157.41	206.34	271.03	469.06	812.00	1 401.2	2 404.7
23	104.60	138.30	159.28	183.60	244.49	326.24	582.63	1 040.4	1 850.6	3 271.3
24	118.16	158.66	184.17	213.98	289.49	392.48	723.46	1 332.7	2 443.8	4 450.0
25	133.33	181.87	212.79	249.21	342.60	471.98	898.09	1 706.8	3 226.8	6 053.0
26	150.33	208.33	245.71	290.09	405.27	567.38	1 114.6	2 185.7	4 260.4	8 233.1
27	169.37	238.50	283.57	337.50	479.22	681.85	1 383.1	2 798.7	5 624.8	11 198
28	190.70	272.89	327.10	392.50	566.48	819.22	1 716.1	3 583.3	7 425.7	15 230
29	214.58	312.09	377.17	456.30	669.45	984.07	2 129.0	4 587.7	9 802.9	20 714
30	241.33	356.79	434.75	530.31	790.95	1 181.9	2 640.9	5 873.2	12 941	28 172
40	767.09	1 342.0	1 779.1	2 360.8	4 163.2	7 343.2	2 729	69 377	*	*
50	2 400.0	4 994.5	7 217.7	10 436	21 813	45 497	*	*	*	*
60	7 471.6	18 535	29 220	46 058	*	*	*	*	*	*

* ＞99 999

附录4 1元年金现值表

$$\frac{1-(1+i)^{-n}}{i}$$

期数	1%	2%	3%	4%	5%	6%	7%	8%	9%
1	0.990 1	0.980 4	0.970 9	0.961 5	0.952 4	0.943 4	0.934 6	0.925 9	0.917 4
2	1.970 4	1.941 6	1.913 5	1.886 1	1.859 4	1.833 4	1.808 0	1.783 3	1.759 1
3	2.941 0	2.883 9	2.828 6	2.775 1	2.723 2	2.673 0	2.624 3	2.577 1	2.531 3
4	3.902 0	3.807 7	3.717 1	3.629 9	3.546 0	3.465 1	3.387 2	3.312 1	3.239 7
5	4.853 4	4.713 5	4.579 7	4.451 8	4.329 5	4.212 4	4.100 2	3.992 7	3.889 7
6	5.795 5	5.601 4	5.417 2	5.242 1	5.075 7	4.917 3	4.766 5	4.622 9	4.485 9
7	6.728 2	6.472 0	6.230 3	6.002 1	5.786 4	5.582 4	5.389 3	5.206 4	5.033 0
8	7.651 7	7.325 5	7.019 7	6.732 7	6.463 2	6.209 8	5.971 3	5.746 6	5.534 8
9	8.566 0	8.162 2	7.786 1	7.435 3	7.107 8	6.801 7	6.515 2	6.246 9	5.995 2
10	9.471 3	8.982 6	8.530 2	8.110 9	7.721 7	7.360 1	7.023 6	6.710 1	6.417 7
11	10.367 6	9.786 8	9.252 6	8.760 5	8.306 4	7.886 9	7.498 7	7.139 0	6.805 2
12	11.255 1	10.575 3	9.954 0	9.385 1	8.863 3	8.383 8	7.942 7	7.536 1	7.160 7
13	12.133 7	11.348 4	10.635 0	9.985 6	9.393 6	8.852 7	8.357 7	7.903 8	7.486 9
14	13.003 7	12.106 2	11.296 1	10.563	9.898 6	9.295 0	8.745 5	8.244 2	7.786 2
15	13.865 1	12.849 3	11.937 9	11.118	10.379 7	9.712 2	9.107 9	8.559 5	8.060 7
16	14.717 9	13.577 7	12.561 1	11.652 3	10.837 8	10.105 9	9.446 6	8.851 4	8.312 6
17	15.562 3	14.291 9	13.166 1	12.165 7	11.274 1	10.477 3	9.763 2	9.121 6	8.543 6
18	16.398 3	14.992 0	13.753 5	12.689 6	11.689 6	10.827 6	10.059 1	9.371 9	8.755 6
19	17.226 0	15.678 5	14.323 8	13.133 9	12.085 3	11.158 1	10.335 6	9.603 6	8.960 1
20	18.045 6	16.351 4	14.877 5	13.590 3	12.462 2	11.469 9	10.594 0	9.818 1	9.128 5
21	18.857 0	17.011 2	15.415 0	14.029 2	12.821 2	11.764 1	10.835 5	10.016 8	9.029 2
22	19.660 4	17.658 0	15.936 9	14.451 1	13.488 6	12.303 4	11.061 2	10.200 7	9.442 4
23	20.455 8	18.292 2	16.443 6	14.856 8	13.488 6	12.303 4	11.272 2	10.371 1	9.580 2
24	21.243 4	18.913 9	16.935 5	15.247 0	13.798 6	12.550 4	11.469 3	10.528 8	9.706 6
25	22.023 2	19.523 5	17.413 1	15.622 1	14.093 9	12.783 4	11.653 6	10.674 8	9.822 6

附录 资金时间价值系数表

续表

期数	1%	2%	3%	4%	5%	6%	7%	8%	9%
26	22.795 2	20.121 0	17.876 8	15.982 8	14.375 2	13.003 2	11.825 8	10.810 0	9.929 0
27	23.559 6	20.705 9	18.327 0	16.329 6	14.643 0	13.210 5	11.986 7	10.935 2	10.026 6
28	24.316 4	21.281 3	18.764 1	16.663 1	14.898 1	13.406 2	12.137 1	11.051 1	10.116 1
29	25.065 8	21.844 4	19.188 5	16.983 7	15.141 1	13.590 7	12.277 7	11.158 4	10.198 3
30	25.807 7	22.396 5	19.600 4	17.292 0	15.372 5	13.764 8	12.409 0	11.257 8	10.273 7
35	29.408 6	24.998 6	21.487 2	18.664 6	16.374 2	14.498 2	12.947 7	11.654 6	10.566 8
40	32.834 7	27.355 5	23.114 8	19.792 8	17.159 1	15.046 3	13.331 7	11.924 6	10.757 4
45	36.094 5	29.490 2	24.518 7	20.720 0	17.774 1	15.455 8	13.605 5	12.108 4	10.881 2
50	39.196 1	31.423 6	25.729 8	21.482 2	18.255 9	15.761 9	13.800 7	12.233 5	10.961 7
55	42.147 2	33.174 8	26.774 4	22.108 6	18.633 5	15.990 5	13.939 9	12.318 6	11.014 0

期数	10%	12%	14%	15%	16%	18%	20%	24%	28%	32%
1	0.909 1	0.892 9	0.877 2	0.869 6	0.862 1	0.847 5	0.833 3	0.806 5	0.781 3	0.757 6
2	1.735 5	1.690 1	1.646 7	1.625 7	1.605 2	1.565 6	1.527 8	1.456 8	1.391 6	1.331 5
3	2.486 9	2.401 8	2.321 6	2.283 2	2.245 9	2.174 3	2.106 5	1.981 3	1.868 4	1.766 3
4	3.169 9	3.037 3	2.917 3	2.855 0	2.798 2	2.690 1	2.588 7	2.404 3	2.241 0	2.095 7
5	3.790 8	3.604 8	3.433 1	3.352 2	3.274 3	3.127 2	2.990 6	2.745 4	2.532 0	2.345 2
6	4.355 3	4.111 4	3.888 7	3.784 5	3.684 7	3.497 6	3.325 5	3.020 5	2.759 4	2.534 2
7	4.868 4	4.563 8	4.288 2	4.160 4	4.038 6	3.811 5	3.604 6	3.242 3	2.937 0	2.677 5
8	5.334 9	4.967 6	4.638 9	4.487 3	4.343 6	4.077 6	3.837 2	3.421 2	3.075 8	2.786 0
9	5.759 0	5.328 2	4.916 4	4.771 6	4.606 5	4.303 0	4.031 0	3.565 5	3.184 2	2.868 1
10	6.144 6	5.650 2	5.216 1	5.018 8	4.833 2	4.494 1	4.192 5	3.681 9	3.268 9	2.930 4
11	6.495 1	5.937 7	5.452 7	5.233 7	5.028 6	4.656 0	4.327 1	3.775 7	3.335 1	2.977 6
12	6.813 7	6.194 4	5.660 3	5.420 6	5.197 1	4.793 2	4.439 2	3.851 4	3.386 8	3.013 3
13	7.103 4	6.423 5	5.842 4	5.583 1	5.342 3	4.909 5	4.532 7	3.912 4	3.427 2	3.040 4
14	7.366 7	6.628 2	6.002 1	5.724 5	5.467 5	5.008 1	4.610 6	3.961 6	3.458 7	3.060 9
15	7.606 1	6.810 9	6.142 2	5.847 4	5.575 5	5.091 6	4.675 5	4.001 3	3.483 4	3.076 4
16	7.823 7	6.974 0	6.265 1	5.954 2	5.668 5	5.162 4	4.729 6	4.033 3	3.502 6	3.088 2
17	8.021 6	7.119 6	6.372 9	6.047 2	5.748 7	5.222 3	4.774 6	4.059 1	3.517 7	3.097 1

续表

期数	10%	12%	14%	15%	16%	18%	20%	24%	28%	32%
18	8.0216	7.2497	6.4674	6.1280	5.8178	5.2732	4.8122	4.0799	3.5294	3.1039
19	8.3649	7.3658	6.5504	6.1982	5.8775	5.3162	4.8435	4.0967	3.5386	3.1090
20	8.5136	7.4694	6.6231	6.2593	5.9288	5.3527	4.8696	4.1103	3.5458	3.1129
21	8.6487	7.5620	6.6870	6.3125	5.9731	5.3837	4.8913	4.1212	3.5514	3.1158
22	8.7715	7.6446	6.7429	6.3587	6.0113	5.4099	4.9094	4.1300	3.5558	3.1180
23	8.8832	7.7184	6.7921	6.3988	6.0442	5.3421	4.9245	4.1371	3.5592	3.1197
24	8.9847	7.7843	6.8351	6.4338	6.0726	5.4509	4.9371	4.1428	3.5619	3.1210
25	9.0770	7.8431	6.8729	6.4641	6.0971	5.4669	4.9476	4.1474	3.5640	3.1220
26	9.1609	7.8957	6.9061	6.4906	6.1182	5.4804	4.9563	4.1511	3.5656	3.1227
27	9.2372	7.9426	6.9352	6.5135	6.1364	5.4919	4.9636	4.1542	3.5669	3.1233
28	9.3066	7.9844	6.9607	6.5335	6.1520	5.5016	4.9697	4.1566	3.5679	3.1237
29	9.3696	8.0218	6.9830	6.5509	6.1656	5.5098	4.9747	4.1585	3.5687	3.1240
30	9.4269	8.0552	7.0027	6.5660	6.1772	5.5168	4.9789	4.1601	3.5693	3.1242
35	9.6442	8.1755	7.0700	6.6166	6.2153	5.5386	4.9915	4.1644	3.5708	3.1248
40	9.7791	8.2438	7.1050	6.6418	6.2335	5.5482	4.9966	4.1659	3.5712	3.1250
45	9.8628	8.2825	7.1232	6.6543	6.2421	5.5523	4.9986	4.1664	3.5714	3.1250
50	9.9148	8.3045	7.1327	6.6605	6.2463	5.5541	4.9995	4.1666	3.5714	3.1250
55	9.9471	8.3170	7.1376	6.6636	6.2482	5.5549	4.9998	4.1666	3.5714	3.1250

参 考 文 献

[1] 卢家仪，蒋翼. 财务管理[M]. 3版. 北京：清华大学出版社，2006.
[2] 孙茂竹，范歆. 财务管理学[M]. 北京：中国人民大学出版社，2008.
[3] 财务部会计资格评价中心. 财务管理[M]. 北京：中国财政经济出版社，2010.
[4] 张玉英. 财务管理[M]. 北京：高等教育出版社，2010.
[5] 张昌生，等. 财务管理学[M]. 北京：中国传媒大学出版社，2008.
[6] [美]尤金·F. 布里格姆，乔尔·F. 休斯顿. 财务管理基础[M]. 张志强，王春香，译. 北京：中信出版社，2004.
[7] [美]斯蒂芬·A. 罗斯，等. 公司理财[M]. 方红星，译. 北京：机械工业出版社，2005.
[8] 刘曼红，等. 公司理财[M]. 北京：中国人民大学出版社，2004.
[9] 袁建国. 财务管理[M]. 大连：东北财经大学出版社，2006.
[10] 中国注册会计师协会. 财务成本管理[M]. 北京：中国财政经济出版社，2010.
[11] 中国证券业协会. 证券投资分析[M]. 北京：中国财政经济出版社，2010.

北京大学出版社第六事业部高职高专经管教材书目

本系列教材的特色：

1. 能力本位。以学生为主体，让学生看了就能会，学了就能用；以教师为主导，授人以渔；以项目为载体，将技能与知识充分结合。

2. 内容创新。内容选取机动、灵活，适当融入新技术、新规范、新理念；既体现自我教改成果，又吸收他人先进经验；保持一定前瞻性，又避免盲目超前。

3. 精编案例。案例短小精悍，能佐证知识内容；案例内容新颖，表达当前信息；案例以国内中小企业典型事实为主，适合高职学生阅读。

4. 巧设实训。实训环节真实可行，实训任务明确，实训目标清晰，实训内容详细，实训考核全面，切实提高能力。

5. 注重立体化。既强调教材内在的立体化，从方便学生学习的角度考虑，搭建易学易教的优质的纸质平台，又强调教材外在的立体化，以立体化精品教材为构建目标，网上提供完备的教学资源。

专业基础课系列

序号	书 名	书 号	版次	定价	出版时间	主 编
1	财经法规	978-7-81117-885-2	1-2	35	2012年2月	李萍，亓文会
2	财经英语阅读	978-7-81117-952-1	1-3	29	2013年1月	朱琳
3	经济学基础	978-7-301-21034-5	1-1	34	2012年11月	陈守强
4	经济学基础	978-7-301-22536-3	1-1	32	2013年5月	王平
5	管理学基础	978-7-81117-974-3	1-3	34	2012年5月	李蔚田
6	管理学原理	978-7-5038-4841-4	1-3	26	2010年7月	季辉，冯开红
7	管理学实务教程	978-7-301-21324-7	1-1	33	2012年12月	杨清华
8	管理学原理与应用	978-7-5655-0065-7	1-2	27	2012年8月	秦虹
9	管理心理学	978-7-301-23314-6	1-1	31	2013年10月	蒋爱先，杨元利
10	人力资源管理实务	978-7-301-19096-8	1-2	30	2013年7月	赵国忻，钱程
11	公共关系实务	978-7-301-20096-4	1-1	32	2012年3月	李东，王伟东
12	现代公共关系原理与实务	978-7-5038-4835-3	1-2	25	2010年3月	张美清
13	经济法实用教程	978-7-81117-675-9	1-3	39	2011年11月	胡卫东，吕玮
14	经济法原理与实务	978-7-5038-4846-9	1-3	38	2009年7月	孙晓平，邓敬才

财务会计系列

序号	书 名	书 号	版次	定价	出版时间	主 编
1	财务活动管理	978-7-5655-0162-3	1-2	26	2013年1月	石兰东
2	财务管理	978-7-301-17843-0	1-2	35	2013年1月	林琳，蔡伟新
3	财务管理（第2版）	978-7-301-25725-8	2-1	35	2015年5月	翟其红
4	财务管理教程与实训	978-7-5038-4837-7	1-3	37	2009年11月	张红，景云霞
5	财务管理实务教程	978-7-301-21945-4	1-1	30	2013年2月	包忠明，何彦
6	中小企业财务管理教程	978-7-301-19936-7	1-1	28	2012年1月	周兵
7	财务会计（第2版）	978-7-81117-975-6	2-1	32	2010年3月	李哲
8	财务会计	978-7-5655-0117-3	1-1	40	2011年1月	张双兰，李桂梅
9	财务会计	978-7-301-20951-6	1-1	32	2012年7月	张严心，金敬辉
10	财务会计实务	978-7-301-22005-4	1-1	36	2013年1月	管玲芳
11	Excel财务管理应用	978-7-5655-0358-0	1-2	33	2013年5月	陈立稳
12	Excel在财务和管理中的应用	978-7-301-22264-5	1-1	33	2013年3月	陈跃安，张建成，袁淑清，刘啸尘
13	会计基本技能	978-7-5655-0067-1	1-3	26	2012年9月	高东升，王立新
14	会计基础实务	978-7-301-21145-8	1-1	27	2012年8月	刘素菊，潘素琼

序号	书　名	书　号	版次	定价	出版时间	主　编
15	会计基础实训	978-7-301-19964-0	1-1	29	2012年1月	刘春才
16	会计英语	978-7-5038-5012-7	1-2	28	2009年8月	杨洪
17	企业会计基础	978-7-301-20460-3	1-1	33	2012年4月	徐炳炎
18	初级会计实务	978-7-301-23586-7	1-1	40	2014年1月	史新浩，张建峰
19	初级会计实务学习指南	978-7-301-23511-9	1-1	30	2014年1月	史新浩，朱云萍
20	基础会计实务	978-7-301-23843-1	1-1	30	2014年2月	郭武燕
21	基础会计	978-7-5655-0062-6	1-1	28	2010年8月	常美
22	基础会计教程	978-7-81117-753-4	1-1	30	2009年7月	侯颖
23	基础会计教程与实训(第2版)	978-7-301-16075-6	2-2	30	2013年1月	李洁，付强
24	基础会计教程与实训	978-7-5038-4845-2	1-5	28	2010年8月	李洁，王美玲
25	基础会计实训教程	978-7-5038-5017-2	1-3	20	2011年6月	王桂梅
26	基础会计原理与实务	978-7-5038-4849-0	1-3	28	2009年8月	侯旭华
27	成本费用核算	978-7-5655-0165-4	1-2	27	2012年9月	王磊
28	成本会计	978-7-5655-0130-2	1-1	25	2010年12月	陈东领
29	成本会计	978-7-301-21561-6	1-1	27	2012年11月	潘素琼
30	成本会计	978-7-301-19409-6	1-2	24	2012年11月	徐亚明，吴雯雯
31	成本会计	978-7-81117-592-9	1-3	28	2012年7月	李桂梅
32	成本会计实务	978-7-301-19308-2	1-1	36	2011年8月	王书果，李凤英
33	成本会计实训教程	978-7-81117-542-4	1-4	23	2013年1月	贺英莲
34	会计电算化实用教程	978-7-5038-4853-7	1-1	28	2008年2月	张耀武，卢云峰
35	会计电算化实用教程(第2版)	978-7-301-09400-6	2-1	20	2008年6月	刘东辉
36	会计电算化项目教程	978-7-301-22104-4	1-1	34	2013年2月	亓文会，亓凤华
37	会计电算化技能实训	978-7-301-23966-7	1-1	40	2014年2月	李焱
38	电算会计综合实习	978-7-301-21096-3	1-1	38	2012年8月	陈立稳，陈健
39	审计学原理与实务	978-7-5038-4843-8	1-2	32	2010年7月	马西牛，杨印山
40	审计业务操作	978-7-5655-0171-5	1-2	30	2013年1月	涂申清
41	审计业务操作全程实训教程	978-7-5655-0259-0	1-2	26	2012年4月	涂申清
42	实用统计基础与案例	978-7-301-20409-2	1-2	35	2013年7月	黄彬红
43	统计基础理论与实务	978-7-301-22862-3	1-1	34	2013年7月	康燕燕，刘红英
44	统计学基础	978-7-81117-756-5	1-2	30	2011年1月	阮红伟
45	统计学原理	978-7-301-21924-9	1-1	36	2013年1月	吴思莹，刑小博
46	统计学原理	978-7-81117-825-8	1-3	25	2011年11月	廖江平，刘登辉
47	统计学原理与实务	978-7-5038-4836-0	1-5	26	2010年7月	姜长文
48	管理会计	978-7-301-22822-7	1-1	34	2013年7月	王红珠，邵敬浩
49	预算会计	978-7-301-20440-5	1-1	39	2012年5月	冯萍
50	行业特殊业务核算	978-7-301-18204-8	1-1	30	2010年12月	余浩，肖秋莲

如您需要更多教学资源如电子课件、电子样章、习题答案等，请登录北京大学出版社第六事业部官网www.pup6.cn搜索下载。

如您需要浏览更多专业教材，请扫下面的二维码，关注北京大学出版社第六事业部官方微信（微信号：pup6book），随时查询专业教材、浏览教材目录、内容简介等信息，并可在线申请纸质样书用于教学。

感谢您使用我们的教材，欢迎您随时与我们联系，我们将及时做好全方位的服务。联系方式：010-62750667，sywat716@126.com，pup_6@163.com，lihu80@163.com，欢迎来电来信。客户服务QQ号：1292552107，欢迎随时咨询。